DE MENDIGA A MILLONARIA

Pancracia, sus aventuras y desgracias.

DE MENDIGA A
MILLONARIA

Pancracia, sus aventuras y desgracias.

MARY ESCAMILLA

Copyright © 2019 por Mary Escamilla.

Número de Control de la Biblioteca del Congreso de EE. UU.: 2019905383
ISBN: Tapa Dura   978-1-5065-2896-0
         Tapa Blanda   978-1-5065-2895-3
         Libro Electrónico   978-1-5065-2894-6

Todos los derechos reservados. Ninguna parte de este libro puede ser reproducida o transmitida de cualquier forma o por cualquier medio, electrónico o mecánico, incluyendo fotocopia, grabación, o por cualquier sistema de almacenamiento y recuperación, sin permiso escrito del propietario del copyright.

Esta es una obra de ficción. Cualquier parecido con la realidad es mera coincidencia. Todos los personajes, nombres, hechos, organizaciones y diálogos en esta novela son o bien producto de la imaginación del autor o han sido utilizados en esta obra de manera ficticia.

Algunos nombres de personas, lugares, instituciones, etc., y sus detalles de identificación han sido cambiados para proteger la privacidad de las personas.

Información de la imprenta disponible en la última página.

Fecha de revisión: 24/05/2019

Para realizar pedidos de este libro, contacte con:
Palibrio
1663 Liberty Drive
Suite 200
Bloomington, IN 47403
Gratis desde EE. UU. al 877.407.5847
Gratis desde México al 01.800.288.2243
Gratis desde España al 900.866.949
Desde otro país al +1.812.671.9757
Fax: 01.812.355.1576
ventas@palibrio.com

ÍNDICE

Prólogo vii
DE TODO CORAZÓN xv
Presentación… 1
DE MENDIGA A MILLONARIA 5
Y sucedió un grave accidente 8
Pancracia enamorada… A sus cortos 12 años................... 12
Un mundo diferente... 15
Una historia en su país, tiempo atrás................................. 29
ELLA ESTUVO EN PELIGRO 37
Por otro lado, en México.. 44
TIEMPO ATRÁS, EL SUEÑO DE TODA JOVEN… MIS
15 AÑOS.. 52
COSAS Y CASOS EXTRAORDINARIOS....................... 56
DE ALTO NIVEL 58
¡COSAS INCREÍBLES, DE OTRO MUNDO! 61
UN MAL RECUERDO 63
Y NO FUE CHISTE 65
CASI TRAGEDIA 66
Uno de tantos amores de Pancracia 68
Y DESPUÉS OTRA COSA… 72
VIOLENCIA DOMÉSTICA... 75
RECOMPENSADA... 77
Y a gozar De Mendiga a Millonaria… 78
PANCRACIA EN COLOMBIA.. 84
En un viaje de Pancracia, su amigo se perdió en Barcelona............. 94
OTRA ANÉCDOTA 97
PANCRACIA EN PARÍS... 100
Otra Aventura en París 103
AVENTURA EN MOSCÚ 107
PANCRACIA FIESTERA 111

CUANDO FUI A LUCERNA 114
PANCRACIA EN VENECIA 118
PANCRACIA EN EL SALVADOR 122
PANCRACIA EN AUSTRALIA 124
PANCRACIA EN ISLANDIA 127
PANCRACIA EN ESPAÑA 132
PANCRACIA EN VIENA 136
VISITANDO PRAGA 139
MI PRIMER VIAJE A CHINA 143
PANCRACIA EN LA INDIA 153
PANCRACIA EN ISRAEL 161
PANCRACIA EN JERUSALÉN 164
PANCRACIA EN EGIPTO 169
PANCRACIA EN EL CAIRO 172
MI ESPECTACULAR VIAJE A DUBAI 175
PANCRACIA EN ÁMSTERDAM 181
PANCRACIA EN BÉLGICA 185
PANCRACIA EN INGLATERRA 189
PANCRACIA EN ALEMANIA 193
PANCRACIA EN GRECIA 197
PANCRACIA EN MÉXICO 201
PANCRACIA EN LA RIVIERA MAYA 209
PANCRACIA EN COSTA RICA 213
PANCRACIA EN GUATEMALA 217
PANCRACIA EN ITALIA 220
PANCRACIA EN LA REPÚBLICA CHECA 222
PANCRACIA EN FINLANDIA 226
PANCRACIA EN NORUEGA 229
PANCRACIA EN CUBA 233
PANCRACIA EN CHILE 241
PANCRACIA EN PERÚ 245
PANCRACIA EN CAMBOYA 249
AVENTURA EN VENECIA 251
PANCRACIA EN PUERTO RICO 255
PANCRACIA Y SUS PROVERBIOS 264
Epílogo 269
Pancracia visitando los Estados Unidos de América 271
Biografía de la Doctora Mary Escamilla 273

Prólogo

En este libro explico por qué a veces fracasamos en nuestras vidas, cuando en realidad queremos algo diferente para ellas. Uno de los pasos para estar bien en la tierra es estar bien con papá Dios, Él nos permite hacer todo lo bueno que nuestra mente pide de corazón.

Es muy posible que usted se haya sentido o se esté sintiendo desganado, deprimido y con muy poco entusiasmo a pesar de los esfuerzos que realiza para salir adelante por su familia. Quizás es porque no recibe el apoyo de ellos y sólo absorben su tiempo y su dinero, sin embargo, usted se ve muy comprometido(a) con ellos porque son Su Familia.

Lo mismo me pasó, me esforcé por ayudar a mis familiares y a otras personas al punto de olvidarme de mí misma, pero mientras más me esforzaba menos consideración ellos me tenían. Así que un día decidí que ya era suficiente, que ya era tiempo de separarme de ellos y lo hice. Ahora, de lejos, nos llevamos mucho mejor.

Y no para de llover. Lágrimas del cielo, de ángeles o de Dios. No lo sé aún. Al asomarme por la ventana de mi consultorio me percato que la Naturaleza nos desafía, lo que significa la vida misma. No todo es una tormenta, como tampoco todo el tiempo hay sol. Y quizás para gozar de su brillante y acogedor calor, necesitamos mojarnos de vez en cuando y necesitamos llorar. Es más, lo primero que hacemos al nacer es llorar, para después aprender a reír. Sé muy bien que cuando vivimos en una tormenta, parece que todo son truenos y lluvia eterna, lágrimas y sufrimiento. ¡Créanme que sí lo sé!

—Mi madre me golpeaba, comenta uno de mis pacientes en la sala de espera. Mi Padre abusó de mí, replica otro; y un pobre muchacho, bañado en lágrimas, confiesa que su suegra está acabando con su matrimonio. Eso mismo lo escucho todos los días.

Todos sin excepción tenemos algo en común, el dolor que nos ocasiona nuestra familia y otras personas, ya sea la nuestra o la política, nadie se salva. Me imagino que desde la casa más humilde en Tijuana, hasta la Casa Blanca en Washington, DC, existen conflictos familiares… O en cualquier parte del mundo.

No importa el dinero ni la raza o color, mucho menos el nivel cultural. Todos tenemos el mismo corazón. Todos sangramos igual. Todos sentimos dolor.

Mis pacientes, a los que ayudo con toda mi alma, se quejan de lo mismo; se quejan de lo que a mí casi me mata. Y ese **casi** es lo que hace la diferencia. Lo que divide a la gente miserable de las personas que gozan de este gran regalo de Dios llamado vida.

Me detengo a pensar acerca de mi existencia por un momento… un momento que dura unos segundos, pero que encierra décadas de años en una Montaña Rusa llena de emociones. La misma Montaña que tú estás montado, quizás por el tramo más alto, más bajo o más rápido, pero todos pasamos por ahí. Algunos, quizás hasta les guste. Otros no te dejan bajar. ¿Pero sabes qué?... ¡Tú tienes el control!

Me pregunto, ¿por qué soy la de ahora? Terapeuta y Comunicadora pero, ante todo, ¿por qué soy una mujer plena y feliz? Bueno, para eso tanto tú como yo tenemos que saber de dónde venimos. Tenemos que tirarnos un clavado a nuestro pozo de los recuerdos por muy oscuro y profundo que esté. Tenemos que volver allí para regresar más vivos que nunca…

Desde que llegamos a este mundo se va creando a nuestro alrededor una 'hoja de vida' que va recogiendo nuestras alegrías y sinsabores, las experiencias buenas y malas, aciertos y desengaños, éxitos y fracasos. En conjunto, arrojan como resultado algo que todos conocemos como Historia.

Pues bien, habrá quienes se identifiquen con pasajes similares a los que yo viví, pero no por guardarlos para el futuro, que no existe, sino para aplicarlos en el Hoy, en el presente y en sí mismos. Para otros que quizá estén a punto de cometer errores como en los que yo incurrí, éstos les sirvan para meditar si lo que van a hacer no los llevará a un laberinto del que, a veces, es casi imposible escapar.

La intención de mi historia no es exhibirme como un ejemplo, sino crear consciencia en cada uno de ustedes, y puedo asegurarles que aspiro llegar al corazón de mucha gente cuya existencia peligre caer en un camino sin retorno... O si ya están en él, tengan la decisión, la confianza y la fortaleza para hacerlo.

Permítanme decirles, queridos lectores, que ésta mi historia es un caso real como el que habrán vivido muchas personas y que, cumpliendo con mi labor de terapeuta, he conocido cosas buenas y cosas malas a las que he enfrentado con positivismo y que asimismo he compartido con quienes vivían o viven situaciones parecidas a las mías para que las superen de la misma forma: Con positivismo y con mucho Amor y Fe.

A menudo escucho quejas de mucha gente que habla de su familia y siempre o la mayoría de las veces, para relatar las injusticias que han cometido o están cometiendo en su contra. Todos o casi todos opinan siempre lo mismo; se sienten lastimados, abusados o molestos por sus familiares o parientes cercanos, incluyendo a padres, hermanos, medios hermanos, tíos, sobrinos, hijos, etcétera...

Pero hay más quejas y en éstas va incluida la familia política. Esta última no se queda atrás y como ejemplo tenemos a los suegros, cuñados, yernos y nueras. Cada uno de ellos, cuando los conocemos, a primera vista nos muestran una cara angelical que, con el tiempo, se va convirtiendo en una pasmosa realidad de lo que sólo esperan el momento propicio para hacerte sangrar hasta la última gota. Por supuesto que hay excepciones. Sin embargo, yo les animo a romper esas cadenas, ese eslabón que les mantiene atados, porque ¡sí se puede!

Por medio de mi carrera como terapeuta y comunicadora, he aprendido a conocer al ser humano casi en su totalidad por sus actitudes o estilo de vida, y en todos ellos encuentro que siguen un mismo patrón, un modelo que puede ser bueno o malo, pero lo cierto es que lo llevan de acuerdo al nivel de vida de cada familia, de sus raíces, costumbres y hasta modismos aprendidos; además de la personalidad que ya traen desde su nacimiento, muy bien marcada tanto en su forma de vivir como en su comportamiento y desde luego de su genética.

En este libro voy a narrarles mi historia y les comentaré lo que he escuchado de mucha gente que se queja del comportamiento de sus familiares. Además de contarles mis propias experiencias y explicarles todos los motivos que tuve para escribir esta historia, **De Mendiga a Millonaria**, pero ya verán el final y se quedarán absortos, con los ojos bien abiertos, por las emociones y tribulaciones, así como grandes bendiciones, vivencias, experiencias, amor y desamor que Pancracia ha experimentado en su larga vida con éxitos, fracasos, metas y triunfos.

Sí, porque soy guerrera, peleé y gané la buena batalla.

Pancracia es:
Proactiva,
emprendedora, responsable,
recursiva,
fiel,
honesta,
triunfadora,
trabajadora,
millonaria
y goza de la vida.

AVENTURAS Y AMORES DE PANCRACIA

Aclaración: Al escribir este libro y contar todo lo que en mi vida pasó, no pretendo que las demás personas sigan mi ejemplo, no, porque cada uno de nosotros poseemos libre albedrío y poder propio de decisión para romper las cadenas de abuso que aten sus vidas. Sin embargo, puedo decirles que yo sí me liberé al escribir mi propia historia.

Ustedes, amados lectores, escriban todo, absolutamente todo lo que sientan que no es agradable en su vida, también los triunfos o fracasos que son parte de su historia y así será libre porque ya salió eso de dentro de usted a través de la Escritura.

DE TODO CORAZÓN

En esta historia de la vida real, les voy a narrar todos los sinsabores, triunfos y fracasos que tuve que enfrentar en muchas ocasiones. Cuando la vida misma te pasa por todo tipo de pruebas, tragedias, triunfos, fracasos, alegrías, tristezas, etcétera, para al final darte una recompensa millonaria y un regalo hermoso, el cual no tiene precio, que no puede comprar ni el oro ni la plata y que es la Salvación de tu Alma y la libertad.

Con este libro van a reír, a llorar y a gozar de todas y cada una de las aventuras de Pancracia. Van a ver que sí se puede alcanzar el éxito con los pies bien puestos en la tierra y siempre con el objetivo bien definido, poniendo la mirada en lo alto y conservando la humildad y el servicio a los demás. Y lo más importante, teniendo mucho amor en tu corazón para poder dar.

PANCRACIA y el significado de su nombre. ¡Wow!

Pancracia, su espectacular nombre tiene mucho que ver con la vida misma. He aquí los significados de Pancracia…

Pan en griego: Todos, hijo de todos.
Pan era el semidiós de los pastores y los rebaños.
Pan del latín *'panis'*, alimento de masa horneada.
Pan en hebreo, *'lajam'*, pelear.

Cracia en latín: Reina de, poder del pueblo.
Cracia del griego *'krátos'*, gobierno, fuerza o dominio.
Cualidad de poder.

Pancracia en griego: Que tiene todo el poder. Gobierno de todos. Valor.

Presentación...

Patricia, la mejor amiga de este personaje, empieza a narrarte esta extraordinaria historia.

¡Hola, soy Patricia, la mejor amiga de Pancracia! A ella la quiero sinceramente, he sido su fiel compañera y también en muchas ocasiones 'su paño de lágrimas'. A diferencia de mí, que viví una niñez normal, en Pancracia fue totalmente lo contrario. La marca que su padre le dejó en el alma fue de abandono, soledad y tristeza. Recuerdo muy bien cuántas veces la vi llorar por la ausencia de su padre, la falta de amor de sus convenencieros hermanos y por el maltrato de su madre.

Soy mayor que mi amiga Pancracia por 2 años, pero recuerdo claramente cómo ella era tan sagaz, luchadora, emprendedora, cómo buscaba una mejor forma de vivir para sus hermanos más chicos y para ella; trabajando siempre y ayudando sin descanso. En verdad yo me quedaba sorprendida de todo lo que hacía, pues yo no era capaz de hacer muchas cosas o tareas y trabajo pesado que ella realizaba. Tenía mucha fuerza y mucha tenacidad, no era disciplinada pero todo lo que se proponía lo lograba. Simple y sencillamente, ¡Pancracia era genial!

Recuerdo cómo le ayudaba a Doña Chonita a vender en las casas artículos escolares tales como cuadernos, lápices, plumas, gomas para borrar, etcétera. A lo largo de mi vida he conocido pocas personas como Pancracia.

Pero Pancracia era tan emprendedora que cuando empezó a vender diversas mercancías me parecía increíble. No obstante ser tan chica, pues tendría unos 8 años, tenía una enorme creatividad que la llevó 'a montar un gran negocio', el que solamente se le podía ocurrir a ella.

En ese tiempo estaban de moda algunos muñequitos de plástico que a todos los niños les parecían muy atractivos, como lo son hoy en día las princesas y otros personajes. Así, genial y única, fuera de sus horas de escuela Pancracia se dirigió a un mercado de la ciudad en el cual tiraban cajas de cartón, buscó entre ellas y se llevó la más grande, la puso boca abajo y con un clavo (objeto metálico con punta) le hizo unos pequeños agujeros en los que colocó paletas, dulces y al centro los muñequitos.

También en las calles buscaba llantas (neumáticos, gomas) de los autos, pero que estuvieran quemadas para poder quitarles los alambres con que habían sido construidas. Con sus pequeñas manos ella flexionaba los alambres hasta que éstos se rompían y luego escogía pedazos de casi el mismo largo con los que fabricaba aros, ¡increíble!, sin medirlos con una cinta métrica le quedaban del mismo tamaño. Los hacía de uno en uno, hasta que reunía los suficientes para que sus compañeros de escuela jugaran. Pancracia ponía la caja de cartón boca bajo porque ésta ya tenía las paletas, dulces y muñequitos que ella había colocado.

De igual manera Pancracia había conseguido trozos de yeso en lotes baldíos o construcciones, los que machacaba hasta hacerlos polvo y con él pintaba una línea blanca sobre la tierra, la que le servía como 'marca' donde se debían parar los participantes sin rebasarla; desde allí los niños 'tiraban' (lanzaban) los aros con el objetivo que éstos cayeran encima de una paleta, un dulce ¡o un muñequito!, que era el premio principal. Por lo regular las niñas y niños ganaban dulces y paletas, pero pocas veces los muñequitos. Pero ese era su negocio, por cierto muy lucrativo, del cual el dinero que ganaba no lo gastaba en galletas o dulces para ella, sino que lo reinvertía. Y por supuesto, Pancracia apartaba algo de ese dinero para comprarles pan y leche para sus hermanos pequeños, mientras que ella se podía comprar uniformes, útiles escolares y zapatos. ¡Wow! Todo un personaje.

Otro de los negocios de Pancracia era que lavaba algunos puestos del mercado de la localidad y también obtenía buenas ganancias, 20 o 30 centavos que para ella eran muy buenos, ya que con ellos compraba azúcar o panela (piloncillo) y canela para hacer frutas cubiertas con ese endulzante. En los puestos que Pancracia limpiaba le regalaban frutas que se habían pasado un poco 'de maduras'; mangos, guayabas, fresas, piñas, duraznos, etcétera. Con ellas la niña preparaba conservas y postres que iba a vender casa por casa. Increíble cómo una niña de 8 años de edad aprendió a sobrevivir y no sólo para beneficio de ella sino también la de sus hermanos y su mamá.

Pero no Pancracia, quien a pesar de su corta edad era muy centrada. Ella siempre estaba pensando en lo que iba pasar y entonces tomó responsabilidad y empezó a actuar. Por ese tiempo ella tenía entre siete u ocho años de edad y se dispuso a abrir su primer pequeño negocio para ayudar con los gastos de la casa y los de sus hermanos, así como la alimentación de todos.

Lo más insólito fue que al terminar su escuela primaria, Pancracia se inscribió en una escuela secundaria técnica en el curso de 'secretariado ejecutivo bilingüe' y ella misma se costeaba todos sus gastos. ¡Imagínense, ella pagándose sus estudios hasta graduarse! Naturalmente, esto a costa de sacrificios pues durante ese lapso continuó buscando la forma de ganarse el sustento.

Una vez graduada y a sus 14 años, Pancracia siguió trabajando y estudiando, hasta que así de joven y gracias a su audacia empezó a 'hacer sus pininos' y logró entrar a importantes medios de comunicación de su país, pues ese era el trabajo que más le gustaba hacer. Ella realizaba un arduo trabajo y con su sagacidad y simpatía lograba buenísimos reportajes y se enteraba de 'chismes de todos colores y sabores'. Claro que algunos le 'robaron' sus créditos, pero a Pancracia nunca le importó y siguió desarrollando todos sus talentos.

Y lo logró. Pero, ¿qué creen?, se graduó con honores, así como lo leen. No era muy estudiosa pero lograba todo lo que se proponía con ese entusiasmo, con esa sagacidad y con ese empuje que la caracterizaban desde muy niña.

Dice la amiga de Pancracia:

**¡Qué dolor!, siendo una
niña pequeña y eso que era
la "Princesa de su papá",
Pancracia lloró y lloró
cuando él la abandonó
y la dejó a la deriva.**

**Apenas tenía 5 años cuando
eso sucedió, pero ella no
se amargó, lo perdonó,
lo bendijo y lo olvidó.**

DE MENDIGA A MILLONARIA

Bueno, así como Pancracia, ustedes también vivirán un sinfín de emociones y al igual que ella van a llorar, reír y gozar, al descubrir y conocer muchas cosas y casos increíbles que solamente podían sucederle a ella.

Pancracia es una niña que aprende rápido, no parece muy concentrada pero sí es muy sagaz e inteligente y asimila fácilmente un oficio por muy duro que éste sea; lo aprende sólo con ver y escuchar y después lo lleva a la práctica. Es alguien a quien le gusta ayudar y apoyar en todo lo que pueda. Puede decirse que nació con el don del altruismo.

Ella es todo un personaje, ha sufrido, ha llorado, ha gozado y también ¡ha triunfado! Les invitamos a que conozcan sus aventuras a través de este libro donde encontrarán de todo... Más de lo que ustedes ni se imaginan. Disfrutarán de los viajes, aventuras y exquisitas comidas que Pancracia les detallará. También conocerán sus amores, las traiciones, las culturas, las caricias, los besos y chismes que se crearon alrededor de su vida.

Así siguen las Aventuras y Amores de Pancracia. Ella misma les relatará muchas anécdotas, risas, alegría, gozo, tragedias, llanto, desesperación, triunfos, viajes, bendición, prosperidad y reconocimientos. Bueno, ¿qué le puede hacer falta a Pancracia?

Su infancia:

Empecemos por aclarar, quién es Pancracia... Bueno, es la séptima hija de un matrimonio que antes fue estable pero que desgraciadamente decidió separarse y divorciarse cuando ella tenía solamente 5 años. Para Pancracia su padre era todo en su vida, era su héroe. Lo mismo sucedía con él, ya que ella era la única mujercita entre 7 varones, su papá la amaba mucho y era su consentida. Aun así, el papá decidió irse de esa casa en la que habían procreado una numerosa familia. Por supuesto, el señor estaba enamorado de otra y sin importarle nada ni pensarlo mucho, decidió irse abandonando a sus 8 hijos y a su esposa, así de improviso, como si todos ellos, de repente, hubieran dejado de importarle.

Así pasó el tiempo y su mamá, al verse abandonada con sus pequeños hijos, se deprimió y obviamente al caer en la depresión y sin saber qué hacer, empezó a tomar licor desmedidamente y sin control, tanto así que ya no se preocupaba por sus hijos ni por la suerte que ellos habrían de enfrentar.

Cabe mencionar que en esa época las edades de los hijos fluctuaban entre 18 años y 6 meses de edad. Ellos vivieron unas etapas muy difíciles porque necesitaban de su papá y mamá, de ambos, de las dos figuras principales en esa casa, para adquirir un buen carácter moral y mostrarlo ante la sociedad.

'Pero eso ya no era posible, nuestro padre parecía vivir muy feliz con su nueva familia, la que formó dejándonos abandonados a nosotros. Desde entonces, nunca se volvió a aparecer siquiera para saludarnos y menos le importó saber cómo estábamos. Lo peor era que con mi madre no podíamos contar porque seguía sumida en su vicio por el alcohol y cada día estaba más histérica', recuerda Pancracia con tristeza.

Sin embargo, la vida siguió y estos jóvenes se desequilibraron un poco. Sin embargo, uno de los hermanos míos, el mayor, él sí se desvió todito, empezó a meterse en el vicio y hasta llegó a pertenecer a una pandilla (ganga), más bien a ser el jefe de esa pandilla. ¡Qué pena!, cuántas veces lo vi pelearse, que él pegara o le pegaran a él. Otras tantas, siendo una niña de 6 o 7 años, vi también con mis ojos aterrados cómo se lo llevaba la policía y cómo lo golpeaban, lo trataban como un animal porque era muy rebelde y no respetaba a la ley.

Así fue pasando mi triste vida, fueron tantas ocasiones que mis hermanitos y yo presenciamos esa triste escena de maltrato, pero él seguía perdiéndose más y más, y obviamente lo siguieron otros dos de mis hermanos menores. ¡Qué desastre cuando los padres no piensan las consecuencias que provocan en sus hijos cuando toman malas decisiones de separarse o divorciarse!

Y sin importarles el futuro de sus hijos los abandonan y los dejan a la deriva, a que otra gente los maltrate o abuse de ellos. Qué pena que haya padres así, mas sin embargo los hay, quizás ellos también pasaron por lo mismo o simplemente porque no tienen principios ni moral. En fin… miren lo que pasó y lo que sigue pasando cuando los adultos no tienen cuidado de sus hijos y no les importa su futuro o lo que ellos sean más adelante. ¡Qué vergüenza!, pero así hay muchos padres.

Y sucedió un grave accidente

Pancracia dice: 'el enemigo siempre me tiró a matar, pero no pudo porque es más poderoso el que está en mí que el que está afuera'.

Cuando Pancracia solamente tenía 8 años de edad, sucedió un terrible accidente. Ella, en su prisa por llegar a cumplir con los quehaceres de las personas a las que ella ayudaba y obtener el dinero para comprar la cena de sus hermanos, provocaron que Pancracia corriera y cruzara la calle sin darse cuenta que se acercaba un auto a toda velocidad. De manera que la niña fue cruelmente atropellada por ese auto, digo 'cruelmente', lo aclaro, porque el conductor vio cuando ella voló por los aires y luego cayó al suelo. La gente asustada se acercó a ver dándola ya por muerta, porque eso parecía, pero inesperadamente Pancracia movió una de sus manos dando señas que continuaba con vida. Pero el conductor del auto también se percató de eso por el espejo retrovisor y se apresuró a mover la palanca de su auto 'a reversa' para retroceder con velocidad e ir a 'rematarla', porque así lo declaró el infame chofer frente al Ministerio Público.

Y es que en algunos países latinoamericanos la gente repetía un refrán popular que dice: 'las leyes se hicieron para no respetarlas'. Sí, había la pésima costumbre que, si atropellaban a alguien, era preferible matarlo porque así las autoridades lo juzgarían como 'un delito menor' y quien atropellaba pagaría menos; porque si lo dejaba vivo le costaría más pues el afectado podía quedar lisiado o con alguna condición de salud permanente, por lo que se trataría de 'un delito mayor' y tendrían que pagarle sus gastos de por vida. ¡Qué tontería pensar de esa manera!, pero lamentablemente así era o aún lo es.

Pero gracias a Dios Pancracia logró sobrevivir tras de permanecer 'en estado de coma' en el hospital durante 22 días. Tenía 11 fracturas de cráneo, 12 puntos de sutura en el labio superior, pérdida de todos sus dientes, ¡lo bueno que fueron los llamados 'dientes de leche' y le salieron nuevos, si no se habría quedado 'chimuela' (sin dientes) de por vida! Tenía su brazo derecho y la pierna izquierda fracturados, por esa razón tuvo que pasar 6 meses con ambos miembros 'enyesados' (sujetos con yeso, para su recuperación).

Además, tenía múltiples laceraciones en todo el cuerpo y una muy en particular. Sí, sobrevivió, pero los médicos le dijeron a su mamá que por la herida habida en su cuello, muy cerca de la yugular, ella no podría hablar más. Lo que sucedió fue que cuando aquel desalmado se echó en reversa y volvió atropellar a Pancracia, con el mofle del auto le provocó un hoyo en el cuello, al lado de la laringe, que les hizo suponer a los doctores que le habría afectado las cuerdas vocales y quedaría sin habla... A menos que le colocaran un 'aparato especial' (cánula o sonda de traqueotomía, se llama en la actualidad) para que de esa forma pudiera comunicarse.

Los galenos pensaron que si no quedaba inválida, sí pasaría mucho tiempo en una silla de ruedas... Pero ¡oh milagro!, Pancracia salió caminando apoyándose en una muleta. ¡Y también hablando, como si no le hubiera pasado nada! Un verdadero milagro de Dios, porque Él tenía un propósito para su vida. Díganme si a esto no se le puede calificar como: 'luchar con determinación por lograr algo, por un fin específico'. Pancracia siempre ha sido así. ¡Qué bueno por ella!

Lo malo de esta terrible tragedia fue que el tipo que atropelló a Pancracia era hijo de un político y quien, gracias a 'las palancas' (influencias) de su padre se salvó de ir a la cárcel por intento de asesinato, él recibió mucho apoyo de las autoridades y sólo 'se comprometió a pagar los gastos médicos de la niña', cosa que jamás cumplió y por el contrario, en cuanto pudo, se dio a la fuga. ¡Aquello quedó impune!

Gracias a su fortaleza y edad, a los pocos días Pancracia ya andaba corriendo y brincando por todos lados. Incluso se puso a jugar fútbol soccer en una posición bastante extraña; 'portera atacante'. ¡Ah!, pues ella jugaba en el 'fútbol rápido'.

Desde muy pequeña, a Pancracia su abuela materna le había inculcado orarle a Dios, por eso en cuanto salió del coma, la niña oraba siempre. Fue eso lo que la hizo salir adelante pues a meses después de aquel terrible accidente ella se recuperó, no necesitó más la silla de ruedas y podía hablar con fluidez.

¡Wow!, qué bendición, qué fortaleza y solamente era una niña de siete años.

Bueno, continuamos con esta atrayente, bella y triste historia de amor, horror y terror pero sumamente interesante: **Las Aventuras y Amores de Pancracia**…

Porque eso de **La Desgracia de Mendiga a Millonaria** fue nada más al inicio y unas cuantas veces. Pero **Las Aventuras y Amores de Pancracia** han sido muchas veces y seguirán siendo porque cada día que ella vive es una verdadera aventura, un amor y una vivencia diferentes.

¡Ay, Panki!, te ha pasado de todo, 'como en farmacia'… Por eso es **La Gracia de Pancracia.**

Pancracia recuerda que, siendo una niña, sufrió los abusos y maltratos por parte de los vecinos de la comunidad en donde ella vivía. Claro, al verlos solos a ella y a sus hermanitos, sin papá y prácticamente abandonados por su mamá, sí porque aunque ella estaba con ellos, por la inconciencia que le provocaba el vino, el alcohol, su madre no estaba en condiciones de atender a sus siete hijos. ¡Qué tragedia! Pero así fue la realidad y por eso…

Muchas veces estuvo a punto de morir, pero mírenla, Pancracia ¡sobrevivió y se salvó!

Pancracia, a punto de morir,
se salvó porque Dios tenía
un propósito para su vida
y de la muerte la libró.

Cuando estaba pequeña tuvo una condición muy terrible en su cuello, una fuerte infección que le duró cerca de cuatro años en sanar y cerrar; esa herida le supuraba día y noche.

Y luego le sobrevino un atropellamiento cuando tenía 8 años. De verdad que no salía de una y ya le venía otra. Pero nunca se rindió, fue y es una gran guerrera.

Pancracia enamorada…
A sus cortos 12 años

Mi amiga gozaba de la vida, era feliz a su manera. Por ejemplo, con Pepe 'el tortillero', quien decía que ella era su novia, pero era nada más de dicho porque él era un sinvergüenza que a todas les decía 'sus novias'. Y la mensa de Pancracia se lo creía, ella pensaba que de veras era su novia, que él se lo decía en serio. Tanto así que ella era 'llenita' cuando estaba enamorada de Pepe 'el tortillero' y luego se puso flaca, adelgazó, bueno eso de flaca no, mejor dicho 'de buen cuerpo', sí porque Pancracia alcanzó muy bonita figura y empezó a verse curvilínea. ¡Ah, pero antes de eso el Pepe ni 'la pelaba' ni le hacía caso!, aunque Pancracia estaba muy enamorada de él. Ella no era gorda, lo que pasaba era que las vecinas a las que ayudaba le regalaban pan, dulces y otras golosinas, pero como además ella comía muchas tortillas de las que iba a comprar sólo por ver a Pepe, la hacían ver 'llenita'.

Pepe tenía una hermana de nombre Cristina quien era casada y tenía dos hijos, una mujer adulta que abusaba de ella porque sabía que Pancracia estaba enamorada de su hermano Pepe. Cristina la ponía a realizar todos los quehaceres de la casa y hasta que cuidara a sus hijos, y Pancracia lo hacía todo ¡gratis!, con tal de estar cerca de Pepe. Un chamaco feo, pero que ella veía guapo.

¡Ay, Pancracia, qué ilusa! Pero es que era tan soñadora y romántica, ponía canciones de amor mientras barría la casa de la hermana de Pepe. Limpiaba todo muy bien a pesar que entonces era sólo una niña, tenía 10 o 12 años. ¡Ah!, pero ella estaba enamorada, su primer amor de adolescente, esa bobería que te hace sentir como que andas en las nubes y vuelas. Ella viajaba en su mente porque Pepe 'el tortillero' solamente le decía 'tú eres mi novia', pero ni siquiera le tocaba la mano, eran sólo palabras, él 'la volaba' y Pancracia todo se lo creía, tenía una mente muy inocente.

Pancracia recuerda:

"Pepe 'el tortillero' fue mi primer amor. ¡Wow!, Pepe era hermoso, fornido, tenía una dentadura increíble y, por si fuera poco, era hijo de la dueña de la única tortillería que había en el barrio. Bueno, en realidad los propietarios eran la madre y la hermana de Pepe, él era un mocetón que les ayudaba a despachar pesando las tortillas.

Yo veía todas esas cualidades en él y era que quizá estaba yo muy chica, tenía entonces entre 10 y 12 años, pero Pepe me engañaba diciéndome que era su novia, cuando yo llegaba a 'hacer cola' (formarme el fila o línea) para comprar tortillas, Pepe, su hermana y otras personas que trabajaban allí empezaban a decir: 'Pepe, ya llegó tu novia'.

Como yo necesitaba dinero, recogía la basura en las casas de varias vecinas, luego las llevaba al camión que las colectaba y ellas me daban una propina. ¿Y se imaginan que hacía yo? Pues con ese dinero iba a comprar tortillas, para poder regresar varias veces y ver a Pepe.

¡Ah, pero cuando tuve esa transformación física y mental, al llegar a la pubertad!, me di cuenta lo equivocada que mi mente había estado; Pepe era feo, tenía los dientes chuecos, encimados, tenía 'jiotes' en la cara, estaba medio panzón y, 'para acabarla de amolar', era vulgar y mal educado. Se cayó aquella venda de mis ojos y ya no vi hermoso a Pepe.

Después era él quien andaba tras de mí rogándome que fuera su novia 'de a de veras', pero para mí todo había cambiado porque ahora se me acercaban mucho mejores 'partidos'; chicos guapos, buenos estudiantes, de buena posición económica y muy educados".

Ni loca me fijaría en Pepe y menos ahora que ya estaba graduándome de secretaria ejecutiva bilingüe. ¡Eeeh!, para que vean hasta dónde se puede llegar. Con tenacidad, empeño y disciplina se logran sueños y se llega a la meta trazada. Así que si tú te lo propones, lo visualizas y llamas a las cosas como si ya fueran un hecho, lo conseguirás. Ese ha sido mi método en todo lo que emprendo; lo visualizo y lo declaro y decreto como si ya fuese. Así se logran las cosas, los anhelos y se alcanza cualquier meta que tú hayas puesto para ti en tu vida y los demás.

Sin embargo la vida sigue, la historia continúa y el que define así hacia dónde va lo logra, llega a la meta, triunfa, goza y da gracias a Dios por todas las bendiciones.

Un mundo diferente

Pancracia empezaba a vivir, únicamente había tenido un enamorado y ¡zas!, se le apareció un 'Lobo Feroz', el jefe de la oficina donde ella trabajaba, un hombre 10 años mayor que ella, pues entonces tenía solamente 16 años, un corazón limpio, una alma buena y era muy ingenua para el amor. Bueno, el 'Lobo Feroz' le empezó a vender el sueño del vestido blanco de novia para la boda. Y a pesar que a Pancracia ese hombre no le gustaba para nada, digamos que no era su tipo, estaba muy feo, prieto y con los pelos parados, sin embargo, él le empezó a endulzar el oído y ella 'cayó redondita', tanto así que en sólo 4 meses de novios él le propuso matrimonio y que quede bien claro, Pancracia, que no estaba enamorada pero sí ilusionada por la boda, ¡se casó en contra de todo y contra todos!, principalmente en contra de su madre a quien sólo ella ayudaba económicamente.

Pancracia era 'su minita de oro', quien que le daba todo su salario producto de su trabajo. Así que su mamá fue la primera que se opuso a esa fugaz boda y se comportaba exigente y agresiva, no sólo porque la chica se había dedicado a estudiar y a trabajar, no, obviamente era más porque ya no iba a poder obtener más dinero de ella. Sin embargo, la señora no pudo evitar esa boda.

Los hermanos de Pancracia también mostraban su desacuerdo, ellos se habían acostumbrado a recibir el fruto de sus esfuerzos y sacrificios, ¡su dinero! Porque hubo ocasiones en que ella dobló turnos y trabajó tiempos extra para llevar un poco más de sustento y cubrir todos los gastos de la casa, porque entonces dos de sus hermanos mayores ya tenían esposa e hijos y a todos los ayudaba económicamente. Ellos, igual que su madre, consideraban que la obligación de Pancracia era mantenerlos a todos… Y ahora veían que 'su mina de oro' se les estaba yendo.

En fin, Pancracia se casó pensando que se había alejado de aquel círculo vicioso y una vida de maltratos al lado de su madre y hermanos… Pero ¡oh sorpresa!, no todo es 'miel sobre hojuelas' y llega el momento que los reveses nos hacen ver la realidad, pues apenas a los 2 meses de casada ella ya se quería regresar a su casa porque empezó a vivir un calvario. ¡Sí, un verdadero calvario!... ¡Un infierno!

Resultó que ese hombre, su esposo, era 'un mandilón' de su familia y por si fuera poco medio flojo, era muy conformista y no le gustaba mucho trabajar, también era 'machista' porque 'la sacó a ella de trabajar', bueno, eso de quitarla de trabajar 'entre comillas' ya que ella trabajaba el doble pues de hecho ¡era la sirvienta de la familia de su esposo!, una familia que se aprovechaba de lo trabajadora que ella era. En ese 'núcleo familiar' había de todo; 'viejas fodongas', feas y mentirosas que la ponían a lavar el patio, las jaulas de los pájaros, mientras 'todos ellos, muy a gusto, estaban desayunando pan, café y frijoles', porque eso era lo único que comían en esa casa, mañana, tarde y noche.

Y pensar que Pancracia todas las mañanas tomaba sus licuados de frutas y las verduras, para eso había trabajado desde niña, ¡para comer bien!... Pero ahora se habría conformado con que le dieran el pan, los frijoles y el café, pero al mismo tiempo que los comían ellos. Pero nada de eso, no era así, a Pancracia le daban de comer hasta que terminaba de realizar todo el quehacer. Ella se sentía muy mal porque, sin saberlo, ya estaba embarazada. Sí, ¡una niña teniendo niños!, porque realmente era muy joven para ser madre y ustedes, queridos lectores, sobre todo las mujeres, saben que cuando la mujer está encinta (embarazada) tiene más hambre de lo común ya que tiene que alimentar a la otra vida que lleva dentro.

Por eso que sentía tanta hambre, pero también sabía que tenía que hacer todo lo que le ordenaban para poder comer algo. Los quehaceres, la limpieza de esa casa de gente amargada, porque cabe mencionar que todos allí eran viejos y 'quedados'. El hijo más joven era su esposo y tenía 26 años, la hermana de éste 10 años mayor que él, la otra 12 más y la otra 15 más… Todas eran viejas y amargadas, incluyendo a 'su mamá suegra' quien parecía que le tenía mucho coraje a Pancracia por haberse casado con el feo de su hijo, quien además de 'mandilón' no sabía cuidar ni proveer a su esposa, pues lo poco que él ganaba se lo daba a su mamá.

Porque esa vieja lo tenía completamente dominado. Él parecía tonto, o así se comportaba, hacía todo lo que le ordenaban su mamá y sus hermanas; 'no tenía voz ni voto' y Pancracia, mucho menos.

Ella no recuerda que le hayan mostrado un poco de consideración o afecto, menos amor o cariño, parecía que Pancracia allí era 'un cero a la izquierda', en verdad nunca la quisieron, aunque ella tampoco, era recíproco lo que sentían pero tenía que aguantar todo lo que pasara allí.

¿Adónde más iba a ir?, si cuando ella se casó su mamá le dijo que, como lo había hecho en contra de su voluntad, ¡para ella estaba muerta!, que no regresara más a esa casa y menos si no le iba 'ayudar con dinero'. Como era menor de edad y noble, Pancracia aguantaba todo. Así pasó el tiempo, ella embarazada y sin saberlo, hasta que sucedió una desgracia, una que marcaría su vida al menos por algún tiempo.

Un día más y Pancracia lloraba por el maltrato que recibía de los familiares de su esposo. Un mal día lavando las jaulas de los pájaros, que por cierto eran varios, Pancracia se descuidó y para terminar rápido, porque tenía mucha hambre y quería apurarse para recibir algo de comer, de pronto se le voló un pájaro canario. ¡Qué día más estresante! Pancracia se asustó porque ya sabía que 'lo que se le avecinaba', la vieja de por sí la trataba mal, ahora imagínense con lo que había pasado, ¡un canario escapado!, la vieja gritona y enojona se iba a poner como loca.

Entonces Pancracia hizo como que 'no se dio cuenta' y se dispuso a desayunar, pero estaba preocupada, callada y muy asustada porque la señora se iba a enojar con ella si le decía lo que había pasado. De repente, 3 horas después, la vieja se dio cuenta que faltaba uno de sus canarios (pájaros). Luego, luego, hizo un gran escándalo, 'más teatro' de lo que Pancracia hubiera esperado, la señora casi se volvía loca, la vieja gritando e insultando a Pancracia. Le reclamaba porque dejó ir uno de sus canarios, la acusó de haberlo hecho a propósito, pero como Pancracia estaba aterrada no dijo nada y permitió que la insultara. ¡Vaya, hasta le dio una bofetada! (cachetada), la vieja aprovechada se dio vuelo, se veía que eso ya lo quería hacer desde hacía tiempo y aprovechó muy bien la ocasión para descargar su furia, su frustración y su amargura contra Pancracia.

La vieja seguramente estaba muy enojada porque cuando estaban preparando la boda, ésta hablaba con Pancracia y le decía que no se casara con su hijo, que él todavía no estaba preparado para el matrimonio, pero como Pancracia no le hizo caso, la vieja había pasado meses de frustración y por eso descargó su enojo y toda su furia contra Pancracia. Para colmo ese día, ella ya cansada de tanto maltrato también gritó, le dolió tanto la bofetada que le dio la señora que armada de valor respondió: ¡'Vieja bruja, deje de pegarme'!

¡Ayyy!, esa reacción fue fatal para Pancracia pues la vieja llamó a todas sus hijas, 'las cacatúas quedadas y amargadas' que vivían allí, en esa casa. Todas comenzaron a gritar como locas, tal como si ellas estuvieran recibiendo los golpes. ¡Mucho teatro, pero así tenía la vieja a sus hijos, como animales amaestrados! La vieja siempre haciéndose la enferma y todos se compadecían de ella; sabía actuar muy bien, tal parece que hubiera estudiado actuación.

Pancracia estaba muy asustada pensando en todas las mentiras que la vieja le iba a decir a su esposo cuando él llegara de su trabajo. Quizás lo obligaría a que la corriera por haber dejado escapar a su canario. Entonces se encerró en su cuarto y se puso a llorar y a llorar. Justo cuando se tranquilizaba empezó a llorar nuevamente al ver a su esposo entrando al cuarto, pero la vieja había logrado envenenarlo con sus mentiras y él le había creído.

La bruja había cambiado la versión, se atrevió a decirle a su hijo que Pancracia la había golpeado, cuando en realidad fue lo contrario. Armó toda una función teatral delante de sus hijos como sólo ella sabía hacerlo y, como era costumbre, en aquella ocasión ellos también le creyeron.

Por primera vez Pancracia vio muy agresivo a su esposo, él que siempre había sido una persona dulce y cariñosa, el primer hombre en su vida y a quien le entregó su pureza, con quien esperaba pasar toda su vida, porque cuando se casó quería que su matrimonio fuera así, no pensaba ni deseaba separarse de él. Sin embargo, todo anunciaba que vendría algo más fuerte cuando su esposo hecho un energúmeno le gritó a Pancracia: ¡Cómo te atreviste!

Después del escándalo de aquel agitado día vino la calma, su esposo más tranquilo se acercó a ella y le dijo al oído: '¡perdóname!'. Él no quería hablar más fuerte pues temía que su madre lo escuchara, porque las paredes de aquel cuarto eran muy frágiles y delgadas, así que cualquier ruido o palabra se escuchaba con claridad. Entonces se acercó de nuevo a Pancracia y le dijo: 'Creo que tienes que irte a tu casa, mi mamá ya no te quiere aquí y yo no puedo ir contigo porque no me alcanza el dinero para rentar una casa, yo le prometí a mi madre que nunca la abandonaría… Además, tú no te portaste bien con ella'.

Y también todas las cacatúas, las "viejas quedadas" y feas como eran sus hermanas, insultaban a Pancracia y no perdían oportunidad para despreciarla y hacerla sentir mal.

En su desesperación Pancracia ni se defendió, la única pregunta que le hizo fue, ¿adónde voy a ir?, y él respondió, ¡a tu casa! Entonces ella le recordó que su madre no la quería ver ni en pintura, porque se había casado en contra de su voluntad. Él dio media vuelta ignorándola y salió de la recámara.

Pancracia estaba desolada, hasta ese momento no sabía que esperaba un bebé, pero como era su costumbre se encomendó a Dios, oró toda la noche y le pidió a Él que hiciera algo grande para que su esposo no la regresara a su casa, durmió con la esperanza que al otro día cambiaría de opinión, ingenuamente pensó que su mamá y él le pedirían perdón. Pero no podía estar segura de nada porque en esa casa todo el tiempo lo pasó limpiando y recibiendo órdenes de aquella mujer, como una sirvienta y no como la esposa de su hijo.

Llegó la mañana siguiente y Pancracia despertó temerosa, la vieja bruja había ordenado que la echaran de esa casa. Y su esposo sin reclamar y muy tranquilo lo aceptó, ¡no lo podía creer, cómo podía hacerle eso!, no entendía la actitud de él, ¡cómo, si decía que la amaba! Y, aunque no le pareció justo, no luchó por defenderse.

Esa fue la mañana más amarga de su vida, además, sin saber lo del embarazo, estaba muy sensible y le dolía todo lo que estaba pasando.

Fríamente, su esposo entró a la recámara y se despidió de Pancracia diciéndole: 'Empieza a empacar tus cosas. ¡Adiós!'. Así lo hizo, él en ningún momento trató de detenerla, casi no hablaba y para colmo de males le dejó unos cuantos pesos sobre la mesa e inmisericordemente le dijo: 'Es para tu camión (transporte, bus)'. Y ella lloró y lloró.

Era la primera vez que él desembolsaba algo de dinero para ella, en realidad ni cuando estaban de novios recibió ningún regalo costoso, fuera de una flor o una tarjeta. Al contrario, cuando se conocieron él no manejaba autos y en ese tiempo Pancracia ya se había comprado uno, que posteriormente él usaba y prácticamente lo tenía en su casa. Cuando se casaron la familia de él le quitó el auto, no les importó que ella lo hubiera pagado. Y su esposo como siempre, no dijo nada.

Así que para empacar sus cosas e irse de esa casa, Pancracia salió a comprar unas cajas de cartón para echar sus pocas pertenencias, ropa y unos tres regalos que recibieron en su boda. Cuando ella salió hacia la tienda, vio a su esposo en la esquina platicando muy sonriente con una vecina, con quien en el pasado había tenido amoríos y según la mamá del 'mandilón' ella era la candidata perfecta para su hijo, la chica ideal.

Pancracia sintió morir, cuando pasó a su lado se molestó y sintió celos. Pero él ni la miró, se hizo el loco y siguió conversando, la ignoró por completo. Posiblemente él no tenía ningún sentimiento hacia ella y no le importaba que se fuera de su casa.

Ella se sentía tan mal que no compró las cajas de cartón y regresó a su cuarto sólo para llorar. Desconsolada le reclamó a Dios por qué le sucedían esas cosas si no era una mala persona, si siempre la había pasado ayudando a la gente y sirviéndoles a los demás.

Y sucedió lo imprevisto, en ese momento se nubló su vista, su esposo, el hombre con quien Pancracia se casó, al que entregó su pureza, su primer hombre, la echaba de esa casa sin ningún remordimiento. Para ella la vida ya no valía nada, quería morirse, no quería vivir más y fue entonces cuando pensó en quitarse la vida; tomó del botiquín de su suegra una frasco de pastillas y enseguida las ingirió todas, no sabía lo que eran ni lo que contenían, pero le daba igual, lo único que ella quería era morir. Sí, morir, se sentía sola y despreciada. Y ella era joven e inexperta.

No supo cuánto tiempo pasó desde entonces, pero cuando Pancracia despertó estaba en un hospital con tubos y sondas por todo su cuerpo. Quiso recordar qué había pasado y, en medio de gritos e insultos, alcanzó a reconocer la voz de su mamá gritándole a su esposo, culpándolo por lo que ella había hecho. Le decía que era un 'poco hombre' porque me tenía viviendo con su mamá. Lo amenazó con alejarlo de mí y de su hijo, si no me sacaba de esa casa y me llevaba aunque fuera a un cuarto, pero solos.

Él quedó atónito, asombrado, cómo era posible que hubiera pasado eso, y preguntó a mi madre: '¿Hijo?... ¿Cuál hijo?'. Para Pancracia fue como si le cayera de golpe un balde de agua fría y también se preguntó: '¿De qué hijo hablan?'.

Ella se alteró al escuchar esos gritos, ellos estaban fuera del cuarto del hospital y como la habían dejado aún inconsciente no se dieron cuenta que estaba oyendo todo. Pancracia se sentía mareada con los efectos de la anestesia, estaba adolorida del estómago después de todos 'los lavados' que le hicieron. Una enfermera se encontraba a su lado y fue a ella a quien le preguntó: '¿Qué pasó, dónde estoy?, ¿de qué hijo hablan ellos?'... La enfermera sorprendida respondió: '¡Pues del suyo!, ¿no lo sabe?, tiene 6 semanas de embarazo'...

La situación dio un giro violentamente inesperado y entonces Pancracia gritó y lloró de alegría. Le pidió perdón a Dios por atentar contra su vida y la del ser que, sin saberlo, crecía y latía en su vientre. Prometió a Dios que si se salvaba de eso y le permitía tener a su bebé sano, nunca más volvería atentar contra su vida, al contrario, estudiaría para ayudar a la gente a tener más vida y a conservarse sana. Estaba verdaderamente arrepentida, aún era muy joven para ser mamá; 16 años y meses. Y así fue, Él le concedió el milagro que su bebé naciera sano y fuerte.

Después, su esposo y ella se fueron a vivir a un apartamento que les rentó una tía de ella, ahora sí ya estaban solos. Pancracia volvió a trabajar y todo se normalizó, ambos se alejaron de sus familias, pero siempre los ayudaban económicamente.

Tras de aquellos amargos episodios Pancracia siguió superándose y en base a más sacrificios de esfuerzo, tiempo y dinero, se graduó en la Universidad como licenciada en Ciencias de la Comunicación. Ahora tenía un gran aliciente, su hijo, fruto de un amor desigual pero que no obstante los unía. El apoyo de su esposo ahora era invaluable, él era administrador de empresas y la alentaba a continuar estudiando pues deseaba no sólo que ella se realizara como mujer y profesional, sino también para que borrara de su mente todos los sinsabores que había vivido al lado de su madre, sus hermanos y de la propia madre de él.

Mi vida transcurría sin muchas sorpresas y con mayor estabilidad, la mejor etapa fue cuando mi segundo hijo tenía 5 años, a mi esposo le ofrecieron un empleo fuera del lugar donde vivíamos y como era una buena propuesta él y yo aceptamos.

Adoptamos las costumbres de la nueva ciudad. Una vez más me encontraba sin trabajar, pero esta vez era diferente ya que mi esposo ganaba muy bien y no era necesario que yo lo hiciera; con esta holgada situación él podía ayudar a su familia y a la mía. Así pasaron tres años, fecha en que llegó el cambio de Gobierno, a Juan se le terminó el trabajo y tuvimos que regresar a vivir en nuestra casa. Fue el único tiempo que en verdad él me apoyó económicamente porque hubo unos años que sí lo hizo moralmente, tal vez porque se sentía culpable de todo lo que yo había vivido o porque realmente me amaba como él decía, que yo era y siempre sería el amor de su vida… ¡Ay, cabezón! Pero yo nunca le creí porque era muy 'labioso', o sea 'lava cocos'.

Sí, en nuestro matrimonio hasta me fue infiel y con una persona de 40 años, siendo que yo era joven y bella pues únicamente tenía 23 años, era muy joven.

Pero una vez que ella se graduó de la universidad sin la ayuda de nadie… No hermanos, no mamá, no papá, no esposo, únicamente la ayuda celestial, la de Dios que como Pancracia dice; *'Él nunca la ha abandonado y ella confía tanto en Él, que se aferra a la promesa del Todopoderoso que está escrita en la Biblia, la palabra de Dios, que dice que Él nunca la dejará ni la abandonará hasta el último día de su vida Él estará con ella'.*

Cabe mencionar que para esa época Pancracia ya era próspera y había iniciado otro negocio que era un pequeño restaurante y otra vez con gran éxito. Me contó que tenía que levantarse a las 5 de la mañana porque para las 8 en que ella abría su negocio, ya había línea de gente esperando entrar a desayunar. Tenía entonces 20 años y ella cocinaba exquisitamente, aunque todo lo había aprendido de las personas con las que había trabajado; a las que había limpiado sus casas, lavado sus platos o tirado su basura; ella sólo al ver se aprendía las recetas, otras que ella inventaba y otras más que veía en las revistas. Pero eso sí, ella le ponía su 'toque especial' y yo pienso que a sus clientes les gustaba su sabor y su sazón porque a diario esperaban que abriera mientras que ella y la persona que le ayudaba ya tenían que tener todo preparado y listo para servir. Hacía un exquisito chocolate con leche, arroz con leche, atole de diversos sabores y un delicioso y calientito pan. Además, eso lo combinaba con platos de frutas, licuados (shakes, esquimos) de frutas con miel, nueces, avellanas, bueno, muchos y deliciosos desayunos. Y para quienes les gustaban 'los chilaquiles' ella los hacía verdes, rojos y de mole, acompañados con pollo, bistec, huevo con chorizo y papa con chorizo, queso, crema y cebolla. Eso era lo que más vendía entre 50 y 60 platillos desde las 8 de la mañana hasta las 12 del mediodía. Eran 4 horas muy bendecidas de trabajo y entre cliente y cliente ella y su ayudante, una amiga también joven de nombre Irma, se ponían a lavar los platos para recibir a los demás comensales que muy pronto empezarían a llegar.

Qué astucia la de Pancracia, siempre cocinando 3, 4 o 5 platillos diferentes, 2 tipos de agua de frutas, ensalada, sopa o arroz como guarnición, acompañando los deliciosos platillos para las comidas que empezaban a la 1 y terminaban a las 4 de la tarde. Y entonces volvían a empezar y a preparar todo para el día siguiente. ¡Qué aguante!

Pancracia también contrató a una señora que le ayudaba a hacer tortillas a mano, o sea que además de su deliciosa comida, también tenía para su clientela tortillas recién hechas y calientitas. Ese fue un gran negocio del cual obtuvo dinero para poner otro negocio de materiales escolares y lo tenía frente a una escuela.

Mas eso no era todo, en años anteriores mientras estudiaba y cuidaba a sus niños, vendió diferentes mercancías como perfumes, productos de belleza como cremas adelgazantes, rejuvenecedoras, así como productos naturales. ¿Qué no hizo Pancracia? A sus 21 años ya tenía 2 niños, uno de 5 años y otro recién nacido. ¿Y su marido?... ¡Bien, gracias!... Claro, cómodamente viviendo mientras ella se mataba trabajando. En ese tiempo Pancracia se compró un auto y otro para él, compró una televisión de color que recién ponían a la venta y contrató a una persona para que le ayudara en la casa. ¿Y el mandilón hijo de mamá?... ¡Ah, él se la pasaba tranquilo!, para evitar el cansancio y el estrés. ¡Vaya!, hasta le ayudaba a la 'vieja amargada de la mamá de él' porque Pancracia nunca ha sido ni será rencorosa. A ella se le olvida todo lo malo, nada más recuerda lo bueno. Ella es feliz así y vive agradecida, primero con Dios, luego con su familia y sus amigos, a los cuales atendía extraordinariamente.

Pero como en toda historia, 'después de la tempestad viene la calma', ¿o la recompensa? Después de cada dolor vivido, el tiempo se puso en paz por algunos años y luego volvieron los triunfos y los éxitos. Cabe mencionar que nunca persiguió ni le gustó la fama, su pasión, trabajo y dedicación la llevaban siempre en victoria. Eso la llevó a conocer gente de la política, con la cual también trabajó en el Gobierno de su país.

Bueno, con 19 años de edad, Pancracia llegó a tener muy buenas posiciones dentro de la política, creo que no era porque ella supiera tanto, posiblemente le ofrecían importantes cargos por la juventud, carisma, personalidad, seguridad, sagacidad e inteligencia que demostraba. Pero de verdad, ocupando esos trabajos en la política, a mí me parecía que Pancracia además de universitaria era una profesional con un posgrado, porque qué manera de decir sus discursos, yo me quedaba con la boca abierta escuchando ese léxico, ese vocabulario y esa diversidad de palabras. ¿Dónde las aprendía?, yo no le entendía nada, ¡pero todos le aplaudían! Tiempo después supe que todos esos discursos se los daban escritos y ella se los aprendía de memoria. ¡Wow!, yo que llegué a pensar que era una súper dotada, pero me maravillaba su manera de conducirse, como si realmente ella hubiera estudiado Ciencias Políticas o qué sé yo.

Pero así como hubo cosas muy buenas, también hubo otras muy tristes en la vida de Pancracia. Así como le tocó triunfar en muchos aspectos, también le tocó llorar y sufrir, pero así seguía su lucha por la vida día a día. A esa guerrera no la derrumbaba nada y aunque era una joven frágil, podemos decir que de espíritu era fuerte, muy fuerte.

Y resultó que, por problemas de su esposo, no de ella, y como todo en la vida sucede, cuando la balanza se inclina hacia un lado termina por desbalancear el otro. Así sucedió, tuvo que empezar de nuevo. ¡Wow!, después de tenerlo todo o casi todo, de repente se acabó. No obstante, a todos nos puede pasar. Siempre hay dulce pero también hay un amargo despertar. Y bueno, Pancracia terminó divorciándose, se cansó de 'tanto apoyar'. Visto con mayor objetividad y a decir verdad, ¡'la divorciaron'!... Porque fue el irresponsable 'mandilón' de su esposo, quien se la pasaba muy cómodo teniendo una mujer emprendedora, trabajadora y que hasta 'lo mantenía', porque así hay muchos a los que no les gusta la responsabilidad y la evaden.

Pero cuando este tipo de mujeres así como Pancracia se cansan, abren sus ojos y exigen, esos 'conejos', ¡perdón!, esos hombres huyen, corren y abandonan a sus hijos y van a buscar a otra que los pueda y los quiera mantener. O van a ver de dónde sacan provecho pues ese tipo de 'hombres mandilones' desde su casa empiezan y así siguen, no cambian, se sienten inútiles y cuando ven que alguien ya no les ayuda huyen de su responsabilidad y son inútiles.

Así pasó con el esposo de Pancracia y todo fue por culpa de él, por malos manejos que hizo en la empresa donde trabajaba, el 'muy menso' huyó pues no quiso enfrentar a la justicia. De manera que él se fue y dejó a Pancracia sola y con sus hijos, pero además en muy mala situación económica. Sí, todo gracias a él y a su mala cabeza, ya que no pensó en su familia y evitó meterse en problemas legales.

Cabe mencionar que hubo algo peor; 'el muy tarado' no era culpable pero le echaron a él toda la culpa puesto que era el auditor de aquella compañía y los otros 'vivos' que ya tenían 'colmillo haciendo transas' y además eran muy astutos, le pedían cheques firmados dirigidos a 'inexistentes empresas fantasmas' y 'él azotó redondito'. Así que cuando 'le cayó el chahuistle' digo, la justicia, él tuvo miedo y huyó, se fue a otro país.

Y dos años más tarde la Pancracia igual 'de mensa', fue a seguirlo llevando a sus hijos y cuando llegó con él ¡oh sorpresa!, éste vivía 'perrunamente' mal, dormía en un sillón todo desvencijado, trabajaba limpiando mesas ('garrotero') que bueno, es un trabajo muy digno, pero quiero explicar querido lector, es que él estaba bien en su país y con negocio, con una mujer emprendedora, trabajadora y limpia. ¡Caray!, cómo 'no se puso las pilas' o pensó mejor en apoyarla. Pero no, allá trabajaba mediocremente de lunes a viernes en una oficina y eso que tenía un título, sí, era un profesional pero era muy conformista... Y 'menso' además, por no fijarse que otros lo estaban utilizando para su propio beneficio (el de ellos) y por eso tuvo que huir sin ser culpable. Pobre de él, pero en la vida se cosecha lo que se siembra y él se había aprovechado de la inocencia de Pancracia, de su trabajo y su inteligencia. Pero igual, también se aprovecharon de él y lo inculparon de algo que él no había cometido. En fin, en la vida todo se paga y él por ser tan atenido también pagó. Porque sembró mal y mal cosechó.

Como les explicaba antes, ya en otro país comenzaron desde cero. De nueva cuenta allí estaba Pancracia para ayudarlo a él y levantarlo. Pero 'árbol que crece torcido, jamás su tronco endereza'. Es un buen dicho porque él no se enderezó, al contrario, se torció más, porque al menos en su país trabajaba pero acá no quería hacerlo. Se salía desde las 8 de la mañana para ir a buscar trabajo, se iba 'bien desayunado', sin haber puesto nada de dinero para la comida, pero él sí comía y muy bien, además se llevaba 'lunch' (almuerzo) por si le daba hambre durante el día. Luego regresaba hasta las 11 o 12 de la noche sin haber conseguido un empleo. Y así se pasó 3 años.

Bueno, ya hablamos mucho de este mediocre, creo que no vale la pena seguirlo mencionando y perder tiempo en personas sin corazón ni escrúpulos y mucho menos sentimientos... ¡Miren nada más!, de la noche a la mañana él desapareció dejando a Pancracia con sus hijos aún chicos y por si fuera poco en ese tiempo él vendió un auto propiedad de Pancracia y que ella aún estaba pagando. Por supuesto que el flojo y descarado le dijo, 'con sus ojos rasados de lágrimas', que se lo habían quitado las autoridades; porque en ese país como en cualquiera otro es indispensable tener licencia de conductor. Y por supuesto que él, al no tener estatus legal, tampoco tenía licencia. ¡Ah, mentiroso!, porque la verdad fue que él vendió el auto... Tiempo después que él se fue, a la casa de Pancracia llegaron los papeles (documentos del auto) con el nombre del nuevo propietario. Ella fue y preguntó al nuevo dueño ¿quién le había vendido el auto?, si a su esposo se lo recogió la policía por falta de licencia. A esto, aquel hombre contestó: 'No señora, su esposo o ese señor del cual usted habla fue quien me lo vendió'.

¡Qué cínico y abusivo resultó el esposo de Pancracia! Porque debo mencionar que también, en el departamento donde vivían, ella le daba a él 'lo de la renta' para que él como 'hombre de la casa' ('mantenido') le pagara al casero... ¡Ya adivinaron!... Pues sí, también se fue llevándose lo de la renta que era para pagar 3 meses que se habían retrasado. Sí, él se lo había 'embolsado' (robado). Mira, de que los hay los hay y sólo basta dar con ellos.

Yo admiro mucho a Pancracia, pero creo que este tipo siempre supo 'como lavarle el cerebro' pues siempre supo cómo dominarla y manejarla, sabía sus puntos débiles y la nobleza de ella.

Pancracia siempre les ocultó a sus hijos la verdadera personalidad de su padre, lo hizo por la salud mental de ellos, porque cuando ella misma se dio cuenta con quién había permanecido tanto tiempo de su vida, a ella le daba vergüenza de haber estado casada con ese feo, mentiroso, flojo, holgazán, irresponsable, patán y mentiroso. ¡Wow!

Así pasó el tiempo, Pancracia se siguió superando, obtuvo un doctorado en Naturopatía y Filosofía, asimismo otros dos doctorados en tiempo actual y una licenciatura. Por lo tanto, empezó a gozar de la vida después de tanto esfuerzo, de tanto llorar por el abandono del susodicho o más bien le dolía que sus hijos los señalaran porque no tenían papá y que 'el conejo' ese que huyó nunca los hubiera buscado. Pero eso no la detuvo para que siguiera en su lucha, en la búsqueda de su superación hasta encumbrarse en el éxito.

Porque sí se puede y se llega, cuando se tiene empeño y decisión.

La prueba del cambio exitoso que ya se podía tocar, al año que 'el estorbo de su marido' se fue, ella por fin compró su primera casa. Y fue en otro país que no era el de ella. Sin embargo, Pancracia pudo hacer su sueño realidad, hacerse de su primera propiedad para ella y para sus hijos.

Pero además continuó estudiando y trabajando arduamente como lo hizo desde pequeña, con el ingenio y sagacidad que siempre la han caracterizado. Abrió al público su primer negocio en ese país y logró mucho con su propia marca de productos, tanto así que después abrió 6 más con sus fórmulas exclusivas y únicas, que ella misma inventó. 'Todo el que siembra tiene que cosechar'... Y empezaron a darse los frutos, los viajes, los autos último modelo y las joyas, ¡vaya que le gusta lo bueno!, porque se compra los mejores autos y todo de lo mejor. 'Y todo el que siembra bien cosecha'... Sí que logró el Sueño Americano.

Más codependencia. La familia trata de aprovecharse cuando ve en buena posición a alguien que siempre ayuda y Pancracia había ayudado a todos y en muchas ocasiones, desde su infancia. Ella ayudó a uno de sus hermanos que vivía en otro país y a la esposa de éste, ellos les enviaron a sus 3 hijos así que ya eran 6 bocas en total y Pancracia trabaja más para todos, pero como a ella le gustaba hacerlo no se quejaba y empezó a viajar a conocer el mundo, la moda y mucho, mucho más... Comenzó a codearse con gente de alcurnia, de varios países. ¿Cómo ven? ¡Cuando se quiere, se puede!

Pancracia en Estados Unidos de América…

Qué difícil fue empezar de cero y más duro teniendo ya dos hijos y estando embarazada de un tercero.

¡Wow! Solamente Pancracia y su Gracia pudieron sobrevivir a tantos sinsabores y cosas que tuvieron que pasar sus hijos y ella, fue muy difícil comenzar pero no se rindió y perseveró.

Y así, como le pasaron tantas y tantas cosas malas en toda su vida, también tuvo aventuras y cosas buenas, maravillosas…

Una historia en su país, tiempo atrás

Uno no se hace sagaz, se nace siéndolo. Vean la sagacidad, ese gran ingenio que caracteriza a Pancracia.

En cierta ocasión Sixto, un hermano de Pancracia, se acercó a ella y le pidió que se asociaran pues a él le vendían un equipo de sonido que le parecía muy completo y a buen precio, 11,000 pesos, cuando entonces su precio real sería de 50,000. Quienes estaban en este negocio fueron los "sonideros", predecesores de los ahora llamados DJ's., de esto hace muchos años atrás, cuando todavía tenía inocencia.

Por ese entonces Pancracia tenía su negocio de 'comida económica', un tipo de restorán en el que primordialmente las personas llegaban a comprar alimentos ya preparados pero con sazón casero. Como ella tenía algún dinero ahorrado decidió asociarse con Sixto pero antes le dijo que lo harían por escrito, asentando que las ganancias serían 50% y 50%, además puso como condición que sería ella la encargada de realizar las contrataciones de ese equipo de sonido que la gente buscaría para ambientar musicalmente fiestas, bodas, XV años, cualquier evento. De manera que con el paso de los días Pancracia se dio cuenta que sí era negocio pues hubo semanas en que alquilaron el servicio de sonido en tres o más ocasiones.

Todo iba bien pero como siempre, suelen ocurrir contratiempos. Otro de sus hermanos fue a ver a Pancracia y alarmado le comentó que él había visto cómo subían a Sixto en un auto de agentes de la policía y que una señora le iba pegando. Como buena hermana Pancracia decidió involucrarse, pero como no sabía por qué habían arrestado a Sixto ella pensó, por un pasaje anterior sucedido a otro de sus hermanos, que quien golpeó a su hermano sería la madre de una de las novias de Sixto, quien a pesar que estaba joven tenía 'muy buena pinta'.

Fue entonces que Pancracia descubrió la sagacidad natural que poseía. Sólo lo pensó un momento y luego dejó que todo fluyera por sí solo, así que se arregló muy bien, se cercioró que llevaba su 'charola de Prensa' (credencial impresa en una lámina metálica) y fue directamente a la dependencia en donde el titular era 'el mero, mero' jefe de la Policía y la única persona que podía ayudarle. Con mucha seguridad llegó al primer posible obstáculo que era la planta baja de ese edificio y los guardias que la resguardaban. Mostrando su credencial ('dando charolazo') Pancracia les dijo; 'vengo a entrevistar a fulanito de tal' y la dejaron pasar, lo mismo sucedió en el segundo, tercero, cuarto y quinto pisos, en todos ellos le dieron acceso.

Bueno, ya estaba en la oficina del 'mero, mero' en donde además había muchos guardaespaldas o escoltas ('guaruras') y, sin embargo, aquel personaje la recibió con suma amabilidad; '¡Muchachita, pero qué bonita estás! Siéntate y dime en qué te puedo servir'. Pancracia se identificó con el 'mero, mero' mostrándole su credencial de Prensa y le dijo que tenía mucho interés en hacerle una buena entrevista para la televisión, recalcó que de momento sólo quería hacerle unas cuantas preguntas; pero como había algunos 'guaruras' allí con él, ella le pidió al jefazo pero con mucha autoridad, ¿pueden salirse de su oficina estas personas? El jefe sonrió y les ordenó a sus subordinados; '¿Qué, no escucharon a la muchachita?, ¡sálganse!'.

Como todo fluía bien, Pancracia decidió ir por todo. Entonces le dijo al jefe de la Policía que necesitaba su ayuda. Le contó al jefe cuál era el problema que le aquejaba, que su hermano estaba detenido y ella no sabía por qué.

Inmediatamente el jefe levantó el auricular, marcó un número telefónico y cuando obtuvo respuesta preguntó; '¿Tienen detenido allí a Sixto… ¿Ah, sí?, ¡pues déjenlo libre inmediatamente, él es mi familiar!

Cheque usted el dato, una persona desconocida dándole órdenes al 'mero, mero' jefe de la Policía y todavía le pide que se salgan los 'guaruras', que los dejen solos. Y el jefazo obedeció, ¿qué tal? ¡Ah!, cabe mencionar que además el jefazo le invitó un café, sí, tomando café en su oficina con Pancracia. ¡Leer para creer!, esa es la seguridad, esa es la tenacidad y esa sí que es sagacidad.

Lo que pasó a continuación no es fácil imaginarlo, pero cuando Pancracia llegó a la casa familiar Sixto ya estaba allí. Entonces él le contó que la agente que le pegó era la hermana de la persona a quien le robaron el equipo de sonido. Que por esa razón le habían dado tres 'calentadas' (golpes) y que le habrían dado más; pero que repente le dejaron en libertad, justo cuando escuchó decir a los agentes, ¡son órdenes de arriba, son órdenes de arriba!

Que él ya se iba cuando otro agente muy molesto preguntó, ¿dónde va 'ese hijo de la #%$★&', quién lo dejó salir? Los demás agentes le respondieron que el propio 'jefe máximo' lo había ordenado. El agente no dijo nada más, dio media vuelta y se metió al edificio.

Entonces le repitieron a Sixto que se fuera, que no había nada en contra de él. Pero los agentes, temerosos, le pidieron que no los hiciera quedar mal con su 'jefe', que por favor no le fuera a decir que lo habían golpeado.

Sixto hacía conjeturas, ¿por qué lo habían liberado de la forma como lo hicieron?, ¿se habían equivocado los agentes y lo detuvieron por error?, ¿quién era el jefe que nombraban los agentes, a quien no debía decirle que lo habían golpeado? En verdad estaba confundido y no sabía qué pasaba.

Pero no sólo dejaron ir a Sixto sino que además le pidieron disculpas y le dieron dinero para que usara un taxi como transporte, en el que los mismos agentes metieron aquel equipo de sonido. Sabiendo que Sixto lo había pagado, y que quien se lo vendió a él lo había robado, los agentes le devolvieron el equipo de sonido y hasta lo metieron en el taxi. A eso se le llama 'corrupción'. Y como ven, así funcionan 'las palancas' o la sagacidad de la gente que te cae bien. Bueno, tiempo después el mero, mero jefazo hasta se hizo amigo de la familia y apadrinó a algunos de los integrantes, ¿cómo ven? Posiblemente Pancracia le gustaba a él, pero él ya era una persona mayor y ella una jovencita.

Ya en calma, al ver a su hermano bien y en libertad, Pancracia sopesó hasta dónde la había llevado su sagacidad. Obviamente el jefazo de la Policía sabía por qué habían detenido a Sixto, seguro se lo informaron, pero él no le dijo nada a Pancracia. De haberlo hecho, pensó ella, que vergüenza habría pasado porque en ese momento desconocía el porqué de la detención de su hermano.

¿Fue un favor o impunidad?, ¿cómo le llama usted, querido lector? Y en todos los países pasa eso y mucho más.

Sin embargo, Pancracia regresó ese equipo al dueño original tal como debía ser y después de eso hasta se hizo amiga del mero, mero de la policía, quien inclusive fue su padrino en su segundo matrimonio.

Un día se me ocurrió prestarle una gran cantidad de $$$ a uno de mis hermanos y ¡sorpresa!, nunca me pagó y hasta dejó de hablarme durante 10 años o más. ¿Cómo pudo ser eso?... Pero así sucedió.

A raíz del problema por el dinero que le prestamos a mi hermano, mi esposo y yo tuvimos muchas discusiones.

Juan siempre me echaba en cara las cosas malas de mi familia; decía que mi mamá era una aprovechada y mantenida, y mi hermano, un ratero. En aquel tiempo y con esos calificativos me hacía sentir muy mal, pero ahora pienso que se quedó corto, que le faltaron más adjetivos calificativos para describir realmente a mi familia de ese tiempo. Ahora son diferentes y todos nos hemos perdonado. Gracias a Dios, llevamos una vida de armonía como hermanos.

Tiempo atrás…

Ahí va Pancracia, a meter la pata de nuevo en una reunión.

Ya en la fiesta, todas mis amigas salieron a la pista de baile y empezaron 'a mover el esqueleto', yo me quedé sola en la mesa sumergida en mis pensamientos. Y sucedió lo que me habían augurado mis amigas, sin imaginarme que en ese lugar, disfrazado 'como Cupido de amor', llegaría la peor pesadilla de mi vida; un tipo alto y bien parecido, al menos así lo vi entonces, se presentó en mi mesa y me invitó a bailar, le dije que no, pero como él insistió finalmente acepté, lo hice más que nada porque estaba aburrida y confundida por la separación e indiferencia de mi esposo.

Le exigí al joven aquel que bailáramos separados porque para mí era de muy mal gusto que personas desconocidas me tocaran, él sonrió y dijo que estaba bien. Cuando la música terminó y regresamos a la mesa, mis amigas que también volvían me vieron con él pero no dijeron nada. Filemón, ese era su nombre, me invitó a cenar al día siguiente y no acepté, aunque se veía buena persona le dije que lo pensaría. Además yo siempre he sido amable y atenta, si veo que la gente se porta correctamente, mucho mejor. Entonces le di mi número de teléfono, él me llamó pero yo me encontraba desanimada, no quería salir con nadie, tal vez porque pensaba mucho en mi esposo y aún no tenía ningún interés por Filemón.

Se me hacía ingrato que Juan no se preocupara por sus hijos ni por mí, me tenía confundida y decepcionada. Pasaron algunos meses y cada vez me sentía más abandonada, mi esposo no daba ninguna señal de interés por nosotros y fue entonces cuando me di la oportunidad de conocer a alguien más. Él era Frank, un famoso cantante, una persona muy importante de la televisión que yo admiraba y cuando lo veía en la pantalla me parecía muy guapo (apuesto).

Nuestro encuentro fue en un evento, él era soltero y sin compromiso. Cuando nos miramos hubo mucha química y nos identificamos el uno con el otro... parecía que el amor renacía en mí. Salimos por dos meses, ambos sentíamos algo fuerte pero una tontería de adolescentes y sin importancia me lastimó y me hizo dar un paso atrás. Una noche él había quedado de pasar por mí para ir a un evento importante, mucha gente sabía que yo era su novia pero no sé qué le pasó y no llegó, yo me molesté y no quise contestar más sus llamadas.

Pasaron los días y seguía molesta con Frank, pero Filemón, a quien mencioné como mi peor pesadilla, me llamó nuevamente, insistió muchas veces y yo me negué, pero finalmente acepté que fuéramos a comer. A primera vista lo consideré una buena persona, lo que conversaba me parecía muy interesante y nunca pensé que dentro de su alma hubiera tanta maldad. Sin embargo, algunas amigas que ya lo habían visto decían que tenía una mirada como de 'demonio'. ¡Caramba, hasta llegué a enojarme con ellas!, pero dicen que lo más prohibido es lo más deseado. Recuerdo que mis amigas me decían: *'¿Cómo crees que él te va a querer?, sólo te está usando por la influencia que tienes dentro de los medios de comunicación'.*

Durante mucho tiempo me pregunté ¿cómo habría sido mi vida al lado de Frank si no lo hubiese 'terminado'?... ¿Quién sabe, mejor o tal vez peor? De lo único que estoy segura es que luego me arrepentí por haberme fijado en la persona menos conveniente, en Filemón, y quizá dejé pasar la verdadera felicidad con Frank. Pero, ni modo, cada quien forja su propio destino y toda acción tiene una reacción.

Filemón aún se encontraba estudiando actuación pues estaba empecinado en ser actor, pero estaba frustrado porque no había tenido mucha suerte cuando buscó una oportunidad. Tenía mucha labia y lograba convencerme en algunas cosas, yo intenté alejarme de él pero me daba lástima o tal vez ya había caído en las garras del amor, en realidad no sé, quizás era ilusión o tal vez me sentía sola y confundida lo que me orillaba a aceptarlo.

Fui cayendo en su cuento de amor y así pasaron los días, hasta que me di cuenta que además de sus defectosególatras era alcohólico. Le reclamé por qué me había ocultado esa tan delicada condición, pero ya no pude hacer nada, estaba metida en otro problema aún mayor del cual no me podía echar para atrás. Juan, mi primer esposo, ya se había enterado que yo tenía una nueva relación, 'alguien se tomó la molestia de contarle toda la historia', fue entonces cuando él me llamó desde Estados Unidos y me insultó. Dijo que si ya andaba con otro me fuera de la casa junto con mis hijos, que por cierto esa casa no era de él pues era rentada y yo pagaba la renta. Me sentía tan humillada, él prácticamente nos olvidó, nunca se preocupó ni le importó lo que pasaba con nosotros, sobre todo con sus hijos, y ahora aparecía como si nada, sólo para insultarme, cuando ni siquiera se le ocurrió en todo ese tiempo, enviar dinero para la comida de sus hijos.

Mientras mi ilusión y amor crecían por Filemón, el actor frustrado, él supo envolverme con su labia diciéndome que me amaba. Sinceramente reconozco que era tan buen actor que yo le creía y sentía que me amaba como nadie lo había hecho. Me dijo que estaba dispuesto a casarse conmigo, yo sentía que lo quería pero no estaba segura de amarlo. No obstante me convenció y decidí contraer nupcias con él.

¿Otra vez Pancracia?, ¡parece que tú no entiendes!... Si ya antes te había pasado, 'bueno' a todos nos pasa, somos seres humanos con defectos, virtudes y sentimientos... ¡Pero ya párale!...

Pero como aún no se terminaba mi divorcio realizamos una boda ficticia, todo para aparentar ante su familia. Pero no por ficticia crean que fue una simple boda, no, resulta que la fiesta estuvo amenizada por un exitoso grupo musical de aquella época, uno muy famoso y costoso. Obviamente, todo lo pagó su familia.

Porque cabe mencionar que Filemón era "hijo de papi", un júnior de la Alta Sociedad y pues vivían de apariencias.

Filemón le dijo a su familia que yo era una mujer libre de compromisos y que mis hijos eran adoptados ¡y yo acepté!, sólo porque su madre era muy prejuiciosa y no quería 'que los fueran a juzgar mal'. Esa familia aparentaba lo que no era y hoy me pregunto, ¿de qué moral presumían?, ¡si sólo vivían de apariencias!

Filemón me contó que su padre era muy agresivo con él y su mamá calló por el amor tan grande que sentía hacia su esposo, aparentando ante las familias de ambos y la sociedad que eran un matrimonio ejemplar.

La pesadilla empezó el mismo día en que me casé con Filemón, desde entonces jamás lo vi en su sano juicio, tomaba día y noche de seguro por los malos y espantosos recuerdos que tenía de su padre. Cuando ya estaba ebrio se ponía como loco y así como estaba no podía trabajar, entonces, siendo ése su estado habitual, se la pasaba faltando a su trabajo. Él no tenía vergüenza, cuando se acercaba al negocio de sus padres era sólo para "sacar" dinero para volver a tomar y darse vida de rico, sin trabajar. Bueno, así estaba acostumbrado, no trabajaba porque sus padres tenían dinero y negocios y él era un Júnior (niño rico).

Sus padres nos compraron una casa, una hermosa mansión en las afueras de la ciudad, en una zona muy exclusiva, ¡pípiris nice!, para que nosotros viviéramos en ella. Yo llevé los muebles, eran míos y muy buenos, Luis XV. La ropa que yo tenía era de cuando trabajaba y también era buena. Así es que vivíamos como ricos.

Los seis meses que estuvimos en esa casa fueron un verdadero infierno. La vida de Filemón era comer, dormir, emborracharse y andar de fiesta en fiesta. Un día me cansé de esa vida y decidí dejarlo, sin saber que nuevamente estaba embarazada. Él no estaba en casa pues como de costumbre andaba en algún lugar, en alguna fiesta. Y yo me fui a otro país.

Creo que tenía 'fundido' el cerebro por tanto alcohol que consumía.

Luego que me fui de la casa pasé por diversos problemas y antes de irme con mi hijo Francisco a Canadá con mi amiga Reyna, un abogado amigo mío de nombre Víctor me preguntó sobre la casa y a nombre de quién estaba, yo le respondí que a nombre mío. Él me alertó, dijo que no era conveniente irme así nada más porque podría considerarse como 'abandono de hogar' o mejor dicho que mi esposo Filemón me podría acusar por 'abandono de hogar'. Me asusté y le pedí su consejo profesional, él como abogado, me dijo que le firmara una carta poder para que me representara. Yo accedí de buena fe, me parecía que lo correcto era cumplir con lo establecido por la ley.

Sólo que con mi firma fue como si estuviera aceptando una sentencia de muerte, porque el abogado y supuesto amigo tenía otros planes... ¡Quedarse con la casa! Nunca pensé en eso, en mi mente predominaba mi decisión de alejarme del infame Filemón y de su familia. Para ellos no existía otra palabra que no fuera dinero.

¿Cómo pude cometer tal error? No darme cuenta en el fango que me metía casándome con Filemón, un hombre totalmente diferente al que yo pensé que había conocido.

Cabe mencionar que Juan, mi primer esposo realmente no era responsable, pero sí una persona hogareña; a él le molestaba la gente parrandera pues decía que sólo querían que los acompañaran y los siguieran en sus fechorías. Porque su padre me contaba que cuando Juan era sólo un niño, él —su propio padre— lo obligaba a tomar pulque, una bebida embriagante. ¡Qué irresponsables y negligentes son algunos padres. Y este señor tenía el cerebro fundido... ¡Mira que hacer esto!

Me decía que siendo tan sólo un niño, lo tenía hasta la una de la mañana allí, sentado en su mesa bebiendo pulque. El borracho de su padre prácticamente lo obligaba a que lo acompañara a tomar. Me platicaba que si Juan se dormía él le pegaba con un cinturón y lo insultaba con palabras grotescas. ¡Qué barbaridad de padres!, y luego no quieren que sus traumados hijos repitan patrones aprendidos; de maltrato y abandono de sus hijos y terminan cargando esas 'cadenas generacionales' que no rompen por tener tanta negligencia en sus vidas y estar como 'dopados' en su zona de confort.

Es por eso que los hijos copian el mismo patrón de sus padres y siguen con ese comportamiento de machos, de negligentes, de indolentes, de irresponsables.

Dice Pancracia que aún recuerda...

ELLA ESTUVO EN PELIGRO

Del mismo modo, estando en México tuve uno de los peores episodios de mi existencia, el que puso en peligro mi vida y me convenció de venir a radicar a Estados Unidos. Recién habíamos regresado de Canadá (lo detallo más adelante) para buscar a Filemón, hablé con él y viendo que estaba encinta prometió 'que iba a cambiar'. Pero no fue así, vivimos juntos dos semanas y volvió a emborracharse, situación que me desilusionó en definitiva y decidí separarme de él.

Por esos días, con un embarazo de 6 o 7 meses, tuve que ir a Pachuca, capital del estado de Hidalgo, para llevar a una farmacia la mercancía de la fábrica de productos naturales propiedad de un primo mío, sin imaginar la amenaza que sobre mí se cernía. Lo que pasó fue que alguien contrató a unos tipos para que me golpearan y así perdiera yo a mi bebé, ¡el bebé de Filemón y mío! Qué tragedia habría sido, estuve en peligro de muerte.

Nunca supe si de verdad fueron enviados por él o por alguien de su familia, porque eran tan ambiciosos que un centavo lo peleaban siempre. Hasta la fecha andan en demandas entre ellos mismos y todo por dinero.

Cuando estaba bajando la mercancía para entregarla, los individuos 'contratados' se me pusieron enfrente en tono amenazante y uno de ellos dijo: "¡Oye, pero está embarazada!". Al momento el otro respondió: "¡Sí, pero acuérdate que él dijo que le peguemos para que pierda el bebé!". Al ver que se me venían encima grité y eso alertó a cuatro muchachos que trabajaban en la farmacia, ellos salieron raudos e hicieron correr a mis agresores.

De no haber sido por ellos, quién sabe qué cosa les estaría contando ahora a ustedes. ¡Qué corazón tan malo!, quien sea el que los haya mandado a golpearme.

Todo por la ambición de Filemón pues no quería que me yo me quedara con la casa que sus padres habían comprado para nosotros. Él no aceptaba que me dieran ni el 50% del valor de la propiedad que por ley me correspondía. Pero además yo ni la quería, ya estaba casi por venirme a Estados Unidos de Norteamérica.

Después de aquello conversé con Víctor, el abogado, y él me dijo que mi 50% estaba a salvo porque yo no había cometido 'abandono de hogar' ni 'bigamia' puesto que me había casado con un nombre ficticio. Además, el proceso de divorcio ya estaba muy avanzado. No queriendo aventurarme a sufrir otro atentado, me vine a Estados Unidos.

El proceso de divorcio me favoreció a mí, el matrimonio se hizo nulo y yo gané el caso. Pero en cuanto a la casa, Filemón, su familia y Víctor el abogado, se fueron a juicio y finalmente Víctor se quedó con la propiedad, se la robó aunque de manera legal mediante aquel juicio porque aquello se convirtió en algo personal. Víctor siempre quiso 'andar conmigo' y como de repente dejé de verlo y luego me casé con Filemón, él estaba enojadísimo. Se formó un 'pique personal' entre los dos, ambos gastaron dinero y finalmente Víctor se quedó con la casa, lo que fue una forma de desquitarse de Filemón. Pero la verdad yo ya no quería saber nada de esa casa, aunque más tarde les pagué a mis ex suegros el 100% del valor de la propiedad mediante un 'cheque de cajero' que les entregué enfrente de toda su familia. Recuerdo que les dije: "Aquí está lo que ustedes pagaron. No quiero tener deudas con nadie. Si su hijo no fue responsable por andar en la parranda yo sí soy responsable, aquí está lo que ustedes pagaron por la casa. Ustedes no tienen la culpa de nada".

Y aunque su hijo nunca se hizo responsable de darle nada a su nieto, ellos no dijeron nada y cómodamente tomaron el cheque que yo les di.

De Víctor no quise saber nada más, él se quedó con la casa quizás por el pago que yo no le hice. Él me representó, peleó y ganó legalmente. Que mis exsuegros y Filemón dijeran que el abogado (Víctor) se había robado la propiedad, eso a mí ya no me importó, aunque se 'haya cobrado a lo chino'. Al fin yo les pagué, ¿no?...

Nadie me había dado nada en la vida, ni mis propios padres ni mi familia salvo mis abuelitos, y el único hombre que me había comprado una casa, bueno, en realidad no fue él sino sus padres, luego la tuve que pagar y con creces. Aunque al final ellos perdieron la casa se puede decir que recuperaron su dinero, porque yo les pagué conforme pasaban los años y hasta con intere$e$. Mis esfuerzos daban sus frutos y por eso les pagué y ellos con gusto aceptaron. Dijeron nada más ¡gracias!, ni se molestaron en decir 'no, pues esto no es nada. Al contrario, es para nuestro nieto'. Y presumían de moral. Imagínense ustedes si no la tuvieran. Y bueno, con eso se quedaron felices.

Filemón se la pasó diciendo a sus amistades que él me había dejado pero yo sabía que era todo lo contrario. Yo lo dejé a él por parrandero y tomador.

Sin embargo, el irresponsable nunca se preocupó por su hijo, jamás le importó si tuvo o no pañales o leche que tomar; es más, ni siquiera se ocupó de buscarlo o conocerlo, él seguía en las parrandas, en el vicio y su perdición... El vicio del licor.

Tiempo atrás y como les mencioné anteriormente, Manolo mi otro hijo, se quedó con su padre en San Francisco, ¿recuerdan? Entonces me fui a Canadá con mi hijo Francisco y sin saberlo embarazada del tercero, pero con la intención de superarme, de alcanzar mis metas. Les narraré cómo fue aquel viaje. Arribamos a Vancouver en búsqueda de mi amiga Reyna, y aunque no teníamos la dirección de ella, sabíamos que vivía en la Isla Victoria. Creímos que llegando a Vancouver sería fácil hallarla pero no, para ir a la Isla Victoria tuvimos que atravesar casi la mitad de Canadá y Alaska, afortunadamente me pude comunicar con ella y nos recibió con mucho agrado.

Vivimos con Reyna en Isla Victoria, ella tenía su novio, un canadiense muy guapo cuyos padres radicaban en Tokio, Japón, a nueve horas más de vuelo desde Vancouver. ¿Y saben qué? ¡Pues que nos invitaron a acompañarlos al Lejano Oriente! No lo puedo olvidar, allí me sucedió algo que perdura en mí para siempre. Esto fue que ya estando en Tokio, durante una comida, pusieron en nuestra mesa 'Wasabi', un condimento de fortísimo sabor picante, que yo confundí con aguacate por su color y consistencia, ¡mezclé toda una cucharada con el 'sushi'! y casi me vomitaba sobre la mesa porque sentí que me quemaba la garganta. ¡Qué aguacate ni qué nada, aquello era realmente irritante para el organismo humano! Me prometí no volver a comerlo. En fin ésta es sólo una anécdota vivida en uno de mis viajes...

Por otra parte, estando ya aquí, cabe mencionar que no fue fácil para mí llegar a Estados Unidos pues venía deprimida y humillada por mi segundo esposo. Además, sin dinero, embarazada, con otro hijo por nacer y con dos niños pequeños que mantener. ¡Qué odisea!

Llegué a vivir con una familia de 11 miembros en la que el más pequeño tenía un año y el más grande 20; una madre histérica y un padre irresponsable. ¡Oh, Dios! Yo lloraba día y noche, me sentía tan desgraciada en ese momento, sin familia, en otro país, sin dinero, sin trabajo y con dolor en mi corazón. Así que esperé a que naciera mi tercer bebé, fueron dos largos meses, uno para dar a luz y otro para recuperarme e inmediatamente buscar un apartamento pequeño y modesto de acuerdo a las posibilidades con las que contaba en ese momento; tuve que 'empeñar' algunas joyas, como las medallas de nacimiento de mis hijos, mi esclava de quince años, joyas de mucho valor sentimental y créanme que me dolió hacerlo, pero la necesidad de salir adelante era muy grande.

Y como les dije que me pasa cada cosa a mí, viviendo en esa casa de horror en Compton, California, sucedió que casi termino por volverme loca (locuaz) con tanta gente y con tan feas costumbres. Figúrense ustedes, en ese matrimonio de tantos hijos tenían a 3 'cholos' (pandilleros, delincuentes), qué pena expresarme así pero era la verdad. Fue muy difícil para mí vivir esos 3 meses allí, mis hijos eran pequeños y otro recién nacido... Pero bueno, después de la tempestad viene la calma o aún peor, el granizo. Nosotros nos salimos de allí y tiempo después supe por un miembro de la misma familia que me pidió asilo en mi apartamento, que a dos semanas que yo me había mudado (cambiado de casa) llegó la ley y como los hijos andaban en malos pasos los arrestaron, se los llevaron a la cárcel y a todos los que vivían allí, incluyendo a los niños pequeños, los recogió el Condado, las autoridades de este país se los quitaron. ¡Qué susto!, quiere decir que si yo hubiese estado allí también me habrían llevado y quitado a mis hijos. Qué cobertura de Dios, de verdad Él me protegió y me guardó en el hueco de su mano.

De verdad que cuesta mucho trabajo llegar sin conocer a nadie, no saber el idioma ni tener papeles. ¡Qué desgracia! Hubo días en que el dinero no me alcanzaba ni para comprar un galón de leche y mi vida era muy difícil, pero gracias a Dios salí adelante, siempre honradamente.

Así es la vida para algunos aquí en Estados Unidos, aunque usted no lo crea. No todo es miel y dulzura como te lo hace creer mucha gente, claro que si te esfuerzas, te ubicas y decides realizar tus metas, por supuesto que lo vas a hacer, así como yo lo logré y lo volvería a enfrentar, lo volvería a intentar si fuere necesario. Me volvería a levantar como lo he hecho siempre.

Así pasó el tiempo, trabajaba y estudiaba; vivía en la ciudad de Long Beach y tenía que ir hasta Hollywood, eran como cinco horas en autobús. Las que me daban fuerza para seguir adelante soportando tanto sufrimiento, eran el amor de mis tres hijos y las metas que tenía trazadas en mi mente, sabía que debía cumplirlas. Dicen que 'los niños traen una torta bajo el brazo' y al parecer mi tercer bebé la traía, fue una bendición el nacimiento de mi tercer hijo, así como fue el del primero y el segundo. Ellos son una bendición en mi vida.

Como les dije, ya radicada en Long Beach, California, Juan quiso vivir con nosotros y ayudarme con la crianza de mi bebé recién nacido, hijo de mi segundo matrimonio. Llegaron él y Manolo, mi segundo hijo, e intentamos vivir como una familia nuevamente. Juan quiso y educó como un verdadero padre a mi tercer hijo, nunca hizo diferencia entre los hijos suyos y el de Filemón. Es algo que le agradeceré eternamente. Pero eso duró seis años y una vez más ya nunca fue lo mismo. Un día Juan desapareció sin decir una palabra ni dejar rastro, después supe que cuando él estuvo en San Francisco conoció una persona, una mujer por supuesto, y por ello se fue a vivir con ella. Además se volvió de una secta o religión medio rara que aleja y separa a las familias para conveniencia de la secta, haciéndoles creer que se van a salvar si dejan a sus familias, ¡por Dios!, ¿qué tontería es esa?

Si regresé con mi primer esposo fue porque me contó que la razón por la que no había enviado dinero era que, siendo él profesional en México, cuando vino a Estados Unidos se encontró con muchos inconvenientes, entre ellos que se le dificultó encontrar trabajo por no hablar el idioma inglés. Era la primera vez que él salía de su país y fue solamente para sufrir por estar separado de la familia; de sus hijos y de la mujer que más amaba. Bueno, recuerden que era mentiroso, labioso y 'lava cocos'... ¡Ah!, y también flojo. Sólo yo me los busco así, ¿verdad?

También me dijo que un amigo casi lo forzó a venir a Estados Unidos, fue un tal Miguel que por desgracia conoció en México y quien con mentiras, para robarle el dinero que teníamos ahorrado de nuestro trabajo, lo trajo prometiéndole hacerlo socio en un negocio que supuestamente existía en la ciudad de San Francisco. Fue una gran mentira, el tipo era mánager de un restaurante de hamburguesas pero no el dueño como se lo había hecho creer a Juan, además Miguel era drogadicto.

Fue bastante el dinero que mi esposo le dio a Miguel en ese tiempo como 20,000 dólares que entonces era muchísimo dinero, y cuando llegaron a San Francisco resultó que ya se lo había gastado todo. ¡Con ese dinero pagó sus deudas! El tal Miguel era 'toda una fichita' y se descaró, le pidió disculpas a Juan y le dijo que tuvo que salir de sus deudas porque si no pagaba lo mataban.

Así fue que el pobre Juan tuvo que empezar desde cero trabajando como 'garrotero' (limpiando mesas) y después como mesero. Me contó que lloraba como un niño, decía que estaba arrepentido por no haberme escuchado y venirse a los Estados Unidos sólo para pasar tantas humillaciones. Con amargura me comentó que, para comerse una hamburguesa sin que el dueño lo regañara, tenía que meterse al baño para hacerlo. Qué pena, pero así le pasa a mucha gente.

El malvado Miguel engañó a Juan diciéndole que se viniera sin visa porque él tenía contactos en la frontera para pasarlo sin ningún problema. El verdadero dueño del negocio de hamburguesas era un latino igual o más mentiroso que el tal Miguel y tuvo a Juan trabajando durante 3 meses en ese lugar sin pagarle ni un centavo; le decía que con permitirle dormir en un sillón en la sala de la casa de Miguel, se diera por bien pagado. ¡Qué injusticia!... ¿Verdad?

Y como les dije antes, Juan desapareció un día y la verdad que llegué a pensar que jamás volveríamos a saber nada de él. ¡Ah, pero qué creen! Que después encontramos a Juan, sí, el que se había perdido. Después de veintiún años sucedió lo que muchos llaman 'Karma', yo le llamo 'Cosecha' porque es bien sabido que todo lo que se siembra se cosecha.

Imagínense ustedes, Juan abandonó a su tres hijos, bueno, pues a él lo abandonaron con seis hijos, cuatro de él y dos que no lo son, ¡pero se los dejaron!, ¿cómo la ven? Encontramos a Juan por las redes sociales aunque él se cambió el nombre. Quizás no me vayan a creer, pero déjenme decirles que no me alegro por la situación en que lo encontramos. Ahí se ve que todo lo que se hace se paga. Porque Juan está muy mal, a veces no tiene ni para comer, eso que pide la ayuda del Gobierno y aun así vive en escasez.

¿Y sus hijos? Sus hijos andan perdidos en los vicios y confundidos en su identidad. ¿Cómo la ven? Verdad que todo lo que se siembra se cosecha. En la medida que sembremos para bien, cosecharemos de la misma manera. ¡No pretendamos sembrar manzanas y cosechar melones!

Sin embargo, sus hijos y yo le mandamos bendiciones donde quiera que se encuentre, porque nosotros lo hemos perdonado y olvidado para siempre. Porque si se desapareció por tanto tiempo y 'se quiso borrar del mapa', no buscar a sus hijos y por otro lado se puso a tener más el muy irresponsable, de igual manera ellos lo borraron de su mente y lo sacaron de su corazón. ¡Allá que él espere el juicio de Dios!

Por otro lado, en México...

Algo que marcó mi vida y provocó mucho dolor a mi corazón, fue que a Manolo, mi hermano menor, lo metí en un programa de Alcohólicos Anónimos para que se desintoxicara. Vean, sucedió que al poco tiempo de haberme venido a Estados Unidos él cayó víctima del alcohol y drogas por la depresión que le causó que yo ya no estuviera con ellos en México. Esos famosos programas que según no son lucrativos, por lo menos en ese de AA ubicado en Chimalhuacán, Estado de México, en la colonia llamada Embarcadero, fue ahí donde ingresé a Manolo y yo pagaba cien dólares por mes para que lo rehabilitaran.

Si existen grupos de AA que funcionen para cumplir con su objetivo y sin sacar provecho de la gente que tiene que hacer uso de ellos, los felicito, pensaré entonces que sí hay personas buenas, nobles y altruistas que ayudan a los demás, a quienes han caído en desgracia.

Pero en aquel centro no fue así, ¡qué vergüenza!

Desgraciadamente pensé que dejaba a Manolo en muy buenas manos y por eso puntualmente recibían el dinero que con tanto sacrificio yo reunía cada mes para poder enviarlo... Pero los infames en lugar de ayudarlo lo violaron y lo sacaron del programa... Y eso hacen con muchas personas, ese tipo de grupos de apoyo o anexos en muchas ocasiones son un fraude. Si alguien de ustedes llegara a necesitarlo, ¡investiguen bien con quiénes están tratando!, y denúncielos a las autoridades porque hay mucho abuso para los internos, yo después investigué y supe que les hicieron atrocidades los demás internos en varios de esos centros.

Nunca recibí una notificación, jamás me dijeron nada y yo seguía enviando el dinero puntualmente pensando que él estaba ahí. Pero un día que fui a México me dirigí a visitarlo en aquel centro de AA, pero ¡oh sorpresa!, me dijeron que Manolo se había ido, que había escapado. Lamentablemente, viviendo yo en Estados Unidos no podía estar al tanto de lo que ocurría. Sin embargo, meses después encontré a Manolo, quien llorando me confesó que lo habían golpeado y violado, que eso mismo hacían con muchos de los internos. Agregó, que lo habían amenazado si los denunciaba con cualquier persona, incluyéndome a mí.

A cualquier centro de esos llamados de ayuda, recuperación o rehabilitación, yo les sugiero que tengan cuidado al ingresar a sus familiares. Si es en un centro de AA, vean que los lugares sean seguros y confiables; porque en aquel donde ingresé a mi hermano había gente mala y sin escrúpulos, abusivos que se escudan tras los nobles propósitos de los grupos de Alcohólicos Anónimos y tiempo después mi hermano murió (RIP).

Por otra parte, mi tercer hijo seguía creciendo. Cuando tenía 10 años empezó a preguntar por su padre biológico pues quería buscarlo y conocerlo. Aunque debo confesar que amor nunca le faltó porque tuvo el de Juan, mi primer esposo de quien me divorcié para casarme con el alcohólico, él fue el padre de crianza de mi tercer hijo y el niño lo supo así todo el tiempo que estuvo bajo su cuidado. Él insistía en conocer a Filemón, claro que en ese momento él ignoraba todo acerca de la infeliz vida que sus hermanos y yo habíamos pasado a su lado. Fue tanta su insistencia que decidí contratar un detective privado para buscarlo, éste me cobró 'un ojo de la cara' (mucho dinero) pero logró hallarlo después de seis u ocho meses de búsqueda.

Cuando el detective me dio el reporte y el historial de su vida, ¡oh sorpresa, no lo podía creer!, parecía que me estaba hablando de otro hombre. ¡De veras que no lo podía creer!, pero claro, todo es posible y ya habían pasado casi 11 años desde que dejé de verlo. Pues bien, ahora era una persona diferente, nada que ver con aquel tipo prepotente, pedante y grosero, aparte de alcohólico. ¡No!, ahora era un tipo dedicado a la Iglesia que vivía solo y trabajaba como albañil, que vivía muy mal económicamente y tenía un carrito viejo que manejaba casi a empujones. Casi sacaba los pies de aquel auto, ¡como el de 'Los Picapiedra', para que caminara junto con el carro. ¡Ja, ja, ja!

No podía explicarme lo que leía en el informe, ¿cómo un hombre que siempre había recibido todo de sus padres, quien se sentía el 'Adonis del barrio', viviera ahora en esas condiciones? Pero no había equivocación, todo lo que estaba escrito ahí era cierto y opté por darle a mi hijo la información. Él decidió verlo y llegó el día en que cumplí su deseo y viajamos, el encuentro se dio en el Aeropuerto Internacional de la Ciudad de México.

Aunque 'jodido' como estaba, digo, porque lo consideraba mal del cerebro, quiso comportarse con prepotencia, pero esta vez su estrategia ya no le funcionó porque las cosas ahora eran al revés. Su hijo y yo teníamos la sartén por el mango, o sea, la decisión de aceptarlo sólo como amigo y nada más. Pero otra vez mi nobleza me hizo perder, y digo perder porque dedicarle tiempo a alguien que no tiene valor como ser humano, ni moral como padre, creo que ya era perder el tiempo. Bueno, decidí una vez más perder 'tiempo, dinero y esfuerzo'.

El tipo como buen embaucador supo cómo llegarle a su hijo de quien nunca se acordó ni preocupó, pensando quizás que nosotros podríamos ser su tabla de salvación: ¡Cómo no!, en otro país, bien establecidos, con éxito, negocio y buena situación económica... ¡Claro, lo único que le quedaba al 'pobrecito' era aprovechar la situación y salir del hoyo! Por supuesto que sus padres habían echado a Filemón de su vida, ¡imagínense, ni sus propios padres lo querían ya!, pero como se dice en la jerga popular, 'cosas como éstas pasan hasta en las mejores familias' y, como siempre, el susodicho terminó abusando de nuestra nobleza.

Y bueno, a Filemón no le quedó otra cosa sino fingir que nos amaba con locura y que no podía vivir sin nosotros. Dijo que no nos quería perder de nuevo, 'luego de habernos encontrado después de tanto tiempo'... ¿¡Perdón!?... Si fuimos nosotros quienes lo encontramos a él porque contraté al detective. Pero bueno, nos contó que su vida había sido muy desgraciada sin nosotros, y como lloraba y suplicaba, le creímos. Después de la visita y encuentro mi hijo y yo regresamos a Estados Unidos, pero ambos decidimos que le enviaríamos dinero para que pagara sus deudas y para su pasaje. ¡Sí, para su pasaje (su transporte de avión)!, para que más adelante él nos alcanzara en este lado de la frontera.

Cuando Filemón y yo nos casamos profesábamos la misma religión, pero al volvernos a ver esa fe ya era diferente en él. Tan astuto era que no le importó mentir, le mintió a la congregación a la cual asistía; les dijo que nunca se había divorciado y decidía volver con su esposa. Obviamente, todo con la intención de vivir bien y ya no 'medio a trabajar'. Así, consiguió embaucarnos a todos y logró su objetivo de vivir como rey sin pagar nada. ¡Y hasta renovamos votos por la misma fe!

Su cerebro estaba más 'descuadrado que siempre' pero ahora por sus creencias, realmente desequilibrado, decía que su religión no le autorizaba trabajar si no lo permitía el 'César' aunque yo nunca entendí a cuál César se refería; no sé si hablaba de un novio que tuve o de César el emperador romano. ¡Qué locura! Todos sabemos que aquí y en la China, en Roma o Inglaterra, tenemos que trabajar para vivir. Pero él no, ¡él no podía trabajar porque su religión y el César se lo prohibían!

Y, aunque parezca redundante, ¡este loco casi termina por enloquecernos a todos! Definitivamente él no quería trabajar pero sí andar de casa en casa tocando puertas, repartiendo revistas y libros y, según él, '¡arreglando familias!'. ¿Lo pueden creer? ¡Ah! Y además tenía que seguir dando ofrendas en su congregación porque si no ¡lo expulsaban! Por el amor de Dios, ¿entiende usted a esa gente tan irresponsable y desequilibrada? Lo bueno fue que su hijo se dio cuenta de sus locuras y entonces yo le dije a Filemón que si no quería trabajar ¡se fuera de la casa! Y así fue, gracias a Dios desapareció de nuestras vidas.

Pues esta es la historia de mi vida y, sin embargo, no todo ha sido crisis. Doy gracias a Dios que me dio el don de escuchar, de ayudar y de sanar a mucha gente; del alma, del cuerpo, del espíritu y hasta del corazón. Hay gente que somos así y muchas veces nos toca vivirlo, aceptando y llevando a cabo la misión que vinimos a cumplir en este mundo, pero aguantamos. Bueno, al menos yo 'he aguantado un piano', digo, he cargado las culpas y cargos de otros.

Asimismo, entre las grandes desgracias que he tenido que vivir en Estados Unidos, fue darle trabajo a un tipo de origen colombiano de nombre Jairo, era el supuesto 'recomendado' de un amigo mío. Le brindé mi confianza sin saber que un mes más tarde su presencia iba a causar muchos problemas a mí y al negocio. El sinvergüenza me pidió que le ayudara pues acababa de llegar de su país y que no tenía trabajo; yo sentí pena por él y pensando que de verdad lo necesitaba le di el empleo.

Jairo era muy labioso y consiguió que confiara en él, pero su intención no era comportarse con honestidad. Vean ustedes, tuve que viajar fuera del país para asistir a un seminario y lo dejé solo al frente del negocio por dos semanas, acordamos que él se quedaría con las ganancias obtenidas en esos 15 días. Durante mi ausencia Jairo se puso a prometerles a los clientes cosas que no eran ciertas, para sacar más provecho y por supuesto, dinero. Es que tengo la virtud de creer y darle confianza a la gente. Porque yo no sería capaz de hacer algo así y pienso que los demás tampoco.

Cierto día sin darme yo cuenta porque estaba ocupada en una llamada telefónica, Jairo discutía con un cliente y éste le reclamaba que no le había cumplido lo prometido. Pero cuando escuché voces altisonantes y presencié esa escena me molesté mucho y le dije que no le podía dar más el trabajo, que se fuera. Pero Jairo además era muy abusivo con otra empleada que yo tenía en mi negocio.

Muy enojado, meses después ese cliente decidió entablar una demanda contra el negocio en la cual me acusaba a mí como dueña. Estaba ajena a toda dificultad que Jairo el colombiano hubiera tenido o prometido a mis clientes y, una mañana al llegar a mi negocio y sin saber por qué, fui arrestada por esa demanda entablada en mi contra. Todo eso fue gracias a Jairo, él prometió lo que no podía cumplir aprovechándose de mi negocio, de mi nobleza y porque creí que esa gente es honesta. Claro que estaba muy asustada porque sabía que yo no había cometido ningún delito o crimen para ser arrestada. Gracias a Dios salí libre y sin cargo alguno, porque se comprobó que yo nunca prometí nada e ignoraba lo que este fulano hizo en mi negocio durante mi ausencia.

Tengan cuidado de a quienes les den trabajo sin averiguar antes quién o cómo son. O pueden terminar hasta en la cárcel por una mala acción. ¡Y sin deberla!

¿Qué les parece esta amarga experiencia? No obstante me mantengo en la ideología del Creador: 'Haz el bien sin mirar a quién'.

Pasaron muchos años en que mi subconsciente borró con efectividad la imagen de mi padre. Tenía doble razón para no querer saber nada de él pero, el infaltable pero... Un día una conocida mía me dijo que mi padre estaba aquí, ¡en Estados Unidos! Todo fue como un torrente de información. Me comentó que él había pertenecido al Navy (cuerpo naval) en el área administrativa y ya estaba jubilado, que estaba muy enfermo y le habían amputado, por partes, una de sus piernas y luego la otra, que tenía nueva familia y vivían sólo de su pensión, pero que se encontraban en la vil pobreza. ¡Qué les digo!, todo lo que se siembra se cosecha.

Me dediqué a indagar otra vez, y fue a través de una amiga mía que me enteré que Andy, un hijo de mi padre, y Francisco mi hijo mayor, eran amigos. Que mediante una plática y por la coincidencia del apellido ambos comenzaron a preguntarse y, pues sí, se trataba de él, de quien yo no quise saber más nada.

Resultó que, ante la duda, fui, comprobé y conversé con él. Mi papá me confesó que terminó mal su relación con Blanca (su amante) y entonces decidió venir a vivir con Martina, su segunda esposa ('la chancluda') y sus hijos a Estados Unidos, pero que ella no soportó estar aquí y se regresó a México con toda su prole. Que al quedarse solo, mientras aún se hallaba en activo en las oficinas del Navy, contrató los servicios de una 'indita de provincia' (así lo dijo) de nombre Domitila, que se encargaba de los quehaceres domésticos de su departamento, de tenerle su ropa limpia y, en ocasiones, le preparaba alimentos.

Domitila era una señora de Puebla, con cuatro hijos, quien había quedado viuda. Ella, al tener hijos nacidos aquí y al ver que mi padre ya se había hecho ciudadano norteamericano se le fue metiendo y él, querendón como era, hizo con todos ellos su nueva familia. Tuvo dos hijos más con ella, Joseph y Andy, y a todos los mantuvo. Más tarde mi padre se enfermó de diabetes y comenzó su suplicio pues al darle gangrena perdió sus dos piernas. Dos de los primeros hijos de Domitila eran 'cholos' (pandilleros) y le hicieron la vida imposible a mi padre; lo maltrataban, lo despreciaban, le decían 'inútil viejo mocho', lo aventaban y lo dejaban sin comer. De veras que pagó caro sus errores. Yo sé que todo lo que se siembra eso mismo se cosecha y los padres que abandonan a sus hijos no les va muy bien; tarde o temprano reciben el juicio de Dios, porque rechazaron los hijos que Él les prestó para cuidarlos y amarlos. ¡Y para colmo, que andan criando otros hijos que ni siquiera son de ellos!

Alcancé a verlo y frecuentarlo aproximadamente tres años antes que él muriera. Lo ayudé todo lo que pude pero sabía que mi padre fallecía por la diabetes. ¡Qué contraste!, yo que hasta la fecha soy consejera nutricional y he ayudado a miles de personas a cambiar su estilo de vida a base de la nutrición y aprenden sobre el control de sus enfermedades, así como a mantener los niveles de glucosa en la sangre, pero no pude hacer nada por él. Qué lástima y a tanta gente que por medio de mi conocimiento se ha sanado y por mi padre no pude hacer nada.

Lo veía sufrir y llorar en su desesperación, pero ya nada podía hacer por él porque su mal estaba muy avanzado. Mi padre lloraba e imploraba nuestro perdón, de mi madre y mis hermanos, por primera vez lo veía sincero y arrepentido. Ya estando en sus últimas lo saqué del infierno que vivía con Domitila y sus hijos, no de los suyos que resultaron ser mejores personas. Lo interné en una clínica y pocos meses después Manolo, mi padre, murió. Quienes pudieron venir de México, nosotros y algunos de 'su nueva familia', le dimos el último adiós en el sepulcro que guarda sus restos (RIP) y en Gloria de Dios esté.

¡Porque mis hermanos y yo lo perdonamos a pesar del daño que nos causó con su ausencia!

Por su parte, mi madre aún vive y por obra de Dios le dio demencia senil, ella vive en su mundo, un mundo irreal y qué bueno, si no ¿qué sería de su vida si estuviera consciente de todo el daño que causó a sus hijos, a sus padres y a toda la familia? Qué vida tan triste le esperaría sabiendo que nadie la quisiera tener a su lado. Es duro aceptarlo pero los abusos que yo sufrí han sido de generación en generación; por parte de mi madre, de mis hermanos, cuñadas, sobrinas y hasta hijos de las sobrinas. Son terceras generaciones las que han estado sobre mi espalda porque a varios de los hijos de mis hermanos yo los he traído a Estados Unidos, les he pagado escuela, los he graduado, me he desvelado con ellos ayudándolos en sus estudios, los llevé y los recogí de sus escuelas… Y no me arrepiento porque ahora son excelentes seres humanos, son como mis hijos y los amo. Ellos han llevado una buena calidad de vida, gracias a Dios.

¡Ay Pancracia, qué aventuras las tuyas! Sí que te han pegado duro… Pero también has gozado. No te puedes quejar. ¡Ah!, olvidaba que tú no te quejas, ¿verdad? Todo lo encuentras y lo ves positivo.

Si verdaderamente yo vivo agradecida con Dios y me siento bendecida por Él, sé que todo lo que he pasado es por un propósito de Él y no me arrepiento de nada. Yo amo a mis sobrinos y a toda mi familia; ellos también aprendieron a amarme, a respetarme y de mis hijos y nietos me siento muy honrada por su amor, su cuidado y su dedicación hacia mi persona. Al mismo tiempo agradezco a mis hermanos y amigos por su cariño hacia mí. Hoy en día todo está en paz y en calma; gozo de una vida de abundancia que me ha dado Dios en salud, en amor y en paz. Todo tiene su recompensa.

Y lo mejor, que he roto cadenas generacionales y no recibo hoy en día ni un abuso más, porque conozco la Palabra de Dios y eso me da un conocimiento, una sabiduría, un buen entendimiento y vivo una buena vida, una salud y una familia multiplicada en abundancia.

Pancracia se ganó el respeto y afecto de sus amigos, hermanos y demás familiares…
Y así es todo en la vida, cuando Dios te cierra una puerta es porque te va abrir otras más.
Él te pasa por muchas pruebas para saber si tu fe es grande.

TIEMPO ATRÁS, EL SUEÑO DE TODA JOVEN... MIS 15 AÑOS

¡Wow!, es mi palabra favorita para expresarme. Les voy a platicar de mis 15 años, fue fantástico, yo solita me hice mi fiesta, sí, así como lo leen, yo hice y deshice todo; les dije a varias de mis amigas si querían ser mis damas y fueron catorce. ¡Eeeh!, ¿cómo la ven?, ¡casi, casi de película!, también tuve catorce chambelanes y por supuesto el mío, el de honor.

Que cómo le hice, no sé, pero me compré mi vestido. Eso sí, así como era de 'lista' (inteligente) sagaz tenía mucha gente que me quería bien, muchos amigos y novios. Bueno, ficticios porque en mi época con sólo cargarte la mochila de la escuela, acompañarte al pan o a la iglesia ya eran tus novios. ¡Ja, ja, ja! La mayoría de ellos fueron mis chambelanes o sea que los galanes, los muchachos, los jóvenes que andaban tras de mí, ¡Ah, porque era bien enamorada! Sí, bien enamorada, me 'traía cacheteando las banquetas' a muchos chamacos o sea que andaban 'tras de mí'. Sí, muchos novios, y yo los hacía creer que me gustaban.

Bueno, continúo con mi relato. Pues verán tuve muchos padrinos desde el del pastel hasta los de música, comida, copas, ramo, corona, etcétera. No, si me pinto sola. En ese tiempo ni se usaban las decoraciones de las mesas como en la época actual, pero yo tuve flores en todas las mesas. ¡Eeeh, qué tal!, les digo que fueron unos 15 años de película, sí de película. 'Echamos la casa por la ventana', eso quiere decir que se hizo una fiesta en grande.

¿Cómo?, no lo sé, pero todos cooperaron y fue espectacular hasta el maestro de baile que nos enseñó a bailar el vals ¡lo hizo de gratis!, él apadrinó también la fiesta y, ¿qué creen?, el vals que bailamos fue El

Danubio Azul y tuvimos otras canciones modernas que ya no recuerdo cuáles fueron, ¡es que hace tantas décadas! Pero fue algo excepcional y hermoso, empezó a las siete de la noche y terminó a las dos de la mañana. Fue un 'pachangón', una fiesta 'a todo mecate' (a todo dar, magnífica). Fue en la colonia donde vivía, allí en el barrio. Por muchos años se comentaron mis 15 años porque de verdad lo hice como de película, como de ricos, cerraron una calle completa y todos los del barrio a bailar y a gozar. Con los bailables que nos enseñó el maestro, con la gran escenografía, con los atuendos, con los vestidos tipo princesa. ¡Ah, porque cada dama llevaba su precioso vestido blanco con lila y el mío era lila con blanco. ¡No, no, qué fiesta! Todavía mentalmente me transporto y de verdad me parece que viví un sueño.

¿Cómo me las ingenié?, si ni dinero suficiente tenía para hacerlo todo, pero 'me aventé' y todo salió de lujo, no faltó nada, hubo de todo. Bueno, hasta 'bronca' (pleito) entre los mismos invitados que ya tomados (borrachines) empezaron a pelear. No faltó nada y yo gocé mis 15 años de lo lindo. Dos meses después de mis 15, hubo un concurso de las Reinas de las Fiestas Patrias y que participo, había muchachas tan hermosas, de ojos de color, pero ¿qué creen? Sí, adivinaron, una vez más la suerte o mejor dicho, la bendición, me siguió y gané, sí, gané el concurso. Y eso que eran setenta participantes, ¿cómo la ven?, pero yo iba con la seguridad de ganar así que casi a mis quince años con seis meses fui Señorita Independencia. ¡Wow!, un triunfo más en mi vida, una corona y un gran premio; un viaje a unas hermosas playas de Acapulco, México y una acompañante que fue una amiga mía. ¡Y con todo pagado!, ropa y más regalos que recibí. ¡Vaya, hasta dinero en efectivo, fue fantástico!

Desde sus 18 años, Pancracia empezó a estudiar Nutrición, Naturismo y Naturalismo en su país natal y obtuvo un diploma.

Ella se graduó en Estados Unidos, con dos doctorados y una licenciatura.

Esto fue para darles una mejor alimentación y una buena salud a sus hijos y a ella misma.
¡Y lo logró!!!

De igual forma, para ayudar a miles de personas y aconsejarles un saludable estilo de vida.

Así mismo, ha escrito muchos libros con distintos tópicos, por supuesto, de nutrición en Balance de Vida y en Las Maravillas de la Carne de Soya. Del mismo modo que otros temas como; Limpia tu Cuerpo, tu Alma y tu Corazón y El Príncipe Simón, entre otros.

COSAS Y CASOS EXTRAORDINARIOS

¡No, no, no! así como me ha tocado llorar y sufrir también he gozado de la vida. He conocido cosas, casos, personas, así como grandes personalidades de la Política, la Medicina, del Gobierno, de la Farándula, Ricos, Famosos y más Medios o Instituciones.

    ¡Qué bello!, he estado en lugares inimaginables, he presenciado cosas únicas y magistrales. Les cuento entre esas que fue una maravillosa e increíble semana, una fiesta espectacular de Billonarios y de Trillonarios, ¿y yo que hacía allí? No lo sé pero disfruté de lo más lindo. Bueno, si es que estaba allí fue por un propósito y además por amistad y cariño verdadero el que yo haya estado en esos lugares y en muchas ocasiones, con esas personas tan importantes y famosas a nivel internacional.

    Así mismo, he estado en lugares extremadamente humildes donde me he acostado en un piso frío y únicamente con lo que llevo puesto encima, pero sigo siendo la misma, no cambio. Lo importante es el valor que tienes tú como persona que siempre debes considerar superior a tu semejante, a ti, no importa la condición que esa persona tenga o quién sea, si es humilde o es rico todos somos seres humanos y valemos lo mismo ante los ojos de Dios.

    Nunca te sientas superior a nadie, antes siente que tú tienes que servir a los demás, nunca hagas excepción de personas, eso no es agradable, humíllate en silencio ante el Altísimo y Él te recompensará en público del mismo modo. Porque a esta vida venimos a servir, no a ser servidos. Y el que no viene a servir no sirve para nada.

Tenaz, sagaz, perseverante y viendo hacia adelante a la meta llegó. ¡Nada la detuvo!

Pancracia fue enamorada, engañada, abandonada y desgraciada, pero ni eso la frenó, ella siguió, luchó, guerreó y al final, con la ayuda de Dios, triunfó y la buena batalla ganó.

Sólo a Pancracia le pasan éstas cosas. ¡Qué privilegio!

DE ALTO NIVEL

Así como hay penas, hay muchas alegrías y recompensas.

Por otra parte, un día estando en mi oficina alguien llamó diciendo que estaban confirmando mi asistencia a un desayuno que sería realizado aproximadamente en tres días al cual yo respondí que sí, que estaba bien, que allí estaría. Tomé la dirección y fui al lugar.

Debo decirles amados lectores que el desayuno era nada más y nada menos que con el Gobernador del Estado y el Presidente de la Nación. Yo dije que sí a la llamada confirmando mi asistencia ya que una semana antes me había llegado la invitación. Pero yo pensé que iría mucha gente de negocios y como tiempo atrás ya había asistido a desayunos, cenas y almuerzos en las Cámaras de Comercio, las del Ayuntamiento (ciudad) e inclusive con el Departamento de Policía, para recibir algún reconocimiento por mi Foundation o por ser soporte de la comunidad.

Así que no me extrañó esa invitación y pensé: 'bueno, éste es un evento masivo y asistirá mucha gente importante'. Así que me puse un traje formal (mis mejores garras) y dispuse irme al desayuno. Sin embargo, cuando llegué, estaba un poco confundida o no sabía qué pasaba pues resulta que ¡sorpresa!, nada más había unas cuantas personalidades y todas eran de la política, nada que ver conmigo, es más, creo que era la única Latinoamericana en ese lugar.

Entonces pensé: 'yo creo que se confundieron o soy yo la que está confundida con esa invitación'. Y bueno, me armé de valor, ya ven cómo soy de aventada, entonces avancé por la 'alfombra roja' que había allí, era todo un protocolo para entrar. Así que pregunte a una dama que estaba como recepcionista: 'disculpe, yo vengo a un desayuno'. Ella preguntó mi nombre, me pidió mi invitación y una identificación, las revisó y enseguida me dio un gafete que me coloqué en el lado derecho de la solapa de mi saco, luego le dijo a un hombre que me escoltara hasta la mesa donde estaba mi lugar en un salón muy elegante. Entonces mentalmente pensé: 'híjole, yo creo que se equivocaron. ¿Qué hago yo aquí?'. Sólo éramos 16 personas en ese salón y noté que los otros 15 sí se conocían entre sí, pero yo no sabía qué estaba haciendo allí, me lo preguntaba una y otra vez. Lo más impresionante fue cuando esas personas buscaron alrededor de la mesa su nombre para sentarse en ese lugar. ¿Y qué creen?, también el mío estaba allí.

¡Wow!, eso sí que es suerte y recordé el refrán que dice: 'al pueblo que fueres haz lo que vieres', pues ni tarda ni perezosa me senté. Pero seguía pensando: 'Dios, ¿qué hago yo aquí?, pero bueno, ya voy a desayunar'. Luego me sentí cómoda porque las personas que estaban allí eran muy amables y como todos portábamos gafetes con nuestros nombres, ellos veían mi nombre y me saludaban con amabilidad.

Pero lo más extraordinario fue cuando al salón entró nada más y nada menos que el Presidente del país, sí de esta gran nación, acompañado por el Gobernador. Yo no podía creerlo, ¿qué hacía yo allí si ni política soy? Yo tengo entendido que para poder asistir a ese tipo de eventos es necesario pagar una gran cantidad de dinero y que además es un protocolo por adelantado. Pero conmigo no sucedió nada de eso y allí estaba comiendo un exquisito desayuno al lado dos grandes personalidades y los representantes de diferentes organismos estatales.

Les cuento que enseguida y dirigiéndose al Presidente y al Gobernador, los representantes se empezaron a presentar uno a uno y a mí casi me da un ataque cardiaco porque cada vez estaba llegando el momento que yo me presentara, pensaba qué iba a decir, pero como soy presidenta de mi Foundation cuando me presenté dije: 'My name is Pancracia... President of Mary's House Foundation', y me sentí más aliviada cuando todos me aplaudieron, incluyendo al señor Presidente y al Gobernador.

Después me enteré a qué se debía el desayuno; le informaban a cada uno de los representantes de las diferentes secretarías cuánto dinero les iban asignar de acuerdo al presupuesto estatal. Obviamente que a mí no me dieron nada, bueno sí, un exquisito y delicioso desayuno ¡gratis! Pero además me tomé fotos con el Presidente y el Gobernador. Todo resultó bien, pero hasta ahora aún no logro descifrar qué estaba haciendo yo allí. Luego, cuando salí del salón, me pellizqué (me pinché) una mano para estar segura que había vivido todo eso tan excitante. Y sí, ¡fue cierto!

Aún conservo la invitación y las fotografías. ¡Las cosas que pasan!

Pero fue cierto, no fue un sueño, en verdad allí estuve yo. Y tengo bien entendido que para poder estar allí, con los políticos y presidentes, hay un costo y todo un protocolo. ¡Qué extraordinario!, yo no pagué nada y estuve allí.

¡COSAS INCREÍBLES, DE OTRO MUNDO!

Algo que siempre me ha llamado la atención y no recuerdo o no encuentro la respuesta, es que en toda mi vida solamente en pocas ocasiones no me pasa nada, pero siempre que sí me suceden me parece que soy de otro mundo o invisible. Lo digo porque me pasa cada cosa y cada caso que ustedes ni lo imaginarían, así como yo, pero me pasan… Por ejemplo, si se trata de papeleo, de documentos, no importa si es una dependencia de gobierno o una simple oficina, los empleados de éstas con nadie se equivocan; bueno, hasta con lupa trabajan en algunas oficinas y vaya que son papeles importantes que no se imprimen así como así, siempre se trate de 100 o 1000 personas, ¡pero conmigo se equivocan siempre, le ponen una letra de más o una de menos y como verán eso me provoca problemas. La verdad que ya ni hago caso, siempre es por descuido de un empleado o del oficial a quien le ha tocado hacerme dicho papeleo. Y después salen con su (sorry) disculpe usted.

Para que se den ustedes una idea, les comento; en el Registro Civil pusieron en mi Acta de Nacimiento una letra de más y eso ustedes ni se imaginan cuántos problemas me trajo, pero 'para acabarla de amolar', el año de mi nacimiento también lo escribieron mal. ¡Figúrense ustedes! Casi lo escribieron al revés. No les digo, me pasa cada cosa o cada caso y así podría enumerarlas tantas veces que ya no quiero más. Hasta me parece que soy marciana.

Otro ejemplo, cuando he viajado vamos hasta 40 personas en el paseo (tour) y yo soy la única que me 'mandan a otra línea' para revisar mis documentos o ¡qué sé yo! La cuestión es que siempre me pasa algo.

Ya les conté que así como me han pasado situaciones maravillosas; como en El Lido de París cuando me confundieron con una Super Star, en otras creo que me han confundido con la mamá de Tarzán o de Chita, la changuita. ¡Ja, ja, ja!

De verdad que hasta pienso que no soy parte de este mundo o sea que a todos les pasa y yo no me doy cuenta hasta que ya pasó. ¡Vaya, vaya, qué cosas! Algunas que en su momento hasta me dan en qué pensar, pero me han pasado. Ya ven que les relato varios de los viajes que he tenido la oportunidad de realizar y me suceden cosas extrañas o fuera de lo común, como eso que les comenté, aunque vayamos 40m personas siempre me escogen a mí, como que me ven diferente y no siempre es para bien porque en muchas otras me han hecho perder tiempo, dinero y esfuerzo. Pero todo por la negligencia o incapacidad de alguna o algunas personas. O simplemente para darme algo diferente. ¡Qué cosas!, ¿No?...

Bueno, también muchas veces es para una bendición o premio, porque yo soy luz, y posiblemente por eso ven la diferencia y me apartan.

Para que lean y vean

UN MAL RECUERDO

Ahora mismo recuerdo una desagradable anécdota que me pasó siendo niña; resulta que en la escuela primaria había una niña que le gustaba hacerle bromas a los demás alumnos y claro, yo no fui la excepción... Sucedió que me castigaron, me acusaron de indisciplinada pero yo no había hecho nada malo; esta niña de nombre 'Lourdes' tomó los apuntes de la maestra incluyendo, creo yo y si mal no recuerdo, hasta las cartas de su novio (de la maestra), pero además tenía allí otras cosas importantes como eran los documentos de la profesora de esa clase. ¡Y ya sabrán!, la maestra estaba como loca buscando 'sus papeles importantes', sus notas y preguntándoles a todos los del grupo escolar quién se los había sustraído, en dónde estaban y amenazaba con castigar seriamente y expulsar 'al o a la culpable'. Y todos los niños, asustados, no decían nada. Pero la malvada 'Lourdes' sin yo saberlo, los había metido en mi mochila durante la hora del recreo (descanso de clases o refrigerio). Pero como supuso que nadie la vio ella aprovechó para meterlos en mi mochila. Y como yo era una de las niñas que me sentaba al frente, a la maestra se le hizo fácil revisar las mochilas y entre ellas la mía; pero como nadie declaró ser culpable, ¡sópatelas!, la maestra los halló en mi mochila. Obviamente que yo estaba azorada, no entendía qué pasaba y como yo nos los había sustraído, porque nunca me habría atrevido a hacer algo como eso pues sabía las consecuencias que me causaría.

Sin embargo, ¡fui culpada! Me llevaron a la dirección de la escuela y expuesta públicamente en toda la escuela, humillada, llena de vergüenza y sabiendo que no era culpable, aunque las pruebas me señalaban, tuve que pasar por un proceso muy doloroso y bochornoso, en que la misma maestra me llamara 'ratera', estuve a punto que me expulsaran de esa escuela. Y mi mamá temblando también lo creía, porque la maestra y el director ya la habían convencido de mi culpabilidad, de haber sustraído esos papeles tan importantes y cartas de su amante, digo su 'amante' porque un profesor de la misma escuela lo era, a pesar de ser casado, esa era la causa que la mentora, 'como loca', los estuviera buscando. La maestra decía que eran notas y calificaciones y por eso era la prisa por encontrarlos.

Pero afortunadamente todo se descubrió; la esposa del 'maestro y amante' ya sospechaba y lo había seguido, así que también públicamente le dio 'su buena desgreñada a la maestra y amante' por andar con hombres casados. Pero la clave provino de un alumno quien declaró que vio a 'Lourdes' cuando metía aquellos papeles en mi mochila. En fin, la maestra 'fue despedida de la escuela', lo mismo que la malvada 'Lourdes' y el alumno fue premiado por su valor civil al decir que había sido testigo presencial.

¡Gracias a Dios, una vez más salí adelante!, bien librada de una calumnia que pudo haber cortado y coartado mis estudios. Ya ven, la lealtad hacia quien sea debe ser eso, lealtad. Y así es la vida, muchas veces pagan justos por pecadores, pero como la verdad siempre sale a flote, tarde o temprano y porque nadie puede tapar el sol ni la luna con un dedo, la verdad, por obra de nuestro divino Dios, siempre saldrá a la luz. Todo, absolutamente todo, nada queda oculto.

No, queridos lectores, si les digo que yo tengo un 'doctorado en Geografía' les mentiría; imagínense, desde niña tengo atrofiado el sentido de la orientación, pues si me dicen ve hacia el Sur, me voy hacia el Norte. Por eso es que en Geografía yo me gradué con puros 'ceros'. ¡Ah, y además, aunque les parezca chusco, tengo un doctorado en 'Rechazo'… ¡Y tengo mi diploma!

De verdad, esto es cierto, en el lugar en donde me congrego tomé un curso de Doctorado en Rechazo. Es verdad, después de eso te haces más fuerte.

Y NO FUE CHISTE

Por otra parte, un día me tocó presenciar algo de lo más cómico, a un amigo mío, otro le pidió que por favor lo acompañara al restaurant de enfrente ya que, según él, allí había visto a la esposa (de mi amigo) comiendo y abrazando a otro hombre y mi amigo dijo 'bueno, dile a él que tú conoces a su esposo, que ella es casada, a ver qué hace ese hombre'.

¡No les digo!, yo pensé que mi amigo era menso, ¿por qué no iba al restaurant a descubrir a su esposa?, 'parecía que le faltaban pantalones' o tenía miedo.

Esto fue real, no un chiste ¿ehhh?

De repente vimos saliendo del restaurant a este amigo que traía a empujones a una mujer, la aventaba con fuerza y me quedé pasmada pues yo sí pensaba que era la esposa de mi amigo a quien el otro hombre traía a puros aventones. Entonces mi amigo corrió y le dijo '¡oye no, espérate, ésta no es mi esposa', y el otro muy enojado le contestó, 'no menso, es que ésta es mi novia y estaba besándose con otro hombre'.

Figúrense ustedes, al final el tipo se había equivocado, no era la esposa de mi amigo sino su propia novia. Parece de chiste pero no, esto sucedió en la vida real y yo lo presencié.

CASI TRAGEDIA

De igual manera a mí me sucedió algo personalmente; yo ya estaba divorciada y empecé a salir con un hombre que también era divorciado, pero como a veces una no lo tome en cuenta o no es una relación seria, pues una es atrevida ¿por qué no decirlo?, esta historia de mi amigo me recordó la mía que fue tan cómica pero luego ya se iba a convertir en trágica.

Resulta que por andar jugando al infiel o al juego del amor y sin pensar en las consecuencias un buen día fui al cine, cabe mencionar que supuestamente yo ya era novia del susodicho Nepomuceno y de repente yo al otro Filogonio ya lo había 'volado todito' pues según también ya era mi novio. Así es Nepomuceno, era tranquilo pero Filogonio no y cuando me vio bien abrazada de Nepomuceno ¡ay nanita!, por poco y se convierte en tragedia pues éste le dio una 'corretiza'. Así que decidí terminar con los dos.

No se crean que luego, cuando una ya abandona el metate y la vida le ha dado golpes duros como a mí, pues uno después quiere 'darle vuelo a la hilacha', así dicen en mi pueblo, que una 'se suelta la greña' y hasta de a dos trae, y si tiene 'pegue' con mayor razón. No, si después de ser conservadora luego tuve varios 'novios internacionales' es la Pancracia, ¡i' iñor!, muchos y qué guapos, claro cuando estaba joven, inocente y mensa agarré cualquier cosa, por ejemplo, al feo e irresponsable de Juan pero después ¡agárrense!, ya elegía yo y de lo mejor ¿Por qué no decirlo?, tuve muy buenos partidos (galanes) desde políticos, doctores, extranjeros y artistas. De todo, 'surtido rico'.

¡Ah, qué creían ustedes!, todo lo que uno se propone eso mismo consigue. Por lo menos desde que yo me 'puse las pilas', me ubiqué y dije: 'ahora sí Pancracia', elige de lo mejor y vive la vida intensamente, ya no más sufrir, ya no más llorar, ahora es tiempo de gozar. Y además, porque tengo la característica de ser 'camaleónica', es que nunca eres la misma o no te pareces, si te pintas el cabello negro luces como una hermosa morena de fuego; y si lo pintas de rubio te ves imponente y... ¡los caballeros las prefieren rubias!... Ahora que si te pintas de pelirroja también lucirás bien. El ser 'camaleónica' significa que siempre te verás diferente. Sí nunca soy la misma, cambio siempre, me transformo físicamente hablando, desde el color del cabello hasta el de las uñas, aunque interiormente siempre soy la misma; honesta, generosa, amorosa y ahora sí soy fiel, antes no, porque soltera y sin conocimiento eres diferente, pero ahora todo marcha en perfecto estado, sigo teniendo el mismo espíritu y gozo, ¡pero ahora es diferente!, ahora tengo al mejor hombre, al único, porque puedo asegurarles que no hay otro igual a Él. Mi Rey, mi Amado, es proveedor de mi hogar, cuidador, el mejor amigo, el único padre para mis hijos, es fiel consejero y el que nunca me dejará ni me abandonará, Él vive para siempre en mi corazón y siempre está junto a mí las 24 horas, me ama y yo lo amooo y lo adoro... Y ahora gozo de paz y conocimiento. Qué bello es amar, amar de verdad, con intensidad y entregar el corazón a quien lo sabe cuidar y guardar porque la Palabra dice 'sobre todas las cosas guarda tu corazón porque de él mana la vida, qué hermoso, es una verdad tan auténtica y verdadera que eso es cierto, probado y comprobado. Guarda tu corazón sobre todas las cosas. Consérvalo limpio de toda maldad o iniquidad.

Ahora tengo al hombre perfecto, Él no miente, no se arrepiente y es fiel. Es a quien le entregué mi corazón y es para siempre. Con Él hasta la eternidad.

Uno de tantos amores de Pancracia

Tiempo atrás y sin conocimiento de verdad fue algo excepcional, solamente a mí me pasan esas cosas al extremo, sí así es, ¡al extremo! Vean, resulta que una noche decidí ir con una amiga a cenar y después de cenar nos quedamos conversando, cabe mencionar que en ese lugar también hay un espectáculo, un show, y se baila. Es un sitio muy tranquilo, un Centro Alemán muy hermoso, con un lujoso restaurant y todo a media luz, así como para enamorarse o 're-enamorarse'. ¡Ah, qué bellos son esos momentos!, los volvería a vivir si fuera necesario.

    Y les cuento que un caballero se acercó a mi amiga y le preguntó si quería bailar con él y se fueron hacia la pista de baile, después de un rato yo estaba en la mesa y me aburrí un poco y decidí dar una vuelta dentro del lugar y me paré allí en la barra donde sirven las bebidas (tragos) y pedí una copa de vino tinto.

    Después de un leve lapso decidí volver a mi mesa a ver si mi amiga ya había regresado, pero justo en ese instante sentí una mano por mi cabeza, como que pasaba algo por encima y era un príncipe, ¡wow, qué príncipe!, que estaba pagando la copa que yo había pedido. Amablemente yo le di las gracias. Qué hombre, era un muñeco de porcelana 'ni mandado a hacer', igual que una estrella de cine y pensé: ¡me saqué la lotería y sin comprar boleto!, eso quiere decir ¡me gané el premio mayor! Y allí estaba frente a mí el apuesto y sonriente caballero.

    Desde luego que en agradecimiento a su caballerosidad, me pidió que fuéramos a bailar, lo cual inmediatamente acepté. ¡Por Dios, si él no me lo pide yo le iba a decir que vayamos a bailar! Por supuesto, si esas oportunidades de flechazo de Cupido no son tan comunes, cómo iba yo a dejar pasar esa química, esa mirada, esa manera de tomarme la mano y de conducirme en el baile con tanta delicadeza y respeto. No sé cuánto tiempo permanecimos en la pista de baile pero creo que fueron horas. Los dos estábamos verdaderamente encantados y fascinados el uno con la otra.

Imagínense ustedes, hasta me propuso matrimonio en plena pista de baile y yo acepté. Figúrense, dos desconocidos unas horas antes y unas horas después estábamos como unos auténticos enamorados y a punto de irse a casar. Bueno, mi amiga regresó a la mesa muy bien acompañada con el galán que había bailado y nos lo presentó como su novio. Ella también lo acababa de conocer unas horas antes. Bueno, fuimos solas y salimos acompañadas. ¿Y qué creen?, 'tan, ta tan, tan, ta tan', nos pidieron que aceptáramos irnos a Las Vegas.

Cabe mencionar que cuando me estaba proponiendo matrimonio, me dijo que él era soltero, que nunca se había casado y que era dueño de negocios de joyería, para ser exactos y que él siempre había buscado una mujer como yo, que mi rostro era único, que él entre tanta gente me había observado y que le gusté mucho. Que era la mujer de sus sueños, su prototipo... ¡Sí, ríanse como me reí yo! Pero era verdad, 'en gustos se rompen géneros'. Me dijo que él quería algo en serio, que si yo de verdad era soltera y sin compromisos, él estaba dispuesto a casarse conmigo y que me daría una vuelta por todo el mundo, viajando y disfrutando de lo mejor. Yo le dije que sí, soltera y sin compromisos. Así decimos todos cuando nos gusta alguien, ¿verdad?, cuando no queremos perder la oportunidad. Yo sí era soltera. ¡Wow, como de película! Y yo obviamente, una mujer divorciada y de mundo, pues yo fui a divertirme y le seguí toda la corriente, a todo le dije que sí y yo pensaba: 'cómo no, éste me está bajando la luna, las estrellas y toda la corte celestial'. Seguro porque él cree que a la salida de aquí va a conseguir algo de mí, ¡cómo no!... ¡Créete Negrete! Y al salir preguntó, '¿vamos a ir a Las Vegas a casarnos?'. Y yo riendo le respondí: 'cómo crees, yo estaba bromeando'. Y él muy serio y con los ojos llenos de lágrimas dijo: 'yo no, es de verdad todo lo que te dije'. Me quedé helada, ese muñeco era de verdad y no estaba bromeando. Enseguida llegó su automóvil y yo no lo podía creer, era un Ferrari deportivo y del año.

Qué lujo por vida suya. Después de presenciar esa escena tan tierna, la de un verdadero enamorado, no por el auto, no, no, fue de verdad conmovedora esa escena, ¡qué detalle de súper hombre! Bueno, como el otro chico que mi amiga conoció también estaba encantado con ella, ambas decidimos ir a Las Vegas. Todo el camino fuimos cantando y muy divertidos, del lugar donde yo vivía eran tres horas hasta Las Vegas y bueno, nos fuimos muy decididas a casarnos las dos con los dos galanes. Ellos iban a ser nuestros testigos y nosotros de ellos. ¡Qué suave!, ¿verdad? Sin embargo pensé que, aunque fuera en Las Vegas donde casarse es fácil, hay requisitos y trámites legales que se tienen que hacer. Todo se veía como de película pero cuando me dio un poco de temor o más bien de precaución, fue que nos llevó a presentar con todos sus empleados.

Él, ese modelo de príncipe era dueño de lujosas joyerías en la 'Ciudad del Pecado', Las Vegas, y me llevó a escoger mi anillo de diamantes, así como lo leen. Y ahí fue cuando ya vi todo diferente y además no quise, yo no quise continuar con la mentira, porque yo le había mentido. Él me dijo al principio que era soltero y que nunca se había casado. Y yo le dije que también era soltera, pero eso no era cierto, yo sí me había casado antes, aunque ya era divorciada. Además él me preguntó si yo tenía hijos y yo le respondí que no. Por lo tanto yo había mentido y estaba jugando con una persona que se veía honesta y me estaba mostrando mucho interés y mucha transparencia. En lo personal me remordió la conciencia, mi conciencia no me lo permitió y no quise herirlo. Dulcemente le dije al oído que me perdonara, que necesitaba pensarlo para dar un paso así tan definitivo y con una persona prácticamente desconocida.

Cabe mencionar que fue extraordinario, lo vi muy triste, sin embargo me dijo: 'ok baby, está bien, te dejo pensarlo, pero piénsalo rápido. ¿Cuándo me darás la respuesta?'. 'Pronto', le contesté.

Nos divertimos todos ese día, fue maravilloso, los cuatro andábamos como adolescentes traviesos. Vimos shows, bailamos y más. Y después llegó el momento de la despedida no sin antes prometernos que nos veríamos más. Y así fue, salimos varias veces y nos hicimos novios.

Le conté mi verdad y él la aceptó, era todo un caballero, un excelente hombre. Me dijo que enviaría a mis hijos a uno de los mejores colegios de Londres donde estudiarían, mientras que él y yo nos dedicaríamos a viajar por todo el mundo. Pero ese era un colegio de internos y eso no me agradó, no estaba dispuesta a dejar a mis hijos por casarme. Entonces se lo hice saber y él dijo 'tienes razón, pero mi intención no era alejarte de ellos. Lo que sí te pido es que me dejes hacerme cargo de su educación'. Obviamente acepté.

Todo pintaba muy bien, habíamos acordado casarnos en seis meses. Invitó a sus padres para que vinieran a Estados Unidos. Mencionaré que sólo él y un hermano vivían en Estados Unidos. Toda su demás familia estaba en su natal Grecia.

Conocí a su familia, qué belleza de familia, muy educados y con una posición privilegiada, increíble. Nos caímos muy bien los 'papás suegros' y yo, pusimos fecha para la boda y qué creen, a la semana siguiente se acabó el 'cuento de hadas', sí, colorín, colorado, éste cuento se ha acabado; porque conocí a varios de sus amigos y ¡oh, sorpresa!, algún defecto debía de tener, no podía ser todo perfecto.

Verán, en una de sus reuniones en su lujosa mansión de Glendale, California, al terminar la fiesta, varios de sus amigos se quedaron, parejas por supuesto, y todos sin excepción, bueno, excepto yo y una amiga quienes estábamos allí, no consumíamos sustancias tóxicas. Pero todos los demás sí lo hicieron. Eso a mí me decepcionó grandemente porque cualquier defecto yo lo habría pasado por alto, menos que fuera drogadicto, ¡eso no!

Y bueno, decidí dejarlo sin decirle nada, me ausenté, me mudé de ciudad y nunca volví a saber nada de él. Porque cabe mencionar que yo tuve un hermano que estuvo en adicción y créanme que vi cómo sufrió mi madre y toda mi familia por tener mi hermano ese terrible vicio. Así es que ese era el 'talón de Aquiles' de mi prometido y qué lástima porque todo pintaba bonito, como de película. Pero fue un bello sueño todo lo que viví y un amargo despertar, pero lo disfruté y lo viví a lo máximo. Uno nunca sabe si se vuelva a presentar una vez más el amor.

Pero como les mencioné, ésta fue una de mis aventuras antes que conociera al verdadero y único amor de mi vida, al que amo con locura, el que no miente ni se arrepiente y el mejor hombre del mundo es único y me ama y lo amo, el que me cuida, el que me guarda y me es fiel y yo a Él… Y éste sí es un amor eterno, para siempre.

Y DESPUÉS OTRA COSA…

No, las desgracias nunca se acaban… Pero más bien yo las llamo 'pruebas'. Esas siempre las vamos a tener, si no, la vida no sería vida. La vida tiene de todo, altas, bajas y medianas, si no, no sería una buena vida. Pero si ya se vive con más madurez, con conocimiento y con sabiduría, entonces ya no duelen tanto.

Cuando en nuestras vidas ya tenemos todos estos ingredientes, vemos y afrontamos las cosas con alegría y gozo, porque ya sabemos el proceso y el resultado.

Fueron muchos mis sufrimientos, me imagino que a ustedes también les ha pasado y creo que mucho más que a mí. Pero créanme que cuando pasé cada uno de todos esos procesos, que fueron dolorosos y muchas veces penosos, pero a todos y cada uno fui superando y viviendo, estoy segura que a lo largo de mi vida y lo que me falte más por vivir van a seguir sucediendo cosas.

¡Y ni modo!, hay que vivirlas, pero vivirlas de buena manera, con buena cara, con el mejor y más duro caparazón, para que no duela tanto en el momento que pasen. Porque de verdad les digo; de amor nadie se muere y de dolor tampoco, al contrario, el sufrimiento, las pruebas, las tribulaciones, las acusaciones y todas las traiciones, te hacen ser más fuerte y te hacen seguir adelante.

Nunca pero nunca claudiques, sigue tú adelante, porque por muy difíciles que sean o parezcan ser las cosas, siempre habrá una salida y al final una recompensa, porque nada en la vida es de gratis, todo tiene un precio y un proceso que tenemos que pasar para poder disfrutarlo. Tengo bien entendido que toda acción provoca una reacción y que toda tribulación recibe una bendición.

Pancracia fue abusada física y mentalmente…

Sin embargo, no se quedó llorando, fue una persona proactiva y metió a la cárcel a su agresor.

La codependencia... Y siguen las desgracias de Pancracia... Pero, "De Mendiga a Millonaria".

VIOLENCIA DOMÉSTICA

No todo fue miel sobre hojuelas, no, fueron tiempos muy difíciles los que me tocó vivir. Resulta que unos buenos amigos me presentaron a Cuchufleto, un hombre que llevaron a mi casa, cabe mencionar que para esa época yo ya era una persona próspera y se puede decir que hasta medio famosa pero, como uno es noble, a veces piensan que uno es menso, pues sucedió que este tipo venía con disfraz de oveja pero en realidad resultó ser un lobo rapaz que supo manejar su estilo para llegar a 'conquistarme', porque es innegable que él ya traía su plan preparado.

Aún no sé ni cómo pero lo acepté, sin imaginar siquiera que se trataba de un hombre violento, muy agresivo y con un 'léxico florido' con el cual me dejaba aturdida al escucharlo. Así fui cayendo ante ese agresor, lo que derivó en violencia doméstica, abusando física y mentalmente de mí. No obstante yo, como no quería que se supiera nada o que mis hijos se fueran a enterar, me quedaba callada y sufrí en silencio durante mucho tiempo. Él estaba medio loco, 'destornillado', porque después de cada maltrato terminaba postrado de rodillas, llorando y pidiéndome perdón. Y yo tan mensa o codependiente volvía a caer en la misma trampa.

Siempre y cada día era más el maltrato, pero sin embargo yo no lo dejaba, hasta que un buen día Dios me dio la fortaleza de hacerlo y lo denuncié a las autoridades, las cuales actuaron inmediatamente llevándoselo a la cárcel por los delitos de violencia doméstica, robo y maltrato físico y mental.

Ese 'macho' terminó preso y luego fue deportado a su país de origen, porque cabe mencionar que ni siquiera era residente legal. No entiendo cómo hay tipos que actúen así, de esa manera tan cobarde. Ni hablar, ¡fue una experiencia muy amarga!

Un mensaje yo les doy a todas y cada una de las mujeres que sean víctimas de maltrato, no lo permitan, así como lo hice yo. Por mucha vergüenza que les dé háganlo, denuncien a ese tipo de hombres que abundan y además son vividores, golpeadores y cínicos, porque terminan ganándose la confianza de las mujeres y a veces hasta de los hijos de ellas y a la misma familia. Obviamente, todo con el fin de seguir siendo abusivos, golpeadores y vividores… ¡Unas lacras de la sociedad!

Denúncienlos como lo hice yo con mi agresor, por vergüenza no lo hacía porque yo misma me preguntaba; ¿cómo lo voy a hacer? Si yo soy consejera en la radio y en la televisión y, por miedo al qué dirán no lo hacía y en mi propio hogar vivía la violencia y el maltrato. Pero me decidí y lo hice.

RECOMPENSADA

Cuando Pancracia era una niña y sufría sin su padre, abandonada por su madre y sus hermanos perdidos, por supuesto que las personas adultas al detectar niños solos, tratan de abusar de ellos, desde el maltrato hasta el desprecio, porque así fue muchas veces.

¿Cómo se sintió la Panki? Siendo una niña muchas veces la despreciaron por no estar sus progenitores para cuidarla y aun así Dios la protegía, porque era una niña y estaba a la deriva, desamparada, abandonada. Pero siempre viene la recompensa. Cuando tú permaneces firme y leal, vienen grandes prosperidades a tu vida, así como a la de ella llegaron y fue bendecida, prosperada, recompensada y reconocida. ¡Wow!

Y a gozar De Mendiga a Millonaria...

No muchas personas han viajado a 64 países. Tenido los mejores autos; Jaguar, Cadillac, Porsche, Mercedes Benz, BMW. Disfrutar de una casa de un millón de dólares. Una familia multiplicada, prosperada y bendecida. Y lo mejor, ella con esa gran cobertura del Creador que siempre está a su lado.

Y después de todo...

¡A gozar Pancracia, a
darle la vuelta al mundo!
Éstos son sus increíbles
viajes y anécdotas de...

Las Aventuras y
Amores de Pancracia,
así como su Gracia.

Y verán qué aventuras
y qué cosas; sus viajes,
sus éxitos... Porque
aquí ya se acabaron sus
desgracias... Ahora vienen
sus viajes internacionales

y tantas peripecias que
ella les contará…

Todas estas anécdotas
y aventuras fueron a lo
largo de muchos años y
en el proceso del cambio
y la renovación.

RECOMPENSA

Todo tiene una recompensa,
al final cuando tú actúas
bien y de acuerdo a los
preceptos y a las leyes
Divinas y terrenales dadas
por el Creador, Él te pasa

por fuego pero después
te da la recompensa
porque pasaste la prueba.
Te da la victoria.

Viajar alrededor del mundo...

PANCRACIA EN COLOMBIA

Uno de los viajes que más gratos recuerdos me trae, fue el que hice por primera vez a Colombia acompañando a William y a Margarita, un matrimonio de amigos que me invitó a conocer su bella nación, fue Bogotá donde llegamos y mi primer contacto con ese importante país Sudamericano. Los Colombianos son personas muy alegres, así que el mismo día en que arribamos a Bogotá, Will y Marga decidieron que al siguiente nos iríamos 'de rumba' ('parranda', fiesta).

De manera que ese día anduvimos cerca de 'la quinta' (hotel) en que nos hospedamos, fuimos a comer 'ajiaco' un caldo que lleva papa y gallina, un delicioso platillo. Así empecé a conocer la exquisitez de la gastronomía colombiana mundialmente famosa, después de eso regresamos a descansar y luego nos fuimos a dormir. Yo en lo personal, expectante de lo que sucedería al día siguiente.

Así transcurrió la mañana y más tarde llegó Jairo, el mejor amigo de William, creo que de niños ambos fueron a la misma escuela. Me presentaron con él y me pareció que era un hombre muy sencillo y atento, quien estaba siempre al pendiente por si algo se les ofrecía a ellos o a mí. Cuando comencé a conversar con Jairo, él respondía: 'Sí, señora' o 'dígame su mercé'. Me sentí confundida ya que en otras partes escuché ese 'dígame su mercé' pero éste provenía de gente muy, pero muy humilde. Y bueno, Jairo sí era humilde en su trato pero también muy educado, se adivinaba en él buena posición social.

En esa mi primera salida iba emocionada porque conocería un poquito más de la capital colombiana y el Departamento ganadero de Villavicencio. Jairo en su automóvil, nos llevó a mis amigos y a mí por un lugar de lo más hermoso, en donde la ribera de un río está cubierta por un manto de flores multicolores, digno de ser pintado por un paisajista. Luego nos llevó a un sitio donde se celebraba un tipo de carnaval folclórico, allí las mujeres y hombres estaban ataviados con ropa típica; ellas, con hermosos y coloridos vestidos (a la falda le llaman 'pollera' y tiene influencia española), ellos, con pantalones y camisas de manta, sin faltar los famosos sombreros 'vueltíaos'.

Luego dio inicio el espectáculo, en parejas se colocaron en la pista de baile y las notas musicales invadieron el ambiente, entonces pude apreciar la forma en que los danzantes con muy buena expresión corporal bailaban la cumbia, y mientras lo hacían, unas y otros llevaban velas encendidas en sus manos.

Un buen amigo mío me comentó que el significado del folclor de la cumbia se remonta a la época de los esclavos negros, quienes en medio del bailable van cortejando a las hembras y cuyo paso principal es como un tipo de cojera en los varones y eso se debe a que ellos llevaban 'grilletes' sujetos a sus tobillos.

Estaba muy impresionada con aquel fastuoso festejo y más me sorprendí cuando escuché que me dedicaban un bailable y me daban la bienvenida por haber llegado de California para visitarlos a ellos y a su hermosa nación. Incluso me invitaron a bailar con ellos y por supuesto que intenté hacerlo de la manera como ellos lo hacían, era la mejor forma de agradecerles las atenciones que me tenían.

Así que nos fuimos 'de rumba' y vimos la ejecución de esos bellos bailables, nos contagiamos con la alegría de la concurrencia y, para mí en especial, conocí un poco de la cultura y costumbres colombianas. Además me deleité con otro platillo tradicional, 'la carne mamona', de res, asada a las brasas. Obvio es decir que Will, Marga, Jairo y yo, bailamos y también tomamos unos tragos de aguardiente y ron, sus bebidas típicas. ¡Nos divertimos en grande!

Jairo nos dejó en 'la finca' como a la una de la madrugada, Will y Marga se fueron a su recámara y yo a la mía, ambas habitaciones estaban en la planta alta, y en la planta baja la cocina, el comedor y la sala, como si fuera una casa.

Alrededor de una o dos horas después que volvimos a 'la quinta', sentí sed y bajé a la cocina para tomar agua o refresco, vi que William estaba sentado en un sillón y se alegró al verme allí, entonces se levantó, caminó hacia mí, me abrazó efusivamente y me dijo que me quería mucho, muchísimo, y que desde hacía tiempo tenía ganas de 'echarse un refajo' conmigo. Y en mis adentros dije: "Échatelo con tu abuela. Ojos de renacuajo".

—¿Cómo, qué?, le pregunté desconcertada.

—Sí Pancracia, ¡que tú y yo nos echemos un refajo! Repitió Will eufórico.

En eso llegó Margarita y le preguntó a Will qué pasaba, también le dijo que no me estuviera molestando pues él aún estaba borracho. Will le contestó a Marga que me había ofrecido que nos echáramos un refajo.

—¡Ah, está bien! Bueno, ¡nos lo echamos los tres! Dijo Margarita.

Yo sentí que mis ojos se abrían más de lo normal y pensé; '¿estos degenerados qué se traen, qué se están creyendo?', y sólo atiné a decir.

—No Marga, yo no… No quiero…

—¿Ya lo has probado? Me preguntó ella.

—No, pero no quiero. No me gusta. ¿Están locos?, les dije.

—¡Ándale, primero pruébalo y luego nos dices si te gustó o no!

Me quedé helada, como estatua, sin saber qué hacer. Entonces vi que Marga se encaminó a la cocina, se acercó al refrigerador, abrió la puerta y sacó de él una soda que se llama 'Colombiana' y una cerveza de la cual no recuerdo su nombre.

—Ten Will, prepáralo. Ordenó Marga al momento que le entregaba a su esposo las dos botellas, la de la soda y la de la cerveza.

William mezcló ambas bebidas en tres vasos y luego me entregó uno a mí, otro a Marga y él se quedó con el tercero.

—Vamos Pancracia, prueba tu 'refajo', verás que sí te va a gustar. ¡Salud!... ¡Ah, bueno!, yo pensé que se trataba de otra cosa. ¡Qué mal pensada!, ¿verdad?

De esa manera conocí qué era el 'refajo', ¡una bebida! Y pues bueno, no nos echamos sólo uno, sino dos y hasta tres 'refajos'. Oigan, no sean malpensados. ¡Imagínense ustedes si el compadre me hubiera gustado!

Más tarde en mi recámara, igual que ustedes 'malpensados', empecé a reírme por lo que había pasado; tengo entendido que 'refajo' en otros países significa tener sexo dos veces seguidas, pero éste resultó ser un 'modismo' colombiano que no tiene relación con lo sexual. Yo me había asustado de veras, me imaginaba que Marga y Will querían otra cosa, que me estaban invitando a participar en un 'trío'. En fin, después de haberme reído un buen rato me quedé plácidamente dormida.

A la mañana siguiente Jairo llegó a la 'quinta' y dijo que iba por nosotros para que fuéramos a desayunar, palabra mágica porque ya teníamos hambre y porque todos nos cargábamos un 'guayabo' ('cruda' o 'goma' en otras partes) tremendo. Y bueno, ahora conocí 'la changua' que es un caldo preparado con huevos, leche, cebolla, cilantro y sal, acompañado con rodajas de pan redondo al que llaman 'calado'. ¡Delicioso!

Luego que regresamos a 'la finca', Jairo me dijo que él sería mi guía en Bogotá. Por supuesto que yo le agradecí, porque efectivamente deseaba salir para conocer más y para comprar algunas cosas que unos amigos de Los Ángeles 'me habían encargado'. Entonces me fui con Jairo y le dije que necesitaba cambiar dólares por pesos colombianos para hacer mis compras. Él me llevó al sitio apropiado y no recuerdo si fueron 100 o 200 dólares los que le entregué para que hiciera la transacción, la cosa fue que Jairo regresó y puso en mis manos un altero de billetes de diferentes colores y denominaciones. 'Son (no recuerdo cuántos) millones de pesos', me dijo, mientras seguramente yo mostraba un rostro de incredulidad al ver esa gran cantidad de billetes con los cuales no estaba familiarizada. Lo cierto fue que hasta me asusté cuando compré una blusa y me dijeron 'son no sé cuántos millones', ¡casi me da un infarto!

Ya con el dinero en la mano le pedí a Jairo que me llevara a algún sitio donde pudiera comprar discos de música tropical, puesto que un amigo mío me había pedido que le llevara una buena selección de ellos; entonces él me condujo hasta un sitio al que llaman San Andresito, por la calle 40, en donde ciertamente había bastantes discos y claro, otros artículos más. Compré muchos de discos y Jairo tan atento se ofreció a llevarlos (cargarlos) y así siguió haciéndolo con cada cosa que yo compraba.

Después nos dirigimos a otro sitio y en el trayecto Jairo me dijo que deseaba que yo conociera su 'apartamento'.

Entonces pensé: '¿cómo es que Jairo quiere que conozca su apartamento. Está loco? Me indigné, ¿qué será lo que quiere este tipo? Pero Jairo se veía tan sencillo, serio y servicial, que opté 'por seguirle el juego' hasta donde fuera prudente, no me iba a arriesgar a caer en una trampa.

Y resultó que Jairo tenía su 'apartamento' en un elegante edificio, lo que en otros países llamamos oficinas o despachos. Sí, Jairo tenía allí un bufete de abogados, él es abogado y esa era su oficina. De manera que tras que él recogió unos documentos allí, seguimos nuestro paseo.

Luego, al pasar frente al Palacio de Gobierno de Colombia, Jairo me comentó que él trabajaba allí, pero entonces ni siquiera me imaginaba qué era lo que él hacía en el mismo sitio desde donde despachaba el Primer Mandatario de la República. ¡Y vaya!, pues resultó que Jairo era asesor del señor Presidente, el de aquella época. En efecto, Jairo era una 'caja de sorpresas'. Y yo, pensando que era el chofer o un empleado de mi amigo, compraba y compraba más cosas y era Jairo quien las cargaba. Y yo muy a gusto dejando que él cargara todas esas bolsas. ¡Les digo, nada más yo hago eso!

Más tarde le dije a mi sorprendente guía que sentía un poco de hambre, claro que no le iba a decir que estaba realmente hambrienta. Entonces volvimos a San Andresito en donde comimos algo que es muy típico, la Lechona Tolimense, que es un tipo de torta para el cual utilizan pan de harina de trigo como el bolillo, la telera o el virote, que abren por la mitad con un cuchillo, luego ponen arroz rojo en su interior y le agregan trozos de carne de puerco (lechón), además de una exquisita salsa. ¡Qué delicia!

Por ser un atractivo turístico por excelencia, mis amigos me llevaron a conocer 'Las Chivas' que son autobuses de pasajeros pintados de muchos y 'chillantes' colores, luces y ¡qué party! Algunos de éstos llevan personas en el techo, otros la parte alta la utilizan para llevar infinidad de artículos; bultos, costales, botes lecheros, racimos de plátanos y otros frutos, etcétera. En todos ellos viajan grupos musicales que van amenizando con su ritmo tropical, las personas bailan y beben aguardiente, trago o ron, por supuesto también 'refajos' y mucha rumba. Pero también pueden comer algo pues a bordo también hay arepas, empanaditas y otros bocados. Una manera muy original de viajar y divertirse a la vez, ahora ya sé de dónde surgieron los 'Party Bus' que hay en Estados Unidos, autobuses que en su interior llevan música, pachanga, rumba.

Durante el recorrido de una 'Chiva' escuché una frase que al parecer es muy común allá y mí me pareció altisonante; un individuo le dijo a otro 'no esté mamando gallo'. Más tarde Will y Marga me dijeron que su significado no es grosero, que es algo como 'no me esté embromado' o 'no esté jugando'.

Ya estaba amaneciendo cuando fuimos a un restorán y mis amigos pidieron una taza de chocolate con queso, yo quise probarlo y lo pedí también. Nos llevaron las tazas con el chocolate y unos bizcochuelos, empezamos a degustar el chocolate y la verdad que estaba muy sabroso. Sin embargo, yo esperaba que nos trajeran un plato con queso pero éste nunca llegó, pero al tomar un trago del chocolate sentí que algo chocaba en mi labio, entonces vi dentro de la taza y allí estaban unos trozos de queso fresco. ¡Qué combinación!, qué sabor más especial el de este manjar colombiano.

Nuevamente paseaba con Jairo y vi unas mujeres que vendían lo que imaginé serían tamales, por el tamaño de las ollas y porque de éstas escapaba vapor continuamente, le dije que fuéramos hacia allá y me llevé una sorpresa, yo esperando mi tamal, ¡ja, ja, ja!, pero se trataba de un té que llaman 'aromáticas o tesadas'.

De Bogotá conocí partes a cual más interesantes, como su bella Catedral de arquitectura tradicional, como otras del Continente Americano, herencia de los conquistadores. Ésta está ubicada en la amplia Plaza de Bolívar en donde se reúnen palomas en grandes cantidades, lo que la convierte en un atractivo para propios y extraños. Y pues estábamos caminando entre esas aves cuidando de no pisarlas, cuando se me ocurrió pedirle a una de mis amigas que me tomara una fotografía, entonces vi hacia la cámara, abrí mis brazos en cruz y, de repente, una paloma se posó sobre mi cabeza. Como a nuestro alrededor había otros turistas que vieron el improvisado incidente en que la paloma aterrizó en mí, empezaron a tomarme fotos, mientras que otros reían festejando lo que me había pasado. ¡Vaya!, yo que quería sólo una foto y finalmente no supe cuántas me tomaron ni adónde fueron a parar.

En Bogotá, estábamos en un barrio muy bonito de nombre La Candelaria, en una callecita inclinada, donde hay casas con techos de tejas de barro y paredes pintadas con colores diferentes formando una agradable policromía que quise aprovechar para tomarme otra fotografía. Caminé y me recargué en la pared de una de las casitas, posé para la cámara y en ese instante escuchamos alboroto, risas y cantos, se trataba de unos veinte jóvenes colombianos muy 'Guapachosos' que iban festejando algo y rumbeando. Yo esperé a que el grupo de hombres terminara de pasar y entonces me tomarían la foto, pero justo entonces uno de ellos se me acercó y me dio un beso en la mejilla al momento que expresó ¡preciosa! Conste que dije en la me-ji-lla, no sean malpensados. Y eso fue todo, los hombres riendo prosiguieron su camino, mientras que yo del susto inicial pasé a asimilar la sorpresa y finalmente reí.

En La Candelaria disfruté del mejor café con ron, ¡mhhh, qué delicia, frío y aromático, exquisito. La Candelaria es hermosa y pintoresca, me gustó.

También en Bogotá hay una hermosa edificación; el Santuario del Señor Caído de Monserrate, que está ubicado en la cima del Cerro de Monserrate, el que tiene una altura de 3.152 metros.

Pues allí tuvimos la fortuna de montarnos en un tipo de teleférico en el cual ascendimos hasta lo alto del Cerro Monserrate, el nombre del aparato es Cable Car & Funicular, que es la estación principal y en lo alto se manifiesta como el mirador o la vista panorámica de la ciudad realmente impresionante. Tanto como disfrutar viendo un follaje verde, espeso, selvático y en medio de éste la caída del agua de unas hermosas cascadas. Todo digno de una postal.

Se me quedó muy grabada la conversación que sostuvo una joven del grupo con la guía que nos acompañaba ese día…

—¿Es usted casada? Preguntó la joven.

—¿Casada? ¡No, no estoy loca! En mi cabeza no cabe tener un hombre que me robe el tiempo. Un hombre que se meta en mi cama, robe mi tiempo y haga engrosar mi cuerpo. Y tú, ¿si piensas en casarte y tener hijos? Respondió a la joven.

La chica con seguridad le contestó a la guía…

—Sí, pienso casarme y tener uno o dos hijos.

—¡Qué horror! Te ves tan joven y piensas de esa manera… Nosotras aquí en Colombia desde que cumplimos 13 años queremos una sola cosa, acá no queremos fiesta de 15 años. Lo que nosotras queremos y está de moda, ¡es blanquearnos el 'cucu'!… O ponerse 'bubis' (senos de silicona), o 'pompis' (nalgas de silicona). Muchas de las mejores Cirugías Plásticas, dicen que están en Colombia.

¡Caray!, yo pensé que lo lógico era blanquearse el rostro u otra parte del cuerpo que se vea a primera vista… Pero eso de blanquearse el 'cucu'. ¿Por qué o para qué?…

Allí en la plaza de Bogotá hay muchas palomas y ¡zas!, que se para una de ellas en mi cabeza. Era la más chistosa y cariñosa y me veía para abajo, como que quería que yo levantara mis ojos y la viera. Extendí mis brazos y también empezaron las palomas a pararse en ellos, ¡qué bonito!

Pero no sólo las palomas sienten atracción por mí...

Dicen que cuando una paloma o un pájaro se para intempestivamente sobre una persona, es buena señal. Otros más espirituales dicen que cuando eso sucede es porque la persona es de buen corazón y entonces el hecho es como una bendición.

Pero cuando un joven alegre, buen tipo y rumbero se detiene para darte un beso en la mejilla, a eso le llamo ¡tener pegue!

Asimismo me divertí mucho en Colombia. A mí en lo particular éste es uno de los países donde hay mucha rumba (fiesta) y su gente es de mucho ambiente. También asistí a festivales colombianos y me parecen fantásticos pues las personas que participan son muy alegres.

Visité el Museo Botero, el Museo del Oro, el Museo Nacional y el Museo Santa Clara. Anduve en un tour en bicicleta. Fui al Teatro Mayor y al Teatro Colón. Subí a la Torre Culpatria. Visité el Jardín Botánico. Fui al Parque Central Simón Bolívar. Y recorrí el Mercado de las Pulgas.

También visité Bogotá en su zona turística y disfruté de la más exquisita colombiana. Comí una Bandeja Paisa tres veces. ¡Y qué decir del delicioso Ajiaco! Al mismo tiempo visité el hermoso Museo Maloka, que es un museo y parque temático. ¡Qué vaina! Éste está dedicado a todo lo que es ciencia y tecnología. Vi un cine que es único, se llama Cine Domo y me enteré que es el único en Latinoamérica que presenta documentales en formato gigante. ¡Wow, qué bonito! Maloka es el centro interactivo más grande del Continente Americano.

Por otro lado, también visité Cartagena que es preciosa, ¡qué playas y qué ciudad! Visité la Isla Grande, qué colores de sus aguas, ¡espectaculares! Allí encontré tranquilidad y belleza. Fui a la Isla del Rosario, cuánta rumba, qué alegría, me contagió la felicidad de su gente. Muy hermosa esta playa, volvería a ir. En la ciudad visité el Castillo de San Felipe que tiene una bella arquitectura colonial. También visité la Playa de Castillo y Bomba Beach Club; asimismo Paya Mundo. De igual manera allí hay una delicia de comida internacional. Conocí Cuzco que es un restaurant de comida peruana. Asimismo comí en La Mulata, Gastro en el Café San Alberto.

Nota: Muchas de mis narraciones NO están en orden cronológico, de manera que me salto de una a otra Historia,

Sitio o Tiempo, de acuerdo a cómo voy recordando el viaje, la vivencia, la aventura, la experiencia o la historia.

Pero todas son muy interesantes y chistosas, tristes y con modismos. Sigan leyendo, les va a gustar esta historia; De Mendiga a Millonaria.

Atte: Pancracia.

En un viaje de Pancracia, su amigo se perdió en Barcelona

Después de 'parrandear' un rato, de haber comido exquisiteces catalanas y bebido unos sabrosos vinos, estábamos Cristina, Pedro y yo en el lobby del hotel donde se hospedaban él y Amalia, su esposa; Cris y yo nos disponíamos a cruzar al otro lado pero sin tener que salir a la calle, pues por dentro del edificio éste conecta con el otro hotel donde ella y yo estábamos alojadas. Tenía en mi mano la asidera de una maleta grande con ruedas, la cual iba llevar a mi habitación.

Pedro, quien es tan atento, vio lo que pretendía yo hacer y se ofreció a llevar la maleta, así que nos dirigimos a las escaleras eléctricas, Pedro y Cristina iban platicando y cuando la maleta chocó con los escalones ésta cayó, pero enseguida Cristina tropezó y cayó encima de ella yéndose en ascenso. ¡Qué escena más cómica! Aquiles y yo, sorprendidos, nos quedamos parados viendo cómo Cristina, que es tan menudita, parecía un niño boca abajo en una cama, ella manoteaba y pataleaba desesperadamente y eso hacía aún más cómico aquello. Ni él ni yo nos pudimos contener y al ver eso reímos y reímos sin parar. ¡Ja, ja, ja!

Entonces ambos reaccionamos y fuimos subiendo las escaleras eléctricas lo más rápido que podíamos, cuando mi maleta llegó al último escalón se detuvo de golpe y Cristina pudo bajar de ella, al tiempo que mirándonos con enojo, nos dijo a Pedro y a mí: ¡Mensos, babosos!, seguramente molesta porque nos habíamos reído tanto de lo que le había sucedido. ¡Qué cuadro más cómico!... ¡Ja, ja, ja!

Pedro se despidió de nosotras para, supuestamente, regresar a su hotel. Pero él que aún andaba 'chupileto' (mareado) por el alcohol ingerido, en vez de cruzar de la manera como lo habíamos hecho, salió hacia la calle y vayan ustedes a saber por dónde se habrá ido si todavía andaba todo 'torombolo' y muy alegre.

Hasta el día siguiente que vimos a Amalia y a Pedro, nos enteramos que él caminó desorientado por las calles y lo más seguro es que se detuvo por ahí a tomar 'más vinillos'. Nos comentó que caminó tanto que ya le dolían los pies y que se sentó en la banqueta, en la acera y se puso a llorar; y que por allá de las tres de la madrugada vio una patrulla, se dirigió a ella y les dijo a los agentes que 'estaba perdido', que era un turista y no supo cómo regresar a su hotel.

Pedro agregó que los policías le advirtieron que se hallaba en un barrio muy peligroso y que les dijera el nombre del hotel porque ellos lo iban a llevar. Además, perdonándole no haberlo arrestado por borracho: '¡Tío, vos habéis cogido una buena torrija!... ¡Vos andáis 'bolo'! (intoxicado por el alcohol).

Como resultado de aquella borrachera y por haber caminado tanto, Pedro no pudo o no quiso ir al siguiente paseo con el grupo, pues las ampollas (yagas) y callos que se le formaron en los pies no le permitían andar. ¡Ah, pero qué parranda!

Al paso del tiempo Pedro se hallaba en una estación de radio donde él trabaja haciendo un programa de 'modismos' donde les hacía preguntas a su audiencia respecto a cómo se le llama a una misma cosa, en diferentes países y con sus respectivos modismos. Pancracia le llamó por teléfono y cuando él contestó 'al aire', ella le preguntó, Pedro, ¿cómo se les llama a los mensos que se pierden en las calles de Barcelona? La respuesta de Pedro fue soltar una sonora carcajada recordando aquel episodio y enseguida les relató a los radioescuchas la anécdota. Pero lo hizo en 'tercera persona', dijo que 'alguien más le contó que alguien se perdió', pero no reveló que 'el perdido' fue él.

En esa época Pedro era uno de los locutores más conocidos y famosos de la radio en Estados Unidos de Norteamérica. Imagínense ustedes, a ellos también les pasa cada cosa pero muchas veces no lo cuentan. Pero yo sí les voy a relatar cada historia y de tantos famosos que, por razones obvias, les cambiaré el nombre, pero cuando ellos las lean lo van a recordar. Cualquier parecido con su historia puede ser una mera coincidencia.

¡Ay Pedro!, para menso no se estudia. Solamente a ti se te ocurrió irte para el sur cuando tenías que ir para el norte. ¡Ja, ja, ja! Ya te pareces a Pancracia, le dicen ve al Norte y siempre 'se nortea' y se va al Sur.

Pancracia se ganó el respeto y afecto de sus amigos, hermanos y demás familiares…

OTRA ANÉCDOTA

Por otro lado, les voy a comentar una anécdota de una súper, pero súper famosa de Hollywood que ustedes ni se imaginan. Verán, hasta la fecha yo sigo haciendo reuniones en mi casa y van allí desde jueces, policías, políticos, escritores, pastores, profetas, ministros, uno que otro colado, productores, abogados, médicos famosos, bohemios y más, pero un buen día había cocinado un exquisito platillo que Cocino yo, que les gusta comerlo solamente allí en mi casa y no a varios sino a todos mis comensales. De verdad es un invento mío y les cuento que esta famosa ya se había ido y me dijo que a medio camino se acordó de algo; llevaba como media hora manejando y se regresó porque se le había olvidado tomar de ese platillo para su esposo, a quien le había prometido llevárselo. Pero, ¡sorpresa!, cuando ella regresó ya no había, se habían terminado aquel platillo. Ella se puso triste y cabe mencionar que su esposo es extranjero pero le encanta la comida de la Pancracia. Como les dije, se trata de una rica y famosa Super Star of Hollywood, rica y famosa. Y ella regresando por un platito de ese delicioso platillo único, cuando ellos pueden comprarse el restaurant más famoso, o contratar al mejor chef del mundo. Qué privilegio servir de esa manera, me siento orgullosa y satisfecha de amar así a mis amigos y consentirlos con esos exquisitos platillos que les invito degustar a ellos.

Y aquí empiezan
los viajes y las aventuras
de Pancracia
porque llegó…

De Mendiga a Millonaria

PANCRACIA EN PARÍS

¡Oh París, Merci… Mesie!, suspiro por París… Para mí Francia es y será un país muy bonito pero París en especial me parece espectacular. París, ¡la ciudad del amor!... Y bueno, a continuación les relato algunos sucesos que yo he vivido allí y que fueron inolvidables.

Cada vez que recuerdo París digo ¡qué maravilla!, *quelle chance!* (¡qué suerte!) para mí, haber podido estar allí en varias ocasiones. A mí en lo personal me gusta la gente parisina, será porque me han tratado como una reina, ¡sí, como una reina!, leyeron bien. Ahora les digo el porqué: la primera que fui a Francia y a París por supuesto, fue con un grupo de personas de diferentes nacionalidades, fue en un tour pero ¡qué viaje, qué vacaciones tan bonitas!

Como es de suponer, estábamos ansiosas por salir del hotel para ir a conocer el famoso Lido de París, obviamente mi amiga Margarita y yo nos vestimos de gala y nos pusimos abrigos de 'perro', perdón, de 'mink'. En fin, estábamos glamorosas, impecablemente glamorosas. Margarita y yo íbamos muy bien arregladas. Iríamos a cenar junto con otras personas, así que todos nos pusimos de acuerdo y alquilamos un autobús como transporte.

La cosa fue que cuando llegamos al Lido, Margarita y yo fuimos las primeras en bajar del autobús y los recepcionistas (host) pensaron quizás que éramos artistas de cine o algo así, porque nos abrieron paso entre las demás personas y nos llevaron 'como escoltadas' cruzando todo el imponente y hermoso lugar hasta que nos situaron frente al escenario, en una zona VIP. Las dos estábamos fascinadas con ese recibimiento y hasta entonces nos dimos cuenta que el demás grupo con el que íbamos, que era de 12 personas, a todos les habían dado mesas del fondo, muy lejos de nosotras. Se quedaron atrás y nosotras ni nos dimos por enteradas hasta después de terminado el espectáculo que fue fascinante, único.

Y bien, las sorpresas no terminaban porque vimos que en nuestra mesa había una gran botella (no del tamaño convencional) de champán de muy buena marca. No había equivocación, esa botella era para nosotras porque un mesero muy atento llegó, sacó el champán de la cubeta metálica en que se hallaba rodeada de hielo, la abrió y nos sirvió una copa a cada una. Cabe mencionar que esas botellas las ponen en todas las mesas pues es parte de la cena, pero el trato sí que fue diferente. Qué les puedo decir de lo que fue nuestra cena, ¡deliciosa!, nos estaban dando una recepción de primera clase.

En eso estábamos cuando comenzó el espectáculo del Lido de París, primero salió un grupo de bailarinas bellísimas, una casi copia de la otra y todas iban en 'topless'. ¡Nada que ver con lo que yo había pensado de un show así!, creía que sería algo grotesco sólo para los ojos de los hombres. Acepto que me equivoqué, no tuvo nada de grotesco, todas esas chicas parecían muñequitas y eran estéticas a más no poder. Fue un espectáculo muy bueno, digno de volver a verse. Se los recomiendo, para cuando vayan a París.

Todo tiene un principio y un fin, así que cuando el show terminó los hostes nos escoltaron hasta la puerta de salida del Lido y allí nos esperaba una limosina, por lo que le indicaron al conductor que nos llevara a donde nosotras quisiéramos o dijéramos. Nuestros compañeros del grupo estaban igual de sorprendidos que nosotras al ver lo que pasaba. Porque si me preguntan ¿qué pasó?, les responderé; *'no lo sé, hasta parece que fue un sueño'*. Pero no lo fue, tengo fotografías que comprueban que Margarita y yo estuvimos allí. No, no fue sueño sino una realidad y muy hermosa.

Total que el conductor de esa limosina nos dio un paseo por varias calles de París y luego nos llevó a nuestro hotel. Pero al día siguiente nos llevaron a la suite que ocupábamos Margarita y yo, un enorme y bello arreglo floral, con un escrito que decía algo así como: **'¡Bienvenidas hermosas! Fue un placer tenerlas con nosotros'.** Yo creo que nos confundieron con alguien más, o alguna de nosotras dos tiene parecido con alguien. Porque así, preciosas que digamos, no somos ninguna de las dos. Somos bonitas, bueno sí, pero comparadas con las bailarinas francesas que vimos aquella increíble noche, o la bellezas de las francesas en general, no, ¡nada qué ver!

El grupo de personas que fue con nosotras al Lido nos preguntó: *'¿Qué pasó anoche, por qué ustedes recibieron tantas atenciones?'*. Margarita y yo contestamos: *'Nosotras estamos igual de confundidas que ustedes, quién sabe, no sabemos qué pasó. Pero ustedes fueron testigos que nos trataron como Super Stars, ¿ehhh? Super Stars de primera categoría'*.

De veras cuántas atenciones, meseros muy atentos sirviéndonos champán, tomándonos fotos, proporcionándonos una limosina y un regio arreglo floral. ¡Qué evento más maravilloso!

Lo único que nos pesó a Margarita y a mí, fue dejar en el hotel ese enorme y bello arreglo de flores, no nos lo pudimos llevar porque esa misma mañana nuestro grupo de viaje volábamos para seguir el tour por Inglaterra, Bélgica, Holanda, Austria y República Checa. París, ¡te amo! Vuelvo pronto, por un francés. OK?

Me he puesto a pensar con quién o quiénes nos habrán confundido en el Lido de París… Pero me digo a mí misma, ya no te rompas la cabeza, ¡a lo peor ese gran arreglo de flores era para ti!

De verdad, es espectacular viajar, conocer y disfrutar de la vida como si fuera el último momento. Y darle gracias al Altísimo por cada minuto de vida que nos da.

Otra Aventura en París

En otra ocasión estaba en París con una famosa estrella, él iba acompañado de su esposa. Llegamos a Francia muy cansados por lo largo del vuelo, pero yo tenía mucha hambre y les pregunté a algunos de los compañeros si querían ir a cenar. En París ya era la medianoche, pero para nosotros que viajamos desde América serían como las 7 u 8 de la mañana. Bueno, les cuento que más tarde nos encontrábamos cenando en un muy buen restaurante, uno exclusivo que nos habían recomendado. Pedimos unos T-bone steak que es un corte de carne exquisito y una botella de buen vino. ¡Y qué les cuento!, éramos cinco personas, puras mujeres, la mayoría mayores, menos yo que tenía como 20 años menos que ellas y todas íbamos despeinadas, sin maquillaje y cansadas por lo pesado del viaje pero, además, como hacía mucho frío íbamos bien tapadas. Yo creo que parecíamos 'vagabundas' o algo parecido pero, curiosamente, en otra mesa, a espaldas de cuatro de mis compañeras, había un hombre que a mí me quedaba de frente y pude apreciar que era muy chistoso al comer, lo hacía con un esmero extraordinario y con su pañuelo colgando de la solapa de su saco, ¡todo un personaje! Fue pasando el tiempo mientras comíamos y tomábamos copas de vino, cuando de repente me pareció que aquel hombre me hacía una seña levantando su copa con vino como diciéndome ¡salud!, a lo que correspondí alzando mi copa. A mí me causaban gracia todos los cómicos movimientos de ese señor y se los relataba a mis amigas, incluyendo a la pareja de esa figura pública que antes les mencioné Y bueno, casi terminábamos de cenar y pedimos la cuenta. Puse un billete de 100 euros porque eso era lo que nos correspondía pagar a cada una, pues la nota o cuenta tenía la cifra de 480 euros.

Entonces vi que de repente aquel hombre se levantó de su mesa, ese que yo había estado observando, de quien me reía por la comicidad con la que comía. Pensé que ya se iba y, sin embargo, se acercó a la mesa que ocupábamos mis compañeras y yo, sin decir nada se inclinó e hizo a un lado el billete de 100 euros que yo había puesto y, así como llegó, se llevó la charolita con el recibo de la cuenta.

Cabe mencionar que todas pensamos que el hombre sería el dueño del restaurante o algún mesero que se le había olvidado agregar algo en la cuenta, porque habíamos pedido postre al final. Bueno, cuando vimos que el tiempo pasaba le volvimos a llamar al mesero que nos atendió y le pedimos de nuevo la cuenta. Pero nuestra sorpresa fue que ésta ya estaba pagada, fue ese hombre el que pagó todo y además dejó una jugosa propina para el mesero. Para nosotras fue muy agradable y a la vez sorprendente, pero no tuvimos la oportunidad de darle las gracias por su generosidad, bueno, incluso no pudimos saber por qué él pagó esa cuenta.

¡Qué detalle más hermoso!, el que un desconocido pagara 480 euros por la cena que habíamos degustado. Luego comentamos esto con los demás del grupo. Al día siguiente nosotras estábamos muy felices y muy sorprendidas por el pago de aquella cuenta, cuando todos empezaron a hacer conjeturas. El esposo de una de ellas opinó: *'Oigan, no creo que el pago de esa cuenta haya sido por guapas, porque después de tantas horas de vuelo venían feas y desarregladas. No creo que alguna de ustedes le haya gustado a esa persona'*. Otro esposo preguntó: *'¿Mi esposa no cenó, verdad?'*... Atropelladamente contestamos: *'¡No!'*... Él insistió: *'¡Ah!, ¿pero les pidió a algunas de ustedes que le dieran los huesos (del T-bone) verdad?'*... Todas contestamos: *'¡Sí!'*... Entonces el esposo dijo: *'¡Ah, por eso fue!*, ese señor pensó: *'oh, pobrecita mujer, el dinero no le alcanzó para pagar su comida y por eso se comió los huesos de las demás'*. ¡Ja, ja, ja!

Todos soltamos una carcajada porque posiblemente ¡o efectivamente! así fue, el señor aquel veía atentamente cómo mi amiga se chupaba los huesos... Pero la verdad es que a ella no le gusta la carne, pero sí roer o chupar los huesos. Pensamos que por eso aquel señor pagó la cuenta, pensando que no traíamos para pagar. Y como nos vio a todas despeinadas y mal vestidas en uno de los mejores restaurantes de París, eso debió de pensar.

Pancracia, ¡qué cosas te pasan! Nada más a ti te ocurren situaciones como esas. ¡Por Dios, qué aventuras!

Y déjenme les cuento, otra vez allí mismo en París estaba aburrada, perdón aburrida y decidí salir a pasear, mientras caminaba vi un restaurante-bar y no me animé a entrar porque lo vi medio raro pero con mucho ambiente. Así que fui por mi amiga y nos encaminamos hacia allá. Para no hacerles el cuento largo, como a la hora de estar allí ya teníamos galán ella y galán yo, las dos. Y bueno, a pachanguear y a divertirnos y después de una horas, ¡sorpresa!, el francés que le tocó a mi amiga y con quien se veía muy divertida bailando y besándose ¡'que le cae el chahuistle'!... ¡Ji, ji, ji! Ese día el tipo se le había escapado a su novia, ¡ese día se habían casado!... Miren nada más, ver para creer. ¿Qué hacer con hombres como éste! Ese era el día de su boda y él y el amigo que me tocó a mí, era el suegro de él. ¿Cómo la ven?

Estos descarados, estaban beso y beso con nosotras, sí porque los franceses son besucones; por lo menos esos sí. E imagínense qué circo cuando llegó la novia a sacar a jalones a su marido que esa noche debería estar con ella... Pero éste estaba abrazo y beso con mi amiga. ¡Qué cosas! Y para colmo de colmos yo besando y abrazando al sinvergüenza suegro, ¡el papá de la novia! Menos mal que la hija no vio que su papá me besaba sino también me hubiera dado una bofetada como se la dio al esposo y un fuerte empujón a mi amiga.

¡Qué aventuras, qué aventuras. Extraordinarias, como de chiste de película, ni mandada a hacer!... En fin, cosas que pasan.

¡Ay, que aventuras! Pero es muy divertido porque a pesar que ya pasaron tantos años, todavía me acuerdo y me da mucha risa.

AVENTURA EN MOSCÚ

¡Sí qué he vivido aventuras! Fíjense que viajamos a Rusia en un tour, como siempre, con un grupo de personas conformado por mujeres y hombres, de manera que si eres mujer te toca una compañera de cuarto, si así lo deseas para tener una acompañante en tu cuarto, o también si tú decides estar sola puedes elegir. Y, si eres varón, te tocará un compañero. No sean malpensados, eso es lo correcto. Pero es más divertido tener alguien con quien compartir y aventurar... ¡Sí, quien te haga segunda en tus aventuras!

Pero resulta que una compañera y yo pedimos un taxi, entonces llegó un automóvil afuera del hotel y ambas lo abordamos pensando que el conductor sabría dónde debía llevarnos. Él emprendió un viaje que nos pareció muy largo y nos preguntamos: ¿Estará muy lejos el lugar donde vamos a ir a cenar? Bueno, después de un buen rato, el auto se detuvo, el conductor pidió que bajáramos y con señas nos indicó que lo siguiéramos hasta que llegamos a unas oficinas que, por sus características, seguro eran del Gobierno; después nos condujo a un salón donde había como 20 caballeros sentados alrededor de una mesa redonda y nos invitó a que también ambas nos sentáramos.

Nosotras éramos las únicas mujeres, imagínense ¡y no hablábamos ruso!, así que estuvimos como 'mensas' oyendo todo lo que ellos dijeron durante más de 40 minutos pero 'sin entenderles ni papa'. Cabe mencionar que ellos, admirados, nos veían y nosotras los veíamos a ellos. Después que terminó aquella 'junta' nos hablaron en ruso y nosotras respondimos ¡pero en inglés! Por suerte una persona que estaba allí sí hablaba inglés y por fin nos pudimos comunicar. Obviamente habíamos estado en un lugar reservado para personas muy importantes que asistían a una reunión de negocios quienes, lógicamente, no éramos nosotras.

Lo cierto fue que ocurrió una confusión en el conductor que nos llevó, pues en efecto él por coincidencia debía recoger en el hotel a dos mujeres ¡pero británicas!, y nosotras sin imaginarlo nos subimos en aquel auto. Pero el menso del conductor no nos dijo nada, digo, el manso. Bueno, sobraba que él nos hubiera hablado, no entendíamos nada pues sólo hablaba ruso.

Nada más a mí me pasan esas cosas. ¡Ay Pancracia! Yo se los relato en unos cuantos minutos pero fueron dos horas en esa junta, en la que además no entendíamos ni papa de lo que hablaban y, como todos escribían notas, pues yo me puse a hacer lo mismo, a escribir pero esta historia porque no se podía ni hablar, era una persona rusa la que estaba dando la conferencia y todos escribiendo y aplaudiendo. Y nosotras también. Díganme qué más hacíamos si estábamos en medio de todos. Después ni nosotras lo podíamos creer… ¡Qué cosas pasan!...

¡Qué precioso es Rusia!, realmente espectacular. Estando en Moscú tuve la impresión que era una ciudad muy parecida a la de México pero con mucha más economía. Muy buen estilo de vida y además dirán lo que quieran de Rusia pero a mí me gustan muchos de sus principios en la sociedad y la familia, pues no aceptan muchas cosas que pueden serles perjudiciales para la sociedad.

Uno de mis hijos, al ver las fotografías que le mostré respecto a las hermosas arquitecturas rusas, me dijo: 'Mami, yo creí que esos edificios solamente se veían en las películas de Aladino'. A lo que yo le contesté: 'No, cómo crees, Rusia es más bonito, me gustó mucho su arquitectura y también su gente. A mí me trataron muy bien. Bueno, a todos los del grupo que fuimos'.

Rusia me encantó, su ciudad es muy bonita. Lo que no me gustó es que fuman mucho. Pero todo lo demás está muy bien. Lo que sí se percibe y lo digo honestamente, es que son medio 'transas', porque en los hoteles donde nos hospedamos a varios del grupo les escuchamos decir que les abrieron sus maletas y a una persona le robaron su bolsa, su pasaporte, tarjetas y todo. Fue un show ir todos a la Embajada de Estados Unidos de América en Rusia y también todos perdimos mucho tiempo en 'esa maroma' que hicieron los rusos. Ni hablar, ¡algo malo debían de tener!

Conocí el impresionante Metro de Moscú (subterráneo), parece un verdadero museo, cada estación, cada piso, que son varios en descenso valen la pena ser admirados. Rusia es considerada una nación con cultura y educación en cuanto a la literatura, los moscovitas que yo conocí son muy inteligentes. Me encanta su gente.

Me encanta su Metro, cada una de las estaciones tiene una arquitectura diferente, el lugar es muy limpio y por si fuera poco en todas sus decoraciones hay fragmentos de obras de grandes escritores, poetas nacionales y extranjeros.

También conocí San Petersburgo donde está el Tren Expresso Moscú el cual está dedicado a la Batalla de Kursk. Asimismo presencié un espectáculo de ópera y ballet. Vi una hermosa galería de pinturas del arte contemporáneo. De la misma manera que disfruté de su exquisita comida a base de ternera (strogonoff). Visité los Museos Hermitage, el Serguei Andraka y el Museo Ruso. Conocí una bebida deliciosa que es Kuas. Caminé por el Malecón. También por el Barrio 'Dostoievsky'. Los románticos canales Griboedov, Moika, Kriukov y también visité el Palacio de los Príncipes Yusupov.

El Metro de Rusia es algo único que no he visto en ningún otro país de los que he visitado. Cuenta con 182 estaciones y cada una son hermosas, éstas contienen obras únicas y decoraciones extraordinarias. Cabe mencionar que el subterráneo se mantiene fresco porque cuenta con un sistema que permite el aislamiento del exterior sin perder el oxígeno. El Metro de Moscú es el más largo del mundo pues tiene más de 2.500 kilómetros cuadrados de extensión. La estación que se halla a mayor profundidad es la de Park Pobedy a 85 metros.

Del mismo modo, algo impactante de Rusia es que tiene dos bunker, uno es ahora el Museo de la Guerra Fría y es tan increíblemente profundo que cuando vas en las escaleras eléctricas, que son varias en muchos pisos, hay un momento en que parece que los usuarios van acostados, al menos esa impresión da.

Además, el Metro de Moscú es el más visitado del mundo, es que de verdad quién no quiere pasearse allí como pasajero, si es tan preciso que yo si viviera en Rusia me subiría diario en esas bellezas que parecen palacios o museos.

Estuvimos encantados en Rusia, esos edificios de verdad que parecen salidos del libro de Aladino y la Lámpara Maravillosa. Visité la Plaza Roja. La Catedral de San Basilio. El río Moscoua. Otro impresionante símbolo ruso es el Kremlin. Muy bonito es el Paseo de Gum. Fui al Teatro Bolshoi que es uno de los más famosos del mundo, qué óperas y qué ballets se presenta allí. ¡Se ve que no me gusta la música clásica!, ¿verdad? Si siempre ando 'de metiche' visitando los lugares de ópera en cada país. También fui a un espectáculo ruso llamado Matrioska. Las muñecas Mamushkas son una verdadera leyenda, qué bonitas, qué hermosas.

Qué bailes, me encantaron, los disfruté mucho. Asimismo di un paseo en barco y degusté de una deliciosa cena de la exquisita comida rusa. Además de un espectáculo a bordo de ese crucero.

Para mí Rusia es espectacular y de mucho ambiente. Yo me divertí mucho allá porque es un país hermoso y su arquitectura verdaderamente increíble.

PANCRACIA FIESTERA

Sin embargo, a Pancracia siempre le gustó la diversión. Las 'pachangas' (fiestas) que ella organizaba se habían hecho famosas, en éstas la anfitriona ponía todo para agasajar a sus invitados; comida, bebida y música para bailar, todo muy vasto y generoso. Para ella lo importante era que sus huéspedes se sintieran confortados y se divirtieran sin tener que desembolsar un solo dólar o peso. ¡Ah!, y le gustaba tener amigos de todas las nacionalidades. Pero ella se goza sirviéndoles y atendiéndoles, lo hace siempre con gusto para sus amigos y familias. Pancracia dice que nació para servir.

En esa ocasión entre sus invitados estaba un matrimonio de venezolanos, Adrián y Elba, ambos muy amigables y conversadores. Adrián les comentaba a quienes estaban a su alrededor: La primera vez, cuando nos conocimos, Elba me 'dio la cola' y yo en agradecimiento la invité y nos fuimos 'a echar unos palos'.

Pancracia dejándose llevar por el 'doble sentido' intervino y les preguntó a los dos: oigan, ¿cómo está eso que era la primera vez que se habían conocido y Elba 'te dio la cola' y luego él le dijo que en agradecimiento que le dio la cola, él la invitaba a su casa 'a echarse unos palos'?

Obviamente Pancracia desconocía los modismos venezolanos, por lo que la pareja le explicó que 'dar la cola' es dar un 'ride' (llevarlo en su auto, un aventón) y que 'echarse unos palos' significa 'tomarse unas copas o tragos de licor'.

Entonces todos rieron al descubrir Pancracia ser mal pensada, y obvio, también porque se estaban enterando y aprendiendo qué significaban esos modismos.

¡Qué bárbaros!, yo digo algo así en mi país y seguramente me van a juzgar de atrevida o descarada. Hay modismos o palabras que, lo que significan en un país, en otro son totalmente diferentes. En veces se escuchan hasta altisonantes y groseras. Pero no es así, son modismos únicamente, modismos que yo les iré contando, modismos de los diferentes países que he visitado, sus tradiciones y costumbres.

Me ha pasado cada cosa en las naciones que he visitado, cosas tan sorprendentes por las que yo misma me quedo con la boca abierta. Imagínense queridos lectores, últimamente en los países a los que he viajado, hasta los animales les ha dado por seguirme. ¿Qué les pasa?, ahora hasta los perros me andan siguiendo... Bueno, desde que era niña ya lo hacían...

Porque debo contarles que, cuando salía de la escuela, me paraba en una esquina de la calle y me ponía a chiflar, ¡sí, a chiflar!, y empezaban a salir perros de todas las calles e iban hacia mí. Les silbaba 'fiu, fiu, fiu' y ellos ya me conocían o más bien identificaban mis silbidos, entonces todos salían a caminar detrás de mí. ¡Qué cosa!, aún lo recuerdo como si hubiera sido ayer. Y ¿qué creen?, los llamaba para llevarlos a comer al mercado. Por supuesto, pero como serían unos 8, 10 o a veces más, ¡pues se iban peleando!... Yo estaba muy pequeña pero con una vara los iba guiando, los llevaba en pares y los que comenzaban a pelear los echaba y ya no seguían con nosotros. Miren qué inteligentes, ellos ya sabían eso y se portaban bien. Y eso era diario, todas las tardes, los llevé por años pues ya eran mis amigos.

En agradecimiento yo los acariciaba y cuando nos despedíamos ellos movían sus colas y me daban sus manos, bueno, 'sus patas'. Me lamían mis manos y yo me sentía muy confortada porque los llevaba a comer. Si no encontrábamos suficiente comida en el basurero del mercado donde los comerciantes tiraban los desperdicios de sus comidas del día, a caminar más pues nos íbamos a otro. Y los domingos les iba bien porque en los mercados populares de mi país venden barbacoa de chivo o de borrego y lo que queda al final lo tiran. O los huesos que tiraban los comensales y claro, los perritos aprovechaban muy bien esa comida. A veces, como yo era pequeña mi mamá no me dejaba salir para llevar los perros a comer, pero yo me escapaba, me montaba en una bicicleta vieja que tenía, porque me gustaba andar en ella y los llevaba a comer. Figúrense ustedes qué chistoso cuadro, todos los perros corriendo al lado mío y yo pedaleando la bicicleta. Pero era muy satisfactorio para mí ver cómo se deleitaban los perritos comiendo y eso lo hacía para llegar más rápido y que mi mamá no me diera con el cinturón o la chancla, ¡ah, porque a mí sí me tocaron los chanclazos!, por andar llevando a los pobres perritos de la calle. ¡Ehhh!

Qué vivencias de niña, si pudiera hacerlo otra vez lo haría, lo viviría de nuevo... Fue tan especial y aun así lo disfruto, sí, tuvimos carencias y desamor, pero también mucha ilusión por la vida y la felicidad a mi manera. Bien recuerdo cuando mis hermanos y yo, en una de esas tardes después de llover, corríamos por las calles y sin zapatos, descalzos, sobre el agua fría de la lluvia y no nos enfermábamos.

¡Qué maravilla poder jugar con la tierra 'haciendo pasteles'!, con la tierra y el agua se hacía el lodo y con el lodo hacíamos los pasteles. Otro recuerdo de mi niñez es de cómo las niñas y niños nos formábamos para darnos una vuelta en un triciclo (vehículo de tres ruedas) todo viejo pero que nos daba mucha diversión. Y era un solo triciclo.

Recuerdo asimismo que, cansados de tanto correr y brincar, mis hermanos y yo abríamos la llave del agua y bebíamos de ella y tampoco nos enfermábamos. Y si alguno tenía dinero para comprar un refresco (soda), nos la compartíamos todos, así nos tocara un solo trago a cada niña o niño.

Qué bonitos recuerdos guardamos de nuestra niñez, jugando pelota o 'a los encantados', pero siempre corriendo y haciendo ejercicio.

Por eso fuimos y somos sanos, por el ejercicio y las tareas que teníamos que cumplir cada niño en sus respectivas casas antes de salir a jugar. Qué ilusión que te dieran permiso de salir a la calle, todos los niños caminábamos y teníamos que ganarnos las cosas, desde un juguete hasta unos zapatos. Por eso valoramos todo.

Pero los chicos de ahora piensan que se merecen todo, no quieren hacer nada y no juegan más que con la tecnología porque, según ellos, son más inteligentes.

CUANDO FUI A LUCERNA

Lucerna está en Suiza (Cantón Lucerna, capital cantonal) y es espectacular, verdaderamente bello. Luzern (Lucerna) es una pequeña y hermosa ciudad a orillas del lago Cuatro Cantones o lago de Lucerna. Es famosa por sus excursiones en barco que pudimos apreciar desde el Puente de la Capilla. Igual es famosa por sus ascensos a los montes Pilatus (2.132 metros de altura) y al Rigi (1.797 metros) que se realiza en los llamados 'tren cremallera' en los cuales subimos grandes pendientes (inclinaciones) y vimos impresionantes voladeros. ¡Una extraordinaria experiencia!

El León Moribundo es una extraordinaria escultura que fue tallada en una roca en 1821, como homenaje a los soldados suizos que murieron en la Toma de las Tullerías en 1792.

Otros de los sitios que visité son el Barrio Medieval y el Museo del Transporte.

El idioma que se habla en Lucerna es el alemán. El río Reuss divide esta ciudad en dos áreas, la antigua y la nueva. Ahí me tomé una súper foto en el crucero.

Por otro lado Milán, la ciudad también de Italia donde se encuentra el famoso Teatro della Scala. Mientras que Il Duomo es la catedral gótica de color marfil, una real joya de 11arquitectura.

Única, es la Galeria Vittorio Emmanuele II con sus bóvedas de hierro y cristal, que vivieron su máxima expresión en el siglo XIX. Debajo de su bella cúpula de 47 metros de altura, los visitantes encuentran cafés, restaurantes y librerías, los mejores de la ciudad.

En esta ciudad contrastan los edificios antiguos y los modernos, como la Iglesia de Santa Maria delle Grazie, construido en ladrillo rojo, con ventanas redondas, otras arqueadas y una cúpula que tiene 16 lados. En ella se halla el fresco de La Última Cena, de Leonardo da Vinci, en el refectorio del convento. Y como les decía, lo moderno lo vimos en el estadio de San Siro, un amplio coso construido con cemento e impresionantes estructuras de acero que lo hacen característico. También qué maravilla caminar y admirar los Alpes Suizos.

Pancracia…
Sobrevivió,
perseveró,
alcanzó
y se apartó.

Así es hoy
Su vida, con
Gozo y alegría.

PANCRACIA EN VENECIA

Luego, llegamos a Venecia para pasear por sus canales en góndolas, vaporettos o taxis, que son lanchas de motor, pero no crean que para andar en esta ciudad haya que utilizar siempre alguno de estos vehículos, no, hay puentes que conectan unas partes con las otras, así que otras personas y nosotros caminábamos sobre ellos.

Yo preferí viajar en góndola mientras que el lanchero cantaba el 'Oh sole mío'. ¡Wow, qué cosa más romántica!, el problema es que ningún galán iba conmigo, sino una compañera del grupo. Sin embargo, nos divertimos mucho. Qué paseo más inolvidable, como para volverse a enamorar. Es inigualable navegar por el canal de Venecia, una espectacular experiencia.

La Plaza de San Marcos no fue lo que yo esperaba en cuanto a tamaño, ésta es muy grande con 180 metros de largo y 70 de ancho, de hecho es la única plaza en Venecia y Napoleón Bonaparte la bautizó como 'El Salón más Bello de Europa'.

Lo principal de la Plaza son la Basílica de San Marcos, el Palacio Ducal cuyos interiores son realmente impresionantes por los decorados de sus paredes y techos, así como un mobiliario realmente lujoso, podría decir que es hasta extravagante, pero todo es hermoso (se supone que de allí escapó el enamoradizo Casanova) están también el Museo Correr y el Campanile (el campanario de la basílica) desde de lo alto de éste se aprecia una panorámica de lo que es Venecia y sus seis barrios. En la Torre dell'Orologio, en el balcón superior de ésta (Torre del Reloj), hay dos moros de bronce que tocan las horas. Nos explicaron que durante la Epifanía y la Ascensión, cada hora sale una procesión con un ángel por delante y detrás los Reyes Magos, el que es todo un espectáculo.

Por las noches, en la Plaza abren cafés que tienen 'música en vivo'. No obstante, allí no se puede comer, beber (alcohol), tirar basura y dar de comer a las palomas.

Caminamos hasta el Puente de Rialto y nos detuvimos allí para presenciar lo que llaman el Gran Canal, después avanzamos un poco más hasta llegar al Mercado de Rialto, una bella construcción de arquitectura medieval, rodeada por callecitas y tiendas que los lugareños nombran como mercadillos.

Uno de los lugares más pintorescos por ver en Venecia son Burano y Murano, que son islas a 7 kilómetros de Venecia a las que por vaporetto se llega en 20 minutos, muy cerca una de otra están, asimismo, Sant´Erasmo, Mazzorbo y Giudecca. Todas ellas tienen canales angostos y las casitas a los lados están pintadas de un color diferente cada una, lo que conforma un virtual arco iris.

Otro de sus atractivos es la fábrica de cristal de Murano, famoso en todo el mundo.

En Florencia, al centro de la ciudad, se halla la vía Roma, muy famosa de la época antigua, además allí, en la Piazza del Duomo, están la catedral, el Campanile y el Baptisterio. La riqueza de Florencia está en las obras de Donatello, Giotto y Brunelleschi, entre otros, así como el sitio donde nació Dante Alighieri, autor de La Divina Comedia. "Domani (mañana), quiero volver una volta mas (una vez más)".

En Roma los sitios que visité fueron el Coliseo, la Plaza Venecia y el grandioso monumento a Victoriano, el Palacio Venecia, la Vía Véneto, la Plaza del Pópolo, el Castillo de San Ángel. Obviamente allí está el Vaticano y la Basílica de San Pedro en donde se encuentran los murales que pintó Leonardo Da Vinci. También fuimos a la Fuente de Trevi, ¡oh mama mía, la fontana de Trevi!... En esa fuente las personas lanzan monedas, según dicen, para que se cumplan los deseos que hayan formulado antes de lanzarlas. Yo lo hice, ¡pero aún no se ha cumplido mi deseo!

¡Y vaya que fue bueno!, yo no creo en eso, sí creo en Bendiciones pero no en la suerte... Pero bueno, la vida es así.

Pero no crean que en Venecia sólo hay canales, no, está por ejemplo la Isla de Lido que es una exquisitez caminar en ella porque su arena es muy fina, acariciante, y además tiene unos hermosos paisajes dignos de verse.

La Isla de Jerolo tiene una verdadera extensa costa y ésta está bordeada en toda su longitud por una combinación de arquitecturas antiguas y modernas, algo fabuloso. Otras son la Isla de Eraclea y la Isla de Cavallino.

El Ghetto de Venecia es un sitio histórico en donde se dio el primer asentamiento de judíos, siendo reconocido como el barrio judío más antiguo del orbe; en el lugar está el "Museo Comunità Ebraica" al que turísticamente hablando, sencillamente le llaman el "Museo Judío". La creación del Ghetto de Venecia obedeció a la postura de los creyentes católico de la época, quienes en su afán de conservar su religión fuera de la influencia judaica, presionaron a las autoridades para que les fijaran un punto de ubicación lejano uno de otro.

Venecia es rica en museos que antes fueron fastuosos palacios en su arquitectura, los cuales poseen todo tipo de riqueza histórica como en Museo Correr, el Fortuny Museusm, el Museo di Palazzo Mocenigo y el Ca'Rezzonico, entre otros más, que valen la pena ser visitados para imaginar las ostentosas historias que se vivieron dentro de ellos.

Siempre tengo en mi mente que Venecia tiene un sistema de transporte sumamente organizado, un tipo de Metro pero sólo que éste es acuático. De igual manera como en otras naciones del mundo existe un sistema de transporte colectivo, el de Venecia tiene el suyo propio, en sitios ubicados para que abordes góndolas, vaporettos o taxis, que te llevarán al sitio deseado.

¡Oh! Venecia es el amor, el romance, sus canales, el carnaval, su gente, ¡qué sé yo!, pero me fascina, cada vez que voy a Venecia la disfruto como si fuera la primera vez.

PANCRACIA EN EL SALVADOR

El llamado "Pulgarcito de Centroamérica" con sus más de 21,000 kilómetros cuadrados de extensión y sus más de 7 millones de habitantes, es un país muy bello y su gente maravillosa, activa y siempre atenta para servirte.

La Ruta de la Paz, en Morazán, caminé por el Puente Torola, ¡qué bello!, me gustó mucho; Torola es una población de origen precolombino, habitado por indígenas Lencas. En lengua Potón se interpreta como "Las 3 Cabezas". En este lugar se encuentra el sitio El Moscarrón; lugar histórico en donde sucedió una de las más fuertes batallas en su larga, triste y sangrienta guerra civil. Es un lugar que tiene muchísima historia.

Y el Río Torola que es de agua cristalina y muy refrescante. Tal vez han visto o escuchado mencionar este famoso río, sin embargo, la mayoría piensa en la parte del río que forma la frontera entre los municipios de Osicala y Meanguera, o sea que limita a El Salvador de Honduras, éste es un lugar bonito. Pero hay una parte del río que es aún más bello en la parte que se encuentra el propio municipio de Torola. Para llegar a este bonito lugar, yo salí del pueblo hacia San Isidro. La calle es de siete kilómetros aproximadamente. Ésta es de tierra y hay una parte que se encuentra con declive donde sólo vehículos con doble tracción pueden subir. En esta parte uno se encuentra pozos hondos y anchos para bañarse. La orilla del río es ancha también, permitiendo siestas o a lo mejor un picnic.

Pero el Río Torola tiene más de 100 kilómetros de longitud y desemboca en el Río Lempa. En su recorrido el Río Torola atraviesa

10 poblados pertenecientes al Departamento de Morazán, y 5 en el Departamento de San Miguel.

También visité la Playa del Sol que es un lugar hermosísimo y su gente de maravilla. Es uno de los lugares de mayor atracción turística de El Salvador, con muchos hoteles y clubes de playa. Hermosas playas con sus bellos atardeceres, su gastronomía con mariscos frescos y deportes acuáticos.

Ésta es una playa donde vi muchos, pero muchos turistas de todas partes del mundo. Con sus 15 kilómetros de extension, Playa del Sol es la más grande de El Salvador, vi que en ella juegan jogging, fútbol y vóleibol de playa. Miré muchas embarcaciones extranjeras que estaban ancladas allí por motivo del Rally de Veleros que inicia en marzo, así como el Torneo Internacional de Pesca del Marlin que llevan a cabo en el mes de octubre.

PANCRACIA EN AUSTRALIA

El país Australia es conocida como el país de los canguros, aunque también tiene una gran población de koalas y otras especies de animales. Australia es una isla de grandes dimensiones situada en Oceanía, tanto así que es el sexto país más grande del mundo. Su capital es Canberra. Sus principales ciudades costeras son Sidney, Melbourne, Brisbane, Adelaida y Perth. Cabe mencionar que la vida nocturna y la diversión se encuentran en Newtown y Annandale.

En Sidney está su famoso Opera House, símbolo de la ciudad, en donde se presentan los artistas más connotados del mundo en diferentes géneros, allí, como lo dice su nombre, presencié una gran puesta de ópera; Otelo. Por otra parte, visité Darling Harbour con sus enormes acuarios marinos, en donde además hay centros comerciales y museos. Su bahía y su puente son en verdad impresionantes.

Aunque Cairns es una ciudad pequeña, en ella está la Gran Barrera de Corales, para llegar a ese sitio tuve que viajar 45 minutos en barco. Otro de sus atractivos es el teleférico de Kuranda.

Fraser Island es la isla de arena más grande del mundo, Patrimonio de la Humanidad desde 1992, la cual tiene bellísimas lagunas de aguas cristalinas. Es un lugar hermoso en donde se puede descansar plenamente pues es un remanso de paz.

Gold Coast, es el lugar preferido por los surfistas, yo los vi pero desde lejos porque no me atreví a montarme en una tabla y meterme entre las olas del mar. Sus playas son muy bonitas. La vida nocturna está en el barrio Surf Paradise, allá hay de todo y para todos los gustos, donde también hay parques temáticos con los cuales se extiende la diversión.

Magnetic Island tiene en el Parque Nacional colonias de koalas que, como dije antes, tiene una enorme población de estos bellos ejemplares.

En Great Ocean Road, la erosión creó gigantescos monolitos de piedra a los que llaman los 12 Apóstoles, una asombrosa obra de la naturaleza.

La isla de Tasmania es famosa por sus vinos y su gastronomía, por sus paseos en ferry y el más popular es el de 'Spirit of Tasmania'.

Ayers Rock es una extraordinaria formación rocosa de 348 metros de alto, pero su mayor parte se encuentra bajo tierra. Es un monolito que tiene una extensión de 9,4 kilómetros. Esa piedra de color rojizo fue venerada por los antiguos pobladores, los aborígenes australianos que veían en ella una deidad.

El Parque Nacional Kakadu sólo es accesible al público entre los meses de mayo y septiembre. Sus pinturas rupestres son sencillamente impresionantes, se hallan en Ubirr, en Nanguluwur y en Nourlangie. Creen que en ese sitio se encuentra el 10% de las reservas mundiales de uranio, un material muy codiciado por los principales países del mundo.

Las Islas Whitsunday son un total de 74 y están bordeadas por la Gran Barrera de Coral. Sus aguas están protegidas por el gobierno y también como Patrimonio de la Humanidad.

En Melbourne está el Victoria Harbour desde donde domina una panorámica de la ciudad. Federation Square está rodeada por gran cantidad de modernos edificios. En el edificio del Melbourne Observation Deck, desde el piso 55 se ve toda la ciudad que es una hermosa vista. El Webb Bridge es un arte de arquitectura por donde es un gusto caminar. La Catedral de St. Paul es de estilo neogótico con sus tres torres puntiagudas, muy hermosa. Allí se pueden disfrutar de paseos por el río Yarra, teniendo hacia ambos lados preciosas y coloridas vistas.

En Brisbane está el Story Bridge, sobre el río Brisbane, el que comunica a Fortitude Valley con Kangaroo Point. Entre los edificios más hermosos del mundo está el Qeensland 1 (Q1) que está en Surfers Paradise. El Warner Brothers Movie World es un parque temático que goza de muchos visitantes.

En Adelaida hay tours por el río Murray, en el lugar hay restaurantes y bares. El Museo Marítimo en Lipson Street que es digno de visitarse. a quienes nos gusta la arquitectura, en esa área hay edificios del siglo XIX. El boulevard más exclusivo y elegante es el North Terrace, sobre ella están el Parlamento del Estado, el Casino, el Centro de Convenciones, el Museo de Arte de Australia Meridional y la Universidad de Adelaida.

En Canberra está el nuevo Parlamento. La Vieja Casa del Parlamento, frente a un lago, ahora es utilizado para realizar conferencias, conciertos y exposiciones. La Torre Telstra o Black Mountain es el símbolo de la ciudad. El evento más famoso de Canberra es el Balloon Fiesta de globos aerostáticos que se celebra cada año en marzo durante 9 mañanas.

PANCRACIA EN ISLANDIA

A mí en lo personal me encantó Islandia, porque aparte de sus bellezas naturales tiene muchos lugares para visitar. Islandia, cuyo nombre oficial es República de Islandia, se reconoce a sí misma como un país soberano y está localizado en el noroeste de Europa, su territorio abarca la isla del mismo nombre y algunas islas e islotes en el Océano Atlántico, entre el resto de Europa y Groenlandia.

Se suponía que en la fecha de mi visita Islandia contaba con una población aproximada de 331,000 habitantes en un área de 103,000 km 2. A causa de su localización en dorsal meso atlántica, es un país con mucha actividad volcánica y geológica, ese factor que afecta en gran medida el paisaje del territorio islandés.

El interior de este país consiste en una meseta caracterizada por desiertos, montañas, glaciares y ríos que fluyen hacia el mar a través de las tierras bajas. Gracias a efectos de la corriente del Golfo tiene un clima templado en relación a su latitud, lo que provee un agradable entorno habitable.

Hoy en día, Islandia cuenta con una economía de mercado de impuestos bajos comparado con otros miembros de la Comunidad Europea, manteniendo así un estado de bienestar para sus habitantes. Islandia posee una sociedad avanzada y su cultura está basada en la herencia nórdica.

Algunas ciudades que visité en Islandia son; Akureyri, Hafnarfjordur, Kopavogur y Gullfoss, entre otras.

Akureyri

La ciudad de Akureyri, conocida como la Capital del Norte, alguna vez fue el puerto principal de Islandia. En esa ciudad se encuentra el Jardín Botánico más impresionante del mundo, ya que gracias a su micro clima tiene una gran capacidad de flora, en él pude gozar al ver todas las plantas de la localidad y otras, que son importadas, las preparan de tal forma que se adaptan con suma facilidad al lugar. Tomen en cuenta que además, la entrada al Jardín Botánico, es totalmente gratuita. De la misma forma cuentan con un campo de golf de 18 hoyos para los amantes a ese deporte. Akureyri, con apenas 18,000 habitantes, está llena de fantásticas leyendas sobre 'trolls' y 'elfos' (*). Akureyri está situada a lo largo del mayor fiordo que existe en Islandia. El fiordo es un capricho geológico de la naturaleza, un gran valle de enorme profundidad provocado por el deshielo de un glaciar por el que corren las aguas del mar; en algunos puntos del fiordo éste puede tener hasta kilómetros de profundidad.

En contraste, Eyjafjörôur es la ciudad con el clima más caliente de esta nación. Es uno de los mejores sitios para admirar el sol de medianoche y el máximo punto de partida para explorar el norte de Islandia.

Hafnarjörôur

Otra ciudad, la de Hafnarjörôur, está situada en el suroeste de Islandia, muy próxima a Reikiavik y Garôabaer, la ciudad se levanta sobre la lava solidificada del monte Búrfell. Esta localidad gozó de mucha fama durante la Edad Media como puerto comercial, llegando a ser el más activo de Islandia. Actualmente, es el segundo puerto de mayor importancia del país.

El acontecimiento más relevante que se celebra en Hafnarjörôur es el Festival Vikingo que tiene lugar cada año durante el verano. Esta ciudad está considerada como uno de los lugares de residencia de los 'elfos', quienes vivían en las piedras del terreno en el que se ubica Hafnarjörôur, y de los Trolls, quienes tenían otro tipo de residencias. La mitología islandesa recoge la idea de la existencia de ambos y hoy en día mucha gente cree en ellos. Es posible enrolarse en una excursión para ir a ver las casas de estos míticos seres.

Kopavogur

Se encuentra justo al sur de Reikiavik y es la tercera ciudad más grande del país. Principalmente es una moderna zona residencial que cuenta con bares, cafés y restaurantes, o sea que en ella se halla diversión al por mayor.

Kopavogur es una ciudad ubicada entre Reikiavik y Garôabaer, al suroeste de la nación nórdica. Es la segunda localidad de Islandia en población con cerca de 300,000 habitantes.

Los lugares de mayor interés son su iglesia Kopavogskirkja, el Museo de Historia Natural y el Museo Gerôarsafn, en donde se exponen obras de artistas islandeses.

Kopavogur tiene importancia histórica ya que fue en esta ciudad donde se realizó el acuerdo de 1662 por el que Islandia pasó a manos de Dinamarca y Noruega.

Gullfoss

También conocida como la Cascada Dorada, ya que está situada en el curso del río Hvítá y es uno de los lugares más visitados de Islandia. Al observar la mencionada Cascada parece que la tierra se abre para dejar que el agua caiga en su interior. Aunque en realidad este efecto óptico se produce por dos caídas de agua, una de 21 metros y la otra de 11 metros.

Gullfoss y el Parque Nacional de Pingvellir y el Valle de Haukadalur forman el llamado Círculo Dorado, es una ruta turística muy popular entre quienes visitan Islandia.

La gastronomía islandesa es bastante cara en sus restaurantes, para algunos sus precios son prohibitivos, por lo que muchos visitantes se deciden por las tiendas de autoservicio que son mucho más económicas. Sin embargo, lo más popular en los restaurantes es el bacalao islandés (fresco o seco) preparado de distintas formas, lo mismo que las truchas árticas. En cuanto a carne, la más solicitada es la de cordero, muy famosa por las maneras en que la preparan. Curiosamente, por los precios económicos y por la cantidad de vendedores ambulantes que hay en las calles, los 'hot dog islandeses' son muy pretendidos por los clientes locales y los turistas. Yo no me pude negar a comer uno de ellos y lo hice.

(*) Seres de la mitología nórdica son los Elfos y los Trolls, muchas personas dicen que ambos son reales pero que cada especie tiene diferentes propósitos. Por ejemplo, los Elfos serían seres pequeños de entre 30 y 50 centímetros de altura, extremamente bellos, de orejas puntiagudas y muy activos. Aseguran que son seres de la Naturaleza y quienes viven en y con ella. Su labor sería armonizar con los humanos pues son muy amigables, amantes de la música y la poesía, además que tienen el don de la sanación y por consecuencia son muy longevos.

En contraste, los Trolls serían alejados de los humanos y viven en lo más recóndito y oscuro de los bosques o en cuevas, no obstante que su energía la reciben de la luna. Contrario a los Elfos, los Trolls serían de tan sólo 10 o 12 centímetros de altura, adefesios (feos) a más no poder, de nariz enorme, extremadamente chamagosos (sucios), lo mismo en su cabello que en sus ropajes. A éstos los distingue que sólo tienen cuatro dedos en sus extremidades superiores e inferiores y algunos tienen sólo un ojo. Otros dicen que puede haber Trolls de hasta más de cuatro metros de estatura. Si un Troll se encontrara con un humano, colmaría a éste con regalos o le brindaría su ayuda incondicional.

PANCRACIA EN ESPAÑA

La Plaza de España, El Panteón, la Plaza Navona y por supuesto, los callejones.

Cuando fui a España lo primero que visitamos fue Madrid y Toledo, que en un tiempo fue la capital de España. También, en una vista panorámica de la ciudad, apreciamos La Gran Vía, la Plaza de España, Los Cibeles, La Puerta de Alcalá, el Parque del Retiro, la Calle Serrano, la Avenida Castellana, el famoso Paseo del Prado, la Plaza Colón, el Museo del Prado, la Plaza de las Cortes, la Puerta del Sol, Atocha y el Palacio Real. España me fascinó para ir de compras, es impresionante ver todo lo que tienen allá.

También conocí Barcelona, donde en vista panorámica vi el Monumento a Cristóbal Colón, la Plaza de Cataluña, el Paseo de Gracia, La Diagonal, La Sagrada Familia y las famosas Ramblas. Por la noche fuimos a conocer y a divertirnos a un Tablao Flamenco, pues al día siguiente regresaríamos. Qué bailes los del tablao, son únicos, ¡vale!, me gusta mucho el flamenco y sus vestuarios, además me encanta su cultura y su historia. Aunque los españoles hablan fuerte y parecen prepotentes en realidad no lo son, al menos las personas de España que yo conozco, todos son excelentes amigos y los aprecio mucho. ¡Qué pasa, coño!

Qué deliciosa es la comida y las bebidas españolas, me fascina la sangría que preparan mis amigos, veía el proceso que seguían y cómo le iban agregando fruta picada. Me encantan 'las tapas', la tortilla española es deliciosa y qué decir de la exquisita paella.

Las expresiones de la mayoría de los ibéricos que conozco son: ¡Hola guapa! ¿Cómo estáis? Dicen 'vale' para todo; ¡Vale cariño, princesa! Y alguien por ahí dijo 'gilipollas' pero entonces no entendí su significado, pero ahora sé que tiene relación con 'tonto' y también con el órgano reproductor masculino. ¡Olé!, es otra palabra muy común, ¡Olé, viva la Madre Patria España! ¿Rediez, qué quiso decir?

Toledo es impresionante por sus castillos medievales construidos con piedras, es increíble ver con cuánta exactitud trabajaron el material pétreo los toledanos.

Por cierto que en Toledo me pasó algo chusco, algo que con sólo recordarlo me hace reír porque fue muy cómico. Sucedió que una compañera de viaje y yo salimos del hotel para dirigirnos a un café, hacía mucho frío y estaba cayendo una fuerte lluvia, pero aun así nos atrevimos a salir. Por lo mismo del frío yo llevaba puestos unos zapatos tipo pantuflas que eran muy cómodos y calientitos, éstos habían sido lavados por una señora que trabajaba en el servicio del hotel pero quizás les puso demasiado detergente y no las enjuagó bien, pero la cosa fue que, mientras caminábamos hacia el café, al contacto con el agua se fueron formando burbujas de jabón que brotaban de mis pantuflas. A cada paso que daba las burbujas surgían de manera exagerada hasta el momento en que parecía que yo llevaba una lavadora 'blanca' en cada pierna, pues la espuma me llegaba hasta las rodillas.

Cuando llegamos al café me dijeron que si quería entrar debía quitarme las pantuflas y, como se me antojaba algo calientito accedí a quitármelas. Pusieron unos cartones debajo de la mesa en la que nos fuimos a sentar, para que pusiera mis pies y mientras veía cómo los parroquianos se reían de lo que me había ocurrido. ¡Vamos 'majos', no os burléis! Qué cómico por Dios, todos no paraban de reírse y yo seguía caminando y riéndome.

Cosas que a todos les pueden suceder. Y díganme cómo le hacía yo, ¿mandarme a la Pilarica?, si esos eran los únicos zapatos que llevaba en ese paseo y además muy cómodos. Cómo iba yo a pensar que no los iban a enjuagar bien y que para colmo fuera a llover tan fuerte. ¡Qué relajo!, ese día los que estuvimos no parábamos de reír por cómo caminaba yo con tantas burbujas en mis pies y déjenme les cuento para que ustedes se rían.

Cuando llegamos a aquel café, todos teníamos frío y pedimos un café, obviamente que queríamos algo caliente y cuando me tocó pedir a mí, que ya no tenía zapatos y sí mucho frío, el café se acabó. ¡Ja, ja, ja! Así fue que, hasta que regresamos al hotel, pude tomar algo caliente.

Algo curioso de este viaje, que cuando las personas no pueden coincidir, aunque se lo propongan. Un gran amigo que vive a 3 horas de distancia de Barcelona, se enteró que estaría yo en esa ciudad y me notificó que pasaría a mi hotel para visitarme al día siguiente de haber llegado yo a esa ciudad.

Como mis amigas y compañeras de viaje por la tarde-noche teníamos mucha hambre, nos fuimos al restaurant y entre charla, comida, copa, café y sobremesa pasó el tiempo y me di cuenta que mi amigo no llegaba, entonces nos fuimos a esperarlo al lobby y el tiempo siguió pasando (un par de horas más) y como no llegó nos retiramos a dormir. Pensé, mi amigo o me plantó o algo le sucedió y al entrar en la computadora de mi habitación encontré un mensaje que decía: Su amigo, el señor Ferrari, la estuvo esperando casi 5 horas y como no la encontró le dejó muchos saludos y este número de teléfono.

Todo el tiempo estuvimos muy cerca, sólo que cuando yo estaba en el restaurant, él estaba en el lobby y cuando me fui al lobby él se fue al restaurant. Si hubiera planeado evitarlo para que no me viera… No habría resultado tan exacto.

Pero el asunto no terminó ahí, hablamos al día siguiente y me preguntó: ¿Cuándo partes de Barcelona? Le informé que al día siguiente iría a Madrid, que llegaría por la tarde, entonces él decidió encontrarme allá la noche siguiente… Pero el destino aún no había hablado, pues pasó que el autobús que nos llevaría a la siguiente ciudad se descompuso a la mitad del camino y nos tuvimos que hospedar en otro hotel y, ¡oh sorpresa!, mi amigo Ferrari se quedó nuevamente sin verme.

Y como se los dije antes; cuando no está para ti, aunque corras. El señor Ferrari trató de encontrarme en el aeropuerto de Madrid-Barajas y nos coordinamos, le di el número de vuelo y la fecha… ¿Y qué pasó?, que a última hora cambiaron el vuelo y lo adelantaron para no perder la conexión de la siguiente ciudad a la que llegaría en Europa.

Cuando las cosas son para ti ¡lo son! De otro modo, como dije; cuando no te toca, no te toca.

España es maravillosa, se me hace como estar en casa. Disfruto mucho su gente, la comida, su arquitectura, en fin, todo, y tengo muchos amigos españoles tanto en Europa como en América.

PANCRACIA EN VIENA

No era la primera vez que estaba en Viena, Austria, porque es un sitio al que una siempre desea volver. Y bien, allí estábamos e iniciaríamos nuestras visitas yendo a los Jardines del Belvedere, que en realidad son dos bellísimos edificios que permanecen unidos por extensos y exuberantes jardines bellamente cuidados, como verdaderas alfombras.

Uno de ellos en la actualidad es un museo que está enriquecido por obras de pintores famosos y que tiene como niveles primordiales el Museo Barroco austriaco, el Museo de Arte Medieval austriaco y la Galería de Arte austriaco.

El otro, que ahora es un hotel, conserva su nombre original; el Palacio Schwarzenberg.

Lo que hace aún más bonito el sitio es que frente a los edificios hay un lago, por lo que en las noches es una delicia ver ambas estructuras, excelentemente iluminadas, reflejadas sobre el agua.

La arquitectura neogótica del Ayuntamiento de Viena lo ha llevado a ser uno de los más reconocidos de esa ciudad a nivel mundial, no obstante que el trabajo que desarrollan allí es administrativo, es uno de los principales puntos turísticos.

Ir a esta urbe y no visitar la Ópera Estatal de Viena es como un insulto al 'bel canto'. Su bello y sobrio edificio fue construido en 1863. El slogan de este gran proscenio, es que no importa cuántas veces vayas porque nunca verás el mismo programa repetido. En la Ópera Estatal de Viena se ha presentado lo más granado de las voces operísticas como Plácido Domingo, Luciano Pavarotti, Chista Ludwig, Simon

Ratle, Igor Stravinsky, y muchos más. Es extraordinario presenciar los espectáculos de ópera. Antes que ésta comience te ofrecen bocadillos, queso, aceitunas y champán. ¡Qué delicia!, verdaderamente es un privilegio escuchar esas voces tan extraordinarias, como de ángeles, con obras de Bach, Mozart y Beethoven. Ver tantas obras donde los músicos te deleitan con sus notas y la voz de un gran artista te lleva a soñar la historia que canta.

Viena, qué maravilla vieron mis ojos, paseando por los puentes y observando desde ellos los espectaculares y coloridos jardines, la arquitectura de sus construcciones que desde allí alcancé a ver son hermosas. ¡Viena me gustó mucho! Allí hay verdaderos artistas.

En Viena sobrevive sólo una casa de las que habitó el compositor y pianista Wolfang Amadeus Mozart, quien sólo vivió en ella por 3 años. Ahora es un museo que está situado en el corazón de la ciudad. Mozart tuvo una corta pero fructífera vida, en 35 años dio a luz más de 600 obras inmortales. ¡Qué genialidad la de Mozart y qué hermoso museo!

El Palacio Imperial de Hofburg es el más antiguo y grande de Viena, que fue en crecimiento al paso de la historia tras de ser una fortaleza en el siglo XIII. En 1847 el emperador Francisco José I procedió a derribar las murallas de la fortaleza y procedió a la reforma urbana que cambió el rostro de esa nación.

El Wiener Prater, es un enorme parque público en Leopoldstadt, Prater deriva en la última sílaba de la palabra en latín pratum que significa prado. El término Prater lo usan en referencia al parque de atracciones Wurstelprater. Qué belleza es Austria, muy bonito y espectacular. Allí visité Never Plaza, la iglesia de los Capuchos y la Kaisergrufti, la cripta de los Hasburgo, sus hermosos mausoleos y más los de los reyes.

También visité Graben que es un antiguo foso romano, la iglesia de San Pedro, también vi la controvertida figura de Sissi y visité una de las bibliotecas más famosas del mundo por su arquitectura barroca. Vi el Parlamento Griego. Fui al Museo Bélico. Admiré las exposiciones de pintura y recorrí los jardines hasta Schwarzenberg Plazt, que está dedicada a la liberación de Viena por el Ejército Rojo.

Igual visité el Museo de la Ciudad de Viena, la Plaza de San Carlos y la Casa de los Medallones. Además, asistí a uno de los mejores conciertos de ópera y vi en escena el más bello vals cantado y bailado o danzado, El Danubio Azul. ¡Wow!, me acordé de mis 15 años porque ese vals fue el que bailé cuando los cumplí.

Asimismo, realicé un paseo por la orilla del Río Danubio con su Observatorio Astronómico. Allí se reúnen los intelectuales. Visité Reisend que es la primera noria del mundo y gira desde 1897.

Otro muy bello es el Palacio Imperial Hofburg de Sisi, allí está el primer inodoro de la época y allí vivió la última Emperatriz, Elisabeth, así como Lisa Zita. Allí está la archiconocida Sala de los Millones. A la salida vi el precioso Jardín del Príncipe que me fascinó. Hay unos recorridos que son como laberintos idóneos para jugar. También está el monumento conmemorativo de la Victoria de María Teresa sobre las tropas de Federico II de Prusia: Gloriette.

También en Viena está el zoológico más antiguo de Europa; Tiergarten. Crucé la Palmenhaus que es un invernadero de acero también el más grande de Europa y en él se destaca el Jardín Japonés que sencillamente es bello y hermoso. Así como yo que bellezas han visto y admirado mis hermosos ojos alrededor del mundo. De verdad qué privilegio poder escribir y recordar todo lo que he vivido, únicamente tengo que agradecerle primeramente a Dios, después a mi preciosa familia, luego a mis amigos, hermanos y las lindas personas que he conocido a lo largo de mi vida. A todos y cada uno de ellos les digo gracias por existir, gracias por permitirme tener su amor, amistad, cariño, comprensión y admiración. Gracias.

En Viena me subí a los tranvías en la estación de Hietzing y visité Salzburgo y Alpino de los Lagos. También visité Mauthausen Memorial, llegué a Hofpavillion, esta estación del Metro fue diseñada para el Emperador Otto Wagner y la Sala de Espera es octagonal y su decoración es bellísima.

Definitivamente, Viena es la Cuna de los Artistas, ¡qué conciertos, qué espectáculos, qué ópera! ¡Wow!

VISITANDO PRAGA

Estando en Praga llegamos al Barrio de Malá Strana, situado en el centro de la ciudad, la que es custodiada por el Castillo de Praga que se halla en lo alto de una colina. El Barrio es como una postal con sus angostas y largas calles, flanqueadas por series de edificios muy parecidos entre sí pero de diferentes colores. Algunas de sus callejuelas son empedradas y en unas casas hay instaladas vistosas farolas como alumbrado público.

Luego nos dirigimos adonde se encuentra la Columna de la Peste (Pestsaeule) de 20 metros de altura que fue dedicada a la Santísima Trinidad como señal de agradecimiento tras que Praga se vio envuelta en una epidemia de peste negra que duró 2 años. De la Columna resaltan la escultura de la Santísima Trinidad y en lo alto el Ojo de Dios. Completan la parte media de la torre unas figuras de santos checos y en la base hay 3 fuentes que significan Vida, Gracia y Salvación. Más tarde se agregaron esculturas y placas conmemorativas a una época de hambruna.

Esta Columna se encuentra en la Plaza de Malá Strana y desde allí se ven las verdes y agudas cúpulas de la iglesia de San Nicolás, así como las de la Catedral de San Vito, que viene siendo el foco de atención para los turistas pues es una excelsa muestra de la arquitectura gótica y es también su iglesia más amplia e importante, tanto así, que en ella está el Arzobispado de Praga. Allí coronaron a reyes y reinas de Bohemia hasta 1836, también muchos de ellos, santos y príncipes, fueron allí sepultados.

El Antiguo Palacio Real de Praga posee el Salón de Vladislav, cuya del clásico gótico fue testigo de justas hípicas, las grandes comilonas de las cortes y por supuesto de las coronaciones de la realeza. Y se preguntarán ustedes, queridos lectores, ¿qué tan grande es el Salón Vladislav, para haber albergado tales acontecimientos? Pues el más grande de la Europa central ya que tiene 63 metros de largo, 16 de ancho y 13 de altura. Imagínenlo, ¡es impresionante! Pero este Palacio no sólo guarda historia, hoy en día en esa sala se llevan a cabo las elecciones del presidente de la República Checa.

La Torre de la Pólvora mide 65 metros de alto y la caracteriza un arco en su base, lo que de frente la hace ver como una figura robótica. Esta torre es uno de los lugares emblemáticos y desde allí se observan los barrios viejos de Praga. Una vez que accedan a la Torre y vayan ascendiéndola, en el primer piso verán las estatuas de los diferentes reyes de Bohemia. En la segunda planta hay estatuas de la virgen. Y en la torre propiamente dicha, disfrutarán de unas vistas maravillosas de la ciudad.

También en la plaza principal o palacio, muchos actores estaban vestidos de la época medieval, puedes tomarte fotos con ellos y también hay un lugar de 'glamur' donde te puedes vestir así, inclusive ponerte pelucas y tomarte fotos. Yo sí lo hice para sentirme la Reina. Y en todos los países a los que voy acostumbro ponerme sus atuendos tradicionales y tomarme fotos. Yo digo: al pueblo que fueres haz lo que vieres. Y si te place hazlo, no te quedes con las ganas, vive y gózate, que vida aquí en la tierra solamente hay una y tienes que aprovechar cada segundo, cada minuto y cada hora para ser feliz.

Bueno, visité la Catedral de San Vito de una arquitectura inigualable. El Reloj Astronómico. La Casa Danzante cuyo arte verdaderamente es contemporáneo. Clementinum, que es la Universidad más antigua de la ciudad, es muy hermosa y tiene mucha historia de los Jesuitas. Callejón del Oro, en esta ciudad vivió el célebre escritor Franz Kafka.

El Barrio Judío es uno de los que mejor se conservan en toda Europa. Durante la ocupación Nazi esta sociedad fue devastada y la mayoría de los judíos que vivían allí fueron trasladados a los campos de concentración. ¡Qué historia! La Plaza Wenceslao, es una de las más hermosas que he visto. Isla de Kampa y Jardines Vrtba sirven para sentir la tranquilidad y la frescura, tienen que visitarlas. El Funicular y Matepetrin, qué hermosas colinas. Museo del Comunismo. Museo de Praga. Casa Municipal, de linda arquitectura nacional.

Cabe mencionar que en todos los países que voy disfruto a lo máximo todo lo que veo y agradezco mucho a Dios, día a día, por sentirme privilegiada y agradecida con Él que me da esa oportunidad de conocer y bendecir cada rincón del mundo y cada país donde Él permite que yo vaya, disfruten y vean cuán grandes son sus maravillas y todo lo que Él ha creado. Porque todas son creación de Él y las hizo para sus amados hijos.

Escribiendo este libro y todas mis aventuras, vivencias y peripecias, me di cuenta de una cosa que antes mencioné en estas páginas, que en todos los países del mundo existe un Barrio Judío. Por muy lejos que ese país se encuentre, allí hay gente de Israel. Es por eso que yo bendigo a Israel, pueblo bendito de Dios y esparcido en todo el mundo.

MI PRIMER VIAJE A CHINA

En nuestro viaje a Asia oriental conocimos murallas, templos, ciudades, rascacielos y cultura. El primer punto al que llegamos fue la capital de China, Pekín (Beijing), en la que se combinan la modernidad de las grandes urbes, pero conserva infinidad de edificios cuyas tradiciones arquitectónicas le han dado fama en otras naciones, adonde muchísimos de sus monjes van y construyen templos con esas características, porque su religión la han extendido y la siguen propagando entre sus creyentes.

Actualmente, su nombre oficial es el de República Popular China y es gobernado por el Partido Comunista, siendo Pekín el centro en que se preservan la cultura y el carácter social de una pujante nación que se desarrolla en un enorme crecimiento económico, pero cuya actividad industrial y laboral le han provocado un daño ambiental, el que normalmente es calificado como uno de los peores del orbe.

Pero puedo decirles que esa enorme polución no fue un obstáculo para que prosiguiéramos con nuestra idea de conocer esa nación y enterarnos de toda la riqueza que hay en ella. Así que nos propusimos ver qué era la Plaza de Tian an men, nombre que ha sido simplificado a Tiananmén, que es una enorme área de casi 44 hectáreas (440.000 metros cuadrados). Sólo para que se den una idea, esta explanada tiene a lo largo 880 metros y 500 a lo ancho.

La Plaza Tiananmén, que está ubicada en la Meseta de Loess, no crean que es sólo una plancha de concreto, no, en el centro de ésta el Monumento a los Héroes del Pueblo y tiene además dos museos; el de la Revolución China y el de Historia China, asimismo, allí está el Palacio de la Cultura y el emblemático Solemne Muro del Presidente Mao, con grandes fotografías de su líder por muchos años.

Esta impresionante plaza fue construida durante la Dinastía Ming, iniciando los trabajos en 1417. Ésta se encuentra frente a la Ciudad Prohibida también conocida como el Museo del Palacio Imperial, que es Patrimonio de la Humanidad, este sitio albergó a 24 emperadores Ming y Qing, de quienes dicen llegaron a tener hasta más de tres mil concubinas. Respecto al nombre de la Ciudad Prohibida relatan que sólo el emperador podía conceder audiencias a los cortesanos, pero gente común del pueblo no tenía acceso a menos que obtuviera un permiso de él o de alguna autoridad secundaria. En sí, el motivo para edificarla fue contar con un gran espacio donde en masa los habitantes asistieran a las 'ceremonias de consagración' de los emperadores. Porque se supone que en cada uno de estos eventos la Plaza tenía que estar repleta de gente.

Otros sitios que visitamos fue el Palacio de Verano el cual cuenta con una enorme colección de valiosas reliquias. En conjunto, el Palacio de Verano es grandísimo pues se encuentra dentro de un predio de más de 300 hectáreas, está a orillas del río Kunming, el cual es artificial, en su terreno existen desde grandes residencias, pagodas, construcciones variadas y muelles. El Palacio de Verano es un oasis de jardines de té que tiene además pabellones y pasillos bellamente pintados. Y como les mencioné antes, en el lago Kunming apreciamos el brillante Barco de Mármol de dos pisos que la Emperatriz Cixi mandó construir para realizar allí sus fiestas, el barco no navega, es ornamental solamente, por lo que el pueblo lo ha tomado como símbolo de corrupción. Dicen que Cixi ya viuda, subía cada año a una alta colina en donde está la Pagoda del Buda Fragante y le oraba.

¡Y vaya que China tiene miles de dioses de la risa, hasta de la Abadía! Por toda China tienen tantos y diferentes dioses, algunos más bien 'feítos' que 'hasta me chuto', digo 'me da mello', tienen sus bigotes retorcidos y las cejas también muy raras. Pero son sus dioses, obviamente hechos por los hombres. ¡Pero qué ojos!, parece que con ellos te van a fulminar.

También conocí la Antigua China, visité las casas y compré 'souvenirs'. Además visité el Templo del Cielo Yongle, construido durante la Dinastía Ming (1406-1420).

En general China es un país muy bonito y moderno, me subí al Tren Bala el que de una ciudad a la otra hace su recorrido en únicamente siete minutos. ¡Ay mamita, nada más me volaba la greña de tan rápido que iba! Bueno, 'que me volaba la greña' es un decir, pues se trata de un vehículo cerrado, así como el Metro, pero elevado.

También disfruté de unos extraordinarios masajes, únicos, verdaderamente únicos con hierbas aromáticas. Te ponen los pies en agua caliente y luego te dan masaje con aceites esenciales en todo el cuerpo. Qué delicia, además son masajes curativos. Y hay muchos lugares en China de masajes.

En esta nación el 90% habla mandarín y el 10% inglés, medio raro pero entendible. Así que para negociar lo mejor que ellos saben hacer son números, a los turistas les cobran teniendo una calculadora en sus manos, fue muy chistoso. Números y números, pero yo también les contestaba con números, ¡caray, otra forma de lenguaje. Ja, ja, ja! Pero bien que te saben vender, casi, casi te meten a las bolsas los artículos en venta y para todo te dicen 'chen yen' que quiere decir 100 yenes. ¡Ah, esos chinos qué bárbaros son para el 'business'!, ¿verdad? Bueno, ya ven que son expertos en 'clonaciones'... ¡Pues hasta querían 'clonar' una foto de mi abuelita! Pero ella ya se murió. ¡Ja, ja, ja! Y al final negocios de 100 quedan en 20 o 10 'chen-yen'.

China es espectacular, como ningún otro país cuenta con estructuras tan diferentes por lo que vimos edificios que son únicos. China es una ciudad muy limpia, allí no vimos 'graffiti'... ¿Y saben por qué?, porque allá a los que pintan las paredes o destruyen las calles, los meten presos o ¡les cortan la mano! En los parques vimos a muchas personas practicando el 'tai chi', parecían acróbatas por los movimientos que hacían. En esos hermosos y cuidados jardines vimos a muchas personas jugando dominó, ajedrez y cartas. ¡Ah, pero es impresionante cómo fuman!... ¡Ufff, ya me tenían mareada! Por los guías de turistas y las estadísticas me enteré que China es el país con más alta incidencia en cáncer en los diferentes órganos del cuerpo. ¡Wow!, quién lo dijera o pensara, después de tanto ejercicio que hacen y la alimentación que tienen. Aunque no lo crean, pero así es.

Decidimos ir al llamado Barrio Francés (en China hay esa área) a donde fuimos a bailar ¿y qué creen?, que allí estaba una orquesta muy buena, creo que peruana, que tocaba salsa y música tropical. Nos divertimos en grande, movimos el esqueleto hasta que nos cansamos. Valió la pena ir a bailar.

Para detener la ya de por sí sobrepoblación, en China aplicaron 'la ley del hijo único' con lo cual evitaron que nacieran alrededor de

400 millones de personas. Bueno, pues recién se cumplieron 30 años de aquella aplicación, ya que el 25 de septiembre de 1980 el Partido Comunista ordenó a sus correligionarios y a los de la Liga de la Juventud Comunista que tuvieran un solo hijo. Después, la orden se aplicó a la demás población.

Según trascendió, si por descuido u omisión una mujer resultaba embarazada tenía que abortar o tener a su hijo y pagar una multa equivalente a un año de salario. O pagar con cárcel. ¡Qué cosas! ¿Verdad?

Pude observar que en China han construido sembradíos sobre mucha agua y aprendí cómo plantan el arroz en agua. Yo no tenía ni idea cómo se sembraba y cosechaba el rico arroz.

En Beijing visité la tumba de Ming y también un museo donde había soldados hechos con barro especial, por eso les llaman de terracota. Asimismo en Shanghái caminé por la orilla del río Yangtzé y me pareció un extraordinario paseo. Del mismo modo también tomé un paseo en barco muy hermoso por el río Yangtzé.

Pura comida. En los lugares que fuimos a comer siempre hubo entre ocho y diez platillos diferentes que incluían verduras, fideos, carnes, caldos, sopas, etcétera. También disfrutamos de un excelente vino. El platillo favorito de los chinos es el pato glaseado, el cual se ve muy apetecible en el asador pero tiene demasiada grasa. A mí no me gustó porque le vi mucha grasa encima, como el chicharrón de puerco, pero grueso y crudo, eso no me agradó.

Además, la población china se come todo lo que se mueve y con un alto grado de proteínas, qué malo que lleven esa condición a sus cuerpos. En China se comen cucarachas, sí cucarachas fritas y dicen que saben ricas, como a papitas, pero ustedes ni se imaginan qué otras cosas comen los chinos; ratones, gusanos, caballitos de mar, escarabajos y otras clases de insectos, la mayoría de éstos ensartados 'como brochetas' que las personas van comiendo hasta dejar los palillos 'limpios'. Y se ve que lo disfrutan, yo los vi comiendo esos insectos como si fueran las cosas más exquisitas.

Una visita más que obligada estando en Pekín, es ir a conocer La Gran Muralla China, una de las maravillas del mundo, de la que nos dijeron comenzó su construcción en el siglo V a.C. y lo que motivó esa edificación fue para detener los ataques de hordas nómadas procedentes de Mongolia y de Manchuria.

Sinceramente les digo que a mí me impresionó mucho La Gran Muralla, claro, es digno reconocer el trabajo que realizaron miles de personas para construirla en cinco etapas y durante tantos años. Y bueno, lo que nos comentaron nuestros guías es que la Muralla mide alrededor de 7 mil kilómetros, que hay partes en que su altura es de 6 y en otras de 7 metros de alto, que de ancho varía entre 4 y 5 metros, que tiene varios torreones sobre la Muralla que no están a la misma distancia uno del otro, pero no saben por qué los construyeron así, y que en la actualidad de la Gran Muralla, sólo queda bien conservada un 30%.

Sin embargo, no voy a decir que no me gustó, es más me divertí a mi manera. Resulta que nos invitaron a ascender un tramo de la Gran Muralla hasta llegar a un torreón y yo atrevida como soy me dije que sí iba a llegar. En ese momento éramos como 40 personas intentando cumplir con esa caminata, pero luego algunos se fueron regresando y ya no siguieron, mientras que otras dos personas y yo continuamos hasta cumplir nuestro propósito. Lo que ignorábamos era que al llegar al torreón nos iban a dar un certificado con nuestro nombre y una como credencial en los que confirmaban que habíamos terminado con éxito esa prueba.

De Pekín volamos a Shanghái que es una ciudad súper moderna y centro del comercio asiático pues desde allí negocian con la mayoría de los países del mundo. Les comento que esta ciudad es el 'paraíso de las falsificaciones' ya que en sus tiendas encontramos imitaciones de bolsas, perfumes, relojes, ropa y de todo lo que ustedes se puedan imaginar. Shanghái es llamado el 'París del Oriente' por la diversidad de sus edificaciones, que en muchas son de estilo europeo y francés en especial. Shanghái ha cobrado más relevancia que el mismo Pekín, lo que evidentemente es una molestia para los habitantes y gobernantes de la capital de esa nación, porque paso a paso les han venido arrebatando los poderes que otorga una comercialización bien organizada y por consecuencia la captación de divisas de los mercados internacionales.

Como les comenté antes, Shanghái tiene edificios enormes y de modernas estructuras, muchas de ellas increíbles a simple vista porque sólo sus arquitectos saben cómo las idearon, pero lo mismo hay las tradicionales casonas tipo pagoda como las reconocemos en todo el orbe.

La ciudad está dividida por el río Huangpu y, como en Venecia, hay paseos en unas vistosas lanchas que no se asemejan en mucho a las europeas. Otra cosa son los parques temáticos que hay en esa ciudad, son un atractivo para propios y extraños, ya que cuentan con juegos mecánicos igual o más modernos de los que existen en otros países.

Nosotros pudimos conocer el Templo del Buda de Jade y el Jardín Yuyuan, ambos tienen mucho que ver con la religión y las tradiciones chinas. Y todos, pero todos en ese país fuman. Posiblemente les guste mucho el humo, porque también hay incienso en las calles y en los templos.

En Shanghái los chinos te llevan a unos como sótanos y cuando bajas te das cuenta que allí tienen todas las marcas más famosas de diferentes mercancías; tiendas completas con 'clones' de esas marcas. ¡Qué cosasss!

De Shanghái viajamos a Tongli, a la que llaman 'la Venecia de China' por sus muchos canales, los cuales muchos de ellos los han hecho de manera artificial. Para eso abordamos el Shanghái Trail Way, un tipo de tren bala que recorre los 100 kilómetros que hay entre Shanghái y Tongli en tan sólo 45 minutos, transporte que además de moderno y cómodo es bastante económico. Después de Tongli fuimos a conocer Suzhou 'Jardín de la China' que es famoso por sus distintos y hermosos puentes y pabellones.

Nuestro regreso a Shanghái significaba el penúltimo paso del hermoso viaje por el territorio chino por lo cual, al llegar, nos dejaron en libertad para que fuéramos al área de las grandes tiendas donde encontraríamos muchísimas cosas que llevar como regalo, pero también fuimos a los tradicionales callejones, en los cuales venden infinidad de artesanías las que, a cual más, son dignas de llevarse a casa. Y como había tantas cosas para comprar en las tiendas, volvimos a la mañana siguiente para adquirir más antes de regresar a Estados Unidos.

Estaba feliz de haber visitado China porque en ella vi las mejores arquitecturas del mundo, para mí únicas. Además porque en China descubrí que es un país muy próspero, yo creo que muy pronto va a ser la primera potencia mundial, si no es que ya lo es, porque doquiera me encuentro con empresarios que comentan de sus nuevas negociaciones con China y en especial con Shanghái.

De verdad son únicos los orientales, especialmente estas personas de China, esta gente me parece muy servicial y amable, por lo menos eso siento yo. Van ya dos veces que voy a China y me gusta mucho. También allí me vestí con el atuendo de ellos y para mí lo más hermoso fue que todos los turistas me tomaban fotos, se formaban todos conmigo pensando que yo era una atracción turística. Era que estaba sentada en un parque popular y además comiendo una deliciosa palanqueta de cáchuate hecha allá, en China, ¡muy buena de verdad! Fotos y más fotos, y yo fascinada me sentía Super Star.

En Xian visité un Centro Vital de Arquitectura y la Muralla de Xian que es la Torre de la Campana y el área musulmana.

Algo que identifica a China son su gente y sus bailables, hay muchos, diferentes y espectaculares que tuve la fortuna de presenciar. Qué talento para hacer figuras en el escenario. Subió el telón y yo vi nada más a un artista sobre el proscenio, después poco a poco se fueron multiplicando, hasta que en conjunto formaron una preciosa Flor de Loto ¡pero con humanos!, entonces ¡ya eran como 30 artistas en escena! ¡Qué bárbaros, que sincronía, qué hermosas figuras y qué imaginación para crear eso tan bello!

Qué espectáculo de música y qué acrobacias me tocó presenciar, las mujeres chinas parecen tener manos de seda porque, qué precioso tocan los instrumentos musicales que van desde el arpa hasta el piano. ¡Ah, cómo deslizan sus esbeltos dedos sobre ellos! Es hermoso.

Otro día en Xian, algo que les llamó mucho la atención a todos los orientales, fue que en mi cabeza me puse una 'gorra o sombrero de panda' porque hacía mucho frío. Este sombrero ya lo tenía desde hacía mucho tiempo y me lo puse en China y todas las personas se tomaban fotos conmigo y sus niños, porque creo que les parecía extraordinario el panda, pues lo veían con agrado. Creo que los pandas simbolizan algo para ellos, los chinos, o son unos de sus animales preferidos porque los niños cuánto alboroto hicieron cuando me vieron con la gorra del panda. La veían con agrado, con alegría y les daba gusto.

Después de una velada en la que admiramos la cultura china por medio de sus bailes, tuvimos una exquisita cena con la gastronomía china y vino ruso.

Asimismo asistí a dos conciertos, uno de arpa y otro de guitarra, qué habilidad tenían los artistas para tocar esos instrumentos, cabe agregar que en ambos tuvieron también acompañamiento de piano. De veras, ¡cómo tocan el piano!, extraordinario, casi deslizan sus manos con movimientos tan suaves que ni parece que estuvieran tocando, ¡qué increíble! Y lo mismo sucede con el arpa, a la que le arrancan notas con movimientos muy sutiles.

En China conocí dos lugares que me fascinaron, uno de ellos es donde cultivan las perlas. Nos mostraron cómo procesan las conchas para que se formen las perlas, cómo van creciendo y hasta que éstas están listas para salir al mercado de joyería. También visité otro lugar en donde procesan la seda que proviene de los llamados gusanos de seda que de igual manera son cultivados, pero no me agradó cómo lo hacen puesto que para obtener el hilo de seda miles de gusanos son sacrificados y mueren ahogados en agua caliente. En realidad es de los capullos que fabrican los gusanos de donde obtienen el hilo de seda, separándolos y cepillándolos para hallar el filamento que luego va siendo enredado en carretes. No compré artículos de seda aunque me gusta su textura, pero repito, el procedimiento no me gustó.

También en China visité el Museo en donde exhiben las monedas y billetes más antiguos, esas monedas con una perforación en el centro son diferentes y las hay confeccionadas el plomo, oro, plata, hierro, cobre. Éstas provienen de la Dinastía Qin. Otra cosa que me encantó de China, fue que en muchas partes a las que fui me recibieron con una taza de exquisito té de jazmín calientito. De veras qué buen trato me dieron.

¡Ay! Viéndolo bien, sí recorrí varios lugares de China, que es hermoso, limpio, sin grafitis, sin basura. Lo único que no me gusta, es tanto humo que hay de los fumadores. Porque hay muchos que fuman un cigarro tras otro de manera cotidiana. ¡Oh!, y además que como los chinos tienen un millón trescientos mil dioses, a los que les ponen aromáticos inciensos y como éstos se encuentran por todas partes, ya se imaginarán cómo se congestiona para cualquier persona respirar.

Pancracia ha visitado todos los Continentes: el Americano, el Europeo, el Africano, el Asiático y el de Oceanía...

PANCRACIA EN LA INDIA

Dije que fui a la India, no que yo soy la india. Visité Nueva Delhi, donde llegué por la madrugada y de allí me llevaron al hotel para que durmiera algunas horas, pues el viaje ya había sido bastante largo y extenuante.

Por la mañana del nuevo día y después del desayuno, el tour comenzó con una visita a la ciudad que se encuentra en el norte de la India. Lo segundo fue ir a conocer el Mausoleo de Mahatma Gandhi, sitio donde este gran hombre, admirado mundialmente, fue incinerado. Luego conocimos el Fuerte Rojo (Lal Qila) que es una imponente construcción al estilo de la arquitectura musulmana realizada con piedra de arenisca roja y de ahí se desprende su nombre. Inicialmente fue un palacio en lo que entonces era la nueva ciudad capital de Shah Jahan, Shahjahanabad, palabra difícil de pronunciarla, ¿verdad? Es un hermoso edificio cuyo muro frontal tiene una extensión de 6 y medio kilómetros mientras que su altura tiene una variación de 15 o 16 metros.

Ese día, por último, nos llevaron a la Japa Masjid que es la mezquita más grande de la India, en cuyo interior tiene una gran explanada que puede albergar hasta 25.000 personas creyentes. Para acceder a la mezquita nosotros como visitantes, tuvimos que aceptar algunas restricciones, sin embargo, las acatamos puesto que ya nos habían explicado 'las reglas'. Las mujeres no debíamos mostrar nuestras piernas ni hombros y todos en general, tuvimos que descalzarnos.

Nuestro siguiente punto fue hacia Nueva Delhi, capital de la India, donde nos enteramos que hasta 1911 la capital fue Calcuta y que fue cambiada por decisión de los colonos británicos que entonces dominaban este país. Nueva Delhi está ubicada en el sur de su territorio y colinda con cinco naciones; China, Paquistán y Bután, Nepal y Sri

Lanka. Su gente vive de la agricultura, su plato principal son las lentejas y curiosamente la leche que más consumen es de búfalo, ganado muy apreciado por los indios.

Ya instalados en Nueva Delhi, inicialmente visitamos la Puerta de la India, que es un monumento que en parte me recordó el Arco del Triunfo de París, sé que no hay comparación porque se trata de diferentes culturas y nacionalidades, porque el parisino está dedicado a una victoria en batalla; mientras que la Puerta de la India fue erigida para recordar a los 90.000 soldados indios que perdieron la vida en la Primera Guerra Mundial (julio 28 de 1914 al 11 de noviembre de 1918), así como en las Guerras Afganas del año 1919.

La Tumba de Humayun no es un mausoleo de los que conocemos comúnmente, no, de veras que es algo impresionante porque además de haber sido edificada por los mogoles con la clásica arenisca roja, le agregaron adornos de mármol blanco y negro haciéndola diferente y porque es enorme. Por su cercanía, nos llevaron al santuario del santo Sufi Chistiyya, cuya veneración es sumamente grande para los mogoles.

De paso fue nuestra visita al Qutab minar, que es una torre considerada la más antigua del islamismo, también nos indicaron que es la más alta del mundo y tiene más de 70 metros desde su base de 15 metros hasta la cúpula de 2.5 metros. Es más o menos de una forma cónica muy alargada tomando en consideración su altura. Sus componentes ya saben; ladrillos de arenisca roja con adornos de mármol negro y blanco.

Pero aún nos quedaba por conocer el Templo Sij, un centro de culto enorme de color blanco y con cúpulas doradas, al que acuden cientos de personas diariamente. Su interior es hasta cierto punto ostentoso, con arcos que circundan el área donde los fieles, descalzos, realizan sus oraciones sobre una lujosa alfombra que tiene figuras en colores dorado y tinto.

En Udaipur, una ciudad rodeada por el lago Pichola, se encuentra The Maharanas City Palace, otro enorme edificio que por su color pareciera estar hecho con mantequilla, éste consta de varios pisos y tiene varias terrazas y balcones, como de costumbre, su parte alta está rematada con una gran cúpula y en cada esquina de su amplio terreno tiene un obelisco, cuatro en total. Es el más elegante y original de Rajastán.

Uno de los atractivos de Udaipur son sus viajes en el lago, en unas barcas alargadas que, en la parte donde viajan los turistas, está cubierta por gasas y eso las hacer ver como algo relacionado con el romance. A la mitad del lago hay un hotel que antiguamente fue palacio, el Lake Palace.

Casi en toda la India es común ver pinturas alegóricas a su cultura, lo mismo en las paredes de las casas y negocios, así como en los interiores de los hoteles y los restaurantes. Otra cosa más son los elefantes que los turistas suelen montar en un tipo de canasta sobre el lomo del paquidermo que se llama 'berna'.

En Jodhpur visitamos el Mehrangarh Fort que está sobre una colina y es una fortaleza realmente impresionante. Muy cerca de ahí conocimos el Jaswant Thada, un hermoso y amplio mausoleo cuya fachada tiene columnas y arcos, está ubicado a la orilla de un lago. Rematamos nuestro tour yendo al palacio de Umaid Bhawan, el que una mitad es museo y la otra mitad es hotel.

Ya antes les comenté de los elefantes, pues en Jaipur y para visitar la ciudad de Amber, el ascenso lo hicimos sobre esos nobles animales. Más tarde fuimos al viejo Jaipur que es una ciudad amurallada y allí está el observatorio de Jantar Mantar.

En Fatehpur Sikir se encuentra una gran mezquita y es muy similar a la de la Meca. Después seguimos hacia Agra hacia donde ya queríamos llegar para conocer el majestuoso Taj Mahal también llamado el Templo del Amor, que está construido con mármol blanco y también cuenta con cuatro obeliscos. Nuestro guía nos contó que el príncipe Shahbuddin Mohammed quien ya era casado, se enamoró de la princesa Arjumand y ella de él, pero tuvieron que esperar cinco años sin verse hasta el día de su fastuosa boda, en la que ella recibió el nombre de Arjumand Mumtaz Mahal y ahora era 'la esposa favorita'. Dicen que su amor fue muy grande y que tuvieron muchos hijos, pero que ella no sobrevivió al parto número catorce. Ya para morir ella le pidió a su esposo que le mandara construir un mausoleo del que no hubiera otro igual en el mundo. Y así es, no hay otro igual. Por cierto que cabe añadir que en muros del Taj Mahal están inscritos los versos del Corán.

Luego, en Agra, conocimos el Red Fort construido con piedra de arenisca roja de donde se desprende su nombre. También visitamos otro mausoleo, el Itimad Ud Daulah al que los lugareños llaman el 'pequeño

Taj' por una similitud con el Taj Mahal, pero a mí no me pareció tal, El Templo del Amor es único.

Cabe mencionar que nos encontramos con una maravillosa familia india que eran los padres y la esposa del guía de turistas que nos tocó. De veras muy buena familia, ellos le llaman 'casta', eso quiere decir que son como de la Alta Sociedad (High Society) pero, sin embargo, son muy sencillos.

Mi amiga y yo les pedimos que nos llevaran a aldeas muy remotas, como a tres horas de Nueva Delhi, de verdad que me quedé asombrada por la extrema pobreza en que viven y con creencias tan erróneas que tienen en cuanto al Creador del cielo y de la tierra, que es Dios. Ellos adoran cualquier cosa, me quede pasmada al ver que una abuelita apiló (juntó) un monte de 'popó', sí, estiércol de vaca o de caballo y lo dejó secar todo el día y por la tarde lo pintó de amarillo con hierbas, pues hirvió azafrán que fue lo que le dio el color amarillo. Según ella, eso era para un Dios y se puso de rodillas 'para adorarlo'. ¡Háganme el favor queridos lectores! ¿Qué es eso?

Lo importante para mí, fue que allí pude compartir el mensaje del verdadero y único Dios vivo que es Jesucristo y que varios niños lo aceptaron como su Salvador. ¡Qué hermoso ver que los niños levantan sus manitas y dicen ¡te amo Jesús! Love Jesus!

En la India casi todos hablan inglés. Pero lo que me llamó mucho la atención es que la mayoría de las personas andan muy sucias y los niños muy descuidados. ¡Ah!, pero lo más interesante es que otra vez éramos como 15 en el grupo, pero como siempre en cada viaje me hago de amigos y esta vez no fue la excepción. Pero, ¿qué creen? Que había muchos jóvenes y nos seguían a mi amiga y a mí, de verdad, aunque no lo crean, nos tomaron más de 400 fotografías, sí, más de 400 fotos en lugares diferentes. Posiblemente, pensamos mi amiga y yo, que sería porque las dos éramos de cabello rubio y todos los demás del grupo de cabello negro. Porque no les pedían ni una sola foto a ellos, pero a nosotras hasta los niños hacían línea (fila) para tomarse fotos con nosotras. ¿Qué creerían que éramos también marcianas o diosas?, porque era increíble que mujeres, ancianos querían fotos con nosotras.

¡Ahora ya sé lo que sienten los famosos! Terminan agotados por haberse tomado tantas fotografías y haber dado tantos autógrafos. No, yo no quiero ser famosa.

¡Qué maravilla!, nos sentimos muy halagadas pero terminamos cansadas porque eso fue todos los días que estuvimos en la India. Inclusive había tiendas de árabes y nos vistieron a ambas con trajes típicos de ese país, los famosos 'saris' que son telas largas y hermosas que te cubren todo el cuerpo. Nos vestimos de indias con esos hermosos atuendos. Debo agregar que también visité muchos otros templos, unos con Becerros de Oro y otros tantos dioses para ellos, ¡hasta las vacas! Pero pobres animales están tan flacos y comen basura de las calles (y eso que son sagradas). Mi perrito 'Chocolín' no es sagrado pero lo tengo bien alimentado y lo amo, no lo adoro, porque para adorar nada más a Dios.

De la India recuerdo que los guías del tour en el que viajábamos nos advirtieron a las mujeres que cuidáramos y sujetáramos muy bien nuestras bolsas de mano. ¿Por qué?, pensé. La respuesta vino después cuando nos enteramos que allá los monos (o changos) están bien amaestrados para arrebatarles las bolsas a las damas y por supuesto, con su agilidad, desaparecen y no se les vuelve a ver. ¡Y vaya cosa, los hay por toda la ciudad!

Me pareció realmente extraño ver no solamente a niños sino también a personas adultas realizando sus necesidades fisiológicas en plena calle (defecando), lo cual no esperaba que sucediera en una nación que es tan visitada por el turismo mundial. Al mismo tiempo me vine muy sorprendida de ver tantas cosas; una que me impactó mucho en los mercados de Nueva Delhi fue que anduvimos subiéndonos a los 'Tutus', unos transportes que son más bien como motocicletas y se la pasan todo el día 'pitando', no paran de hacerlo y llega el momento que ya no se sabe si se oye o no, pero tanto ruido llega a molestar.

Por otra parte, volteé hacia arriba y casi me da un infarto, de poste a poste de la energía eléctrica, en plena calle, vi cerca de 500 o 1000 cables juntos. Parece que si hubiera 'un corto circuito' o algo así, creo que se provocaría un gran incendio o algo más. Así, tal cantidad de cables juntos, es impresionante y así los vi en varias ciudades.

Y respecto a la comida, ¡wow!, pareciera que si estás comiendo de 10 picantes juntos; es deliciosa su gastronomía pero con demasiadas especias. Cada vez que comía quería llamar a los bomberos para que vinieran a apagar el fuego que sentía en mi boca y en mi estómago.

De las cosas más hermosas que conocí, fueron los sets donde hacen las películas de nivel mundial y es más grande que Hollywood, se llama

Bollywood. También allí mismo vi otros espectáculos de teatro. Así como shows y bailables indios.

En otra ciudad, en Bikamer, está el Templo de las Ratas.

También me impresionó de gran manera las ratas y la manera de adoración que tienen para los animales y sus 1.300.000 dioses (un millón trescientos mil). ¡Qué bárbaros!, ellos adoran hasta (la popó) el estiércol de las vacas. A algunos animales les pintan la cola de color amarillo u otros colores y lo empiezan a adorar como dioses. Me pareció una locura, pero hacen becerros y no sé cuántas cosas más como idolatría. Costumbres, culturas, religiones, como el hinduismo, entre muchas más. ¡Increíble!

Según para ellos los animales son sagrados y en las calles andan las vacas bien flacas, comiendo de la basura que encuentran a su paso. Imaginen ustedes qué cultura, yo que no adoro a mi perro, solamente lo cuido y lo alimento. Pero para ellos son sus dioses y no los cuidan.

También me tocó ver un perro todo agusanado del lomo (espalda), pero estaba vivo y andaba caminando allí en Nueva Delhi. Tuve que ponerme guantes de plástico, los que hice con unas improvisadas bolsas de ese material. Pero en fin, ¡lo curé!, pobre perrito, los gusanos se lo comían vivo.

¿No es contradictorio todo esto?, bueno, no sé por qué se hallan separados de Inglaterra, porque antes la India pertenecía a la Corona Inglesa y hoy en día se respira una gran pobreza. Los niños andan muy sucios y descuidados por sus padres. Sin embargo, la India tiene mucha cultura, pero existen los extremos.

¡Oh, les decía del Templo Rajastán y de las ratas!, perdón, pero me causó asco, esos animalitos me provocan algo que no me gusta, siento rechazo hacia ellos. Y saber que los niños están desnutridos y a las ratas les dan leche y la gente toma esa leche. Hay 20.000 o más ratas y las personas las adoran, hasta los niños las agarran y se toman la leche junto con ellas. Se me erizaba la piel y para ellos son dioses, ¡qué espeluznante!, perdón, pero a mí se me erizan los vellos al ver eso.

Cuando fuimos a un templo o más bien a varios, teníamos que entrar sin zapatos y está bien sucio y además debes meter tus pies en agua que ha de tener millones de bacterias, puesto que miles de personas meten sus pies allí que está tan sucio.

En general, a mí en particular la India no me gustó mucho. Aunque también visitamos aldeas apartadas totalmente de las ciudades y vimos que la pobreza es aún mayor. ¡Hay extremos de riqueza y pobreza! Fuimos a otro templo donde les dan de comer a las personas indigentes y ayudé a hacer tortillas para las más necesitadas. Fue muy bueno para mi espíritu y corazón, saber que pude colaborar un poco en algo como eso. En Raj Ghat, un barrio muy popular, se encuentra el Museo Conmemorativo de Mahatma Gandhi.

Por otro lado, la Ciudad Rosa es muy bonita por su arquitectura. Visité la tumba de Indira Gandhi. Conocí un indio, equivocadamente les llamamos hindúes, pero no, hindú es la religión. Para ellos su nombre correcto es indio. Bueno, lo conocí porque compré 'souvenirs' en ese lugar y qué creen, en la tarde él averiguó dónde estaba yo hospedada y a mi amiga y a mí nos llevó para comer un coco, y también unas telas para que nos hiciéramos un atuendo de india, los famosos 'saris'. ¡Qué hermosas telas, de veras! Quedé agradecida porque sin conocerme amablemente me acompañó a comprar una maleta y luego nos llevó al hotel esas hermosas telas para el traje a mi amiga y a mí. Aún la conservo, muchas gracias por tan bonito detalle.

Asimismo, tuve la oportunidad en ese país de compartir la Palabra de Dios sobre todo a los niños y qué bien recibieron las enseñanzas. Ponían mucha atención porque cabe mencionar que todos los niños en la India hablan inglés. Qué maravilloso compartir con ellos.

Y una vez más comprobé que la gente alrededor del mundo tiene sed de conocer la Palabra de Dios. Porque todos dicen conocerlo pero sentir dentro de tu ser a Dios y tener una comunión o comunicación con Él, es diferente. Y eso, cuando lo sabes y lo compartes, es único y maravilloso el sentirlo dentro de ti, en tu corazón, es extraordinario cuando sientes y tienes ese toque del Maestro.

PANCRACIA EN ISRAEL

Comenzaremos con que el Mar Negro no es mar, en realidad es un lago con el nombre de Mar Caspio y uno de los dos cuerpos principales de agua que existen entre Asia y Europa. De manera que el Mar Negro forma parte de los sistemas oceánicos del orbe. Además, es un importante conector con el Mediterráneo para Rusia, Ucrania y naciones vecinas.

Muchas ciudades antiguas se localizaban en los alrededores del Mar Muerto, que es híper salado, tanto así que cuando las personas se meten a él flotan. Supuestamente, tanto Jericó como Sodoma y Gomorra se ubicaban en sus cercanías antes de ser destruidas. La gente ha vivido en el área alrededor del Mar Muerto durante más de 2.000 años. En unas cuevas situadas en Qumrán, un antiguo asentamiento en su orilla oeste, es el lugar donde descubrieron los famosos rollos del mar Muerto, se supone que fue en 1947, éstos datan del año 150 antes de Cristo. Son textos antiguos escritos en pergamino y papiro. La mayoría de ellos fueron escritos antes de la llegada de Jesús. Se descubrieron 900 rollos, escritos en hebreo, arameo y griego. Los rollos sobrevivieron por mucho tiempo debido al entorno extremadamente seco que rodea al Mar Muerto, en él se flota sin esfuerzo. Es una experiencia única, bueno, a mí Pancracia me pareció genial sentir eso.

Allí en el Mar Muerto compré en una tienda unas cremas que supuestamente quitan las arrugas, ¡ni que fueran cirujanos! Pero las compré y ya ni arrepentirme es bueno, porque las arrugas siguen ahí.

Se dice que muchas sectas judías vivieron en los alrededores del Mar Muerto. Destacan las diferencias de las creencias entre las diferentes sectas del judaísmo de su época, conteniendo también diversos libros de la Torá, algunos no incluidos hoy en día en la Torá moderna o Biblia hebrea.

Por otro lado, en Israel por cualquier cosa te piden dinero; por ejemplo, si te quieres tomar una foto y no hay quién la pueda tomar, alguna de ellas que en su mayoría son personas árabes, se ofrecerá para hacerlo… Pero una vez que lo hacen estiran sus manos pidiendo 5 euros…

Israel es un país único, qué privilegio haber podido ir tres veces y visitar este hermoso y bello país. ¡Wow!, espectacular. Y las vivencias únicas, exclusivas, volvería a visitarlo otras tres veces.

Visité Tel Aviv que es una ciudad muy bonita. Pero, ¿qué creen?, una bendición porque nosotros llegamos un día después que había sucedido un tsunami. El hotel y las habitaciones estaban mojadas, fue una verdadera odisea porque éramos 40 personas que llegábamos a hospedarnos e imagínense las condiciones del lugar un día después de haber sido azotados por un fenómeno natural. Ese tsunami ya no nos tocaba a nosotros.

Cabe mencionar que tuvimos retraso en nuestro vuelo si no, habríamos llegado un día antes y nos habría tocado 'la bañada' y el susto de mi vida, ¡un tsunami nooo! La gente del hotel de verdad que 'tuvo que hacer circo, maroma y teatro' para que pudiéramos dormir allí esa noche. Me acuerdo que tenían ventiladores (fans) por todos los pisos del hotel para que éste se secara. Nos tocó dormir una noche a todo el grupo en una especie de 'penthouse', todo de cristal, pero con mucho frío. Pero bueno, sobrevivimos y al fin fue sólo por una noche.

Los mares de Tel Aviv son preciosos, azules, hermosos. Contemplé las olas y admiré el mar ya en calma, ¡qué bueno!, no me hubiera gustado verlo un día antes. Allí en Tel Aviv hice un paseo por el mar en barco. Fui al Mercado Carmel y un inolvidable paseo por Charles Clore Garden, qué belleza la tierra de nuestro Jesucristo. Es un sitio único, allí se siente la paz que no hay en ningún otro lugar del mundo, pero sí la encuentras en esa gran nación de Israel, allí la pude sentir yo.

Ese paseo fue maravilloso y en él pude disfrutar de un delicioso jugo de granada en el mercado de frutas y verduras, qué exquisito jugo es único en su sabor. Allí exprimen al instante las granadas, puedes ver cómo las parten por la mitad y te hacen tu jugo, ¡hmmm, qué rico! Bueno, asimismo visité el Ilana Goor Museum Jaffa. También disfruté

El Mirador de Abrasha Park. Por la mañana caminé por la orilla de la playa Shomo Lahat y una estructura que vi fue Promenade Hatachana. Qué bello es Tel Aviv. Al día siguiente dimos un paseo en bicicleta y visité el Clarkson Park. Después fui a Caesarea, muy hermosa también, allí están el Teatro Romano Caesarea, el Museo de Israel, la Panorámica de Elat, La Masada, el Parque Limma, el Museo del Holocausto y las Ruinas Bizantinas de Ave.

En el Museo del Holocausto se encuentran las pertenencias de quienes murieron en los Campos de Concentración de los nazis. Fue impactante para mí recorrer todo el museo y saber cuánta gente inocente, cuántos benditos judíos, fueron asesinados en esos infaustos campos. De verdad que oré y sentí nostalgia por todas esas almas que murieron en ese tiempo.

La Cúpula de la Roca es impresionante. Ésta se encuentra en Jerusalén y los judíos afirman que fue el lugar donde Abraham estuvo a punto de sacrificar a su hijo Isaac por orden de Yahvé, donde Jacob vio la escalera al cielo y en donde se encuentra el corazón del Templo de Jerusalén.

Y por otra parte, los musulmanes creen que es la roca que se encuentra en el centro de la Cúpula es el punto desde el cual Mahoma ascendió a los cielos para reunirse con Alá acompañado por el Ángel Gabriel y es un lugar santo para ellos los musulmanes. Es llamada la Mezquita de Omar y dentro de la Cúpula se puede admirar los arcos de las cadenas.

Esta Mezquita es la más antigua, muy importante y representativa para el Islam. Cabe mencionar que es una mezcla de persa y bizantino, sin embargo, sus arquitectos fueron cristianos y su nombre propio es Cúpula de la Roca, que fue edificada por Abdy Malik.

Estando en Israel visité el Río Jordán y en él fui bautizada, me sumergí en sus aguas y lo curioso fue que cuando emergí una nutria saltó muy cerca de mí, al principio me asusté pero como les relaté antes, los animalitos de cualquier especie me siguen y eso me ha sucedido en otros países. Bueno, para mí también es una bendición de Dios porque no a todas las personas les pasa algo así.

Qué hermoso es Israel, qué país más precioso.

PANCRACIA EN JERUSALÉN

Una gran experiencia, única y espiritual, fue al visitar Tierra Santa. Es algo increíble y sensacional, se experimentan cosas fuera de este mundo. Bueno, estuve en Israel como cinco días, el primero de ellos fuimos al Mar de Galilea donde la Biblia habla que cuando Jesús le dijo a Pedro que echara la red para pescar, éste pescó en una sola vez 153 peces, ahí fue la multiplicación de los peces en la zona de Tabgha. Este maravilloso lago se forma por el descenso del Río Jordán y está flanqueado al Este por las montañas del Golán. Esto fue extraordinario. ¡Yo te bendigo Israel, tierra bendita de Dios!

Asimismo visité la iglesia de las Bienaventuranzas donde Jesús predicó su conocido Sermón del Monte. También en Tierra Santa, cuando fui a visitar el Monte de los Olivos, experimenté mucha paz y tranquilidad. Fuimos al sitio donde Jesús oró. Mi visita a la Tumba vacía de Jesucristo ¡qué experiencia!, otro toque verdaderamente divino del Espíritu Santo. Después el Getsemaní, la casa de la suegra de Pedro, la Tumba del Rey David. El Cenáculo, también visité el lugar donde Jesús celebró la Santa Cena (El Muro de los Lamentos o Lamentaciones), donde dejé las peticiones de mi vida y las de cada uno de mi familia. ¡Y vaya que se han cumplido!

Gracias a Dios allí conocí muchos judíos y pude platicar con ellos, son gente muy amable, bueno eso me pareció, pude sentir en el espíritu mucha paz. ¡Oh!, desde luego, eran judíos cristianos. También visité Betania, las mezquitas de Jerusalén, entre ellas la de Al-Aqsa, Masij al-Aqsa, que significa 'la mezquita lejana'. Igual, recorrí las de Belén, las Grutas de San Gerónimo y la Basílica de la Natividad.

Belén me pareció hermosa, es una ciudad palestina ubicada en Cisjordania, como a nueve kilómetros de Jerusalén. Esta ciudad se cita en las Cartas de Tell al-Amarna, escritas por el gobernador egipcio alrededor del año 1350 a. C., al faraón Amenhotep III, como un importante sitio de descanso para quienes iban de Siria a Egipto.

Por otro lado, visité las grutas de Belén, allí nació el Salvador del Mundo, Jesús, el Cristo de la Gloria. Qué privilegio poder estar en esos sitios que se encuentran escritos y descritos en la Biblia, es hermosa historia y conocimiento. También visité la cúpula de la Roca y la tumba de Lázaro.

Fui a la Antigua Jerusalén y visité la Vía Dolorosa, caminé largo rato por toda esa avenida y vi los Santuarios de la Visitación y nacimiento de Juan El Bautista. Nazaret también está muy bonito. Luego fuimos a Capernaúm, en esta antigua ciudad fue donde Jesús pasó parte de su ministerio.

En síntesis, todo Israel me pareció espectacular, majestuoso y maravilloso.

Israel, yo te bendigo

He ido tres veces y no me canso de ir, también fui al Río Jordán y renové votos, me bauticé o sea que me sumergí en las aguas del Río Jordán. Por otra parte fui al Mar Muerto que también me pareció único y en Belén fue algo maravilloso pues me besó en la boca un camello, sí, yo le dije al noble animal que le agradecía por haberme llevado encima de él y en ese momento me besó. ¡No se quedó con las ganas! Fue genial porque el grupo de amigos capturó en fotografías el momento exacto en que el camello me besó, lo tomaron desde distintos ángulos.

En Jerusalén me sucedió algo fuera de serie, en menos de dos minutos me perdí del grupo, bueno, nos perdimos, porque fue una compañera y yo. Cabe mencionar que fue toda una aventura y hasta la fecha no sé cómo pasó o lo que pasó pero nos perdimos casi por cuatro horas. Queridos lectores, se imaginan ustedes la desesperación que se siente estar perdidas por todo ese tiempo entre los largos muros de Jerusalén que parecen un laberinto, nos encontrábamos con pura gente que no hablaba ni español ni inglés, sólo su lengua natal, arameo, hebreo y árabe. Así que no nos entendíamos ni papa y para acabarla de amolar las escaleras que hay allí son hacia arriba. Yo me sentía cansada de tanto ascender y como si fuera a desfallecer. Por fin encontramos a un guardia porque las calles en Jerusalén son muy angostas y en la esquina de cada calle estaban dos guardias armados, uno de cada lado, pero como no nos entendíamos pues continuábamos perdidas. Casi desmayábamos, por tanto caminar teníamos mucho cansancio.

Lo malo fue que ellos nos mandaban de un lado para el otro y eso nos produjo mayor cansancio pues no parábamos de caminar. De manera que tuvimos que recurrir a otros guardias que hasta nos asustaban porque estaban allí con 'sus cuernos de chivo' al hombro y, haciéndonos señas, nos mandaban otra vez a caminar y a perdernos más

Bueno, conocí Jerusalén por dentro y muchos de los turistas, creo que ninguno, pudo entrar allí porque no es para visitantes ni mucho menos. Nos parecía que estuvimos en una cárcel por cuatro horas, que nunca más íbamos a volver a salir pues no encontrábamos ninguna salida. Pero gracias a Dios estamos bien y salimos ilesas de esa aventura. ¡Ufff!

Salimos gracias a Dios… Resulta que íbamos rumbo al Monte de los Olivos y se supone que cuando nos perdimos ellos, todo el grupo, llegaría mucho antes que nosotras. Hasta la fecha no me puedo explicar cómo fue que nos perdimos por tantas horas. La cuestión fue que pudimos salir y paramos un taxi cuyo conductor hablaba inglés y él nos llevó al Monte de los Olivos. Pero, ¡sorpresa!, nadie del grupo había llegado aún, ¿cómo, si el autobús recorría desde el sitio donde nos perdimos hasta el Monte en sólo 30 minutos? ¡Y nosotras habíamos estado extraviadas durante cuatro horas! Fue inexplicable, así que tuvimos que esperar mucho tiempo para que nuestros compañeros llegaran. Yo concluyo en que el tiempo se detuvo y que cosas como esas sólo pueden pasar en el bendito pueblo de Dios. ¡Qué bello es Israel!

Pasé la puerta de Jaffa y mis ojos vieron una gran línea que zigzagueaba y eso es lo que separa a Belén de Jerusalén. También visité Belén que es hermosísimo y cómo no, si todavía se siente el nacimiento del Salvador del mundo, se respira ese bonito ambiente. Yo, una de las tantas veces que visité Israel y fui de Belén a Nazaret y a otras partes, fue en diciembre y todo estaba lleno de luces. Vi muchas representaciones del nacimiento de Jesús y me contagió ese espíritu que es muy especial en mi vida.

En el tiempo que yo visité crucé la frontera y en ese tiempo los turistas cruzábamos con tranquilidad el famoso 'check point' de Palestina a Belén y viceversa, para mí fue con tranquilidad la cruzada. Cabe mencionar que sí son exhaustivos en su revisión y es lo correcto porque así se mantiene el orden. Yo crucé el muro pero alguien me contó que eso ya no se puede hacer hoy en día. La verdad eso no lo sé, pero en mi tiempo sí pasé. Asimismo pasé por la Puerta de Damasco de la ciudad Vieja de Jerusalén y visité la Iglesia de la Natividad. En Palestina degustamos una deliciosa comida y fuimos muy bien atendidos.

Sin embargo, lo que vi al cruzar la frontera me pareció que era una ciudad totalmente destruida. Se ve basura y demolición, como si recién hubiera ocurrido un terremoto. Increíble pero cierto.

¡Ahhh!, cabe mencionar que en Jerusalén me perdí del grupo por quedarme a tomar un delicioso jugo de granada, que es riquísimo y de sabor único.

PANCRACIA EN EGIPTO

Fue magnífico viajar por Egipto, allí me subí en un camello y di un paseo. Era la primera vez que me subía en uno y experimenté que son muy altos, parecía que andaba yo en el segundo piso. Pero eso me gustó mucho. Por supuesto, iba vestida (disfrazada) a la usanza árabe con mi turbante y todo, ¡qué creen! Lo más curioso fue que compré 'souvenirs' en pleno desierto, ya que había muchos vendedores ofreciendo distintas mercancías. Imagínense si no les gusta el 'bussines' (el negocio) y no te venden a sus mamás porque ellas no están allí, ¡qué bárbaros!

Del mismo modo admiré otras de las grandes maravillas del mundo; las Pirámides de Egipto, es fácil describir y escribir, pero estar allí es único, ¡me impactó! Egipto me pareció que por él no había pasado el tiempo, siento que allí éste se detuvo. Y eso que ya tiene 5.000 años de antigüedad.

Pero definitivamente lo más hermoso y magistral que me sucedió en Egipto fue subir al Monte Sinaí y esperar la Alborada, esto significa que era de madrugada, antes que amaneciera, pero nosotros ya estábamos allí para presenciar algo espectacular. ¡Qué bello, qué hermoso e inigualable!, ver, sentir y presenciar eso fue único. Cabe mencionar que fue allí donde Moisés recibió las tablas con los 10 Mandamientos, así como están escritos en la Biblia.

Es increíble y me siento bendecida y agradecida con Dios por darme la oportunidad de sentir y presenciar algo único que se me quedó grabado para toda mi vida. Allí se puede sentir la presencia de Dios y el toque del Espíritu Santo, de verdad que fue único. Sin embargo, para llegar allí no es nada fácil, hay que subir unos peldaños muy 'empinados' (inclinados) y me cansaba cuando veía para atrás porque sentía que me iba a caer y que no iba a poder bajar. Pero vale la pena. No les voy a decir que pude hacerlo sola, no, tuve que alquilar (rentar) un camello porque ya estaba cansada y pude llegar al objetivo que era presenciar lo que antes les describí; la Alborada.

¡Wow!, qué recuerdo más bello, todavía se me enchina la piel al recordar esos maravillosos momentos únicos.

Pero eso no fue todo, fuimos al Monasterio de Santa Catalina, famoso por la riqueza que guarda como biblioteca de manuscritos y códices, nos dijeron que son unos 3,500 en diferentes lenguas que van desde el hebreo, árabe, armenio, griego, copto, siríaco, georgiano y otras más.

En Tierra Santa, un chamaco precoz como de 11 o 12 años 'le echó los perros' a Pancracia, dos veces le llevó una rama de olivo y ella le quería pagar pensando que eso pretendía el jovencito, obtener dinero. Incluso una compañera de Pancracia le preguntó a él, por qué no le llevaba una rama de olivo a ella, pero el chamaco dijo que a ella no, que él se los estaba llevando a Pancracia... Y le dijo, ¡I love you!

Qué hermoso niño y sus ojos tan preciosos, aún conservo las ramas de olivo, las puse en un cuadro y he pensado hacer un museo de todas las cosas souvenirs, monedas y billetes que he coleccionado a los largo de todos mis viajes y mi vida. ¿Usted qué opina, querido lector?

¡Órale Pancracia!, hasta los chavitos te siguen. Bueno, cabe mencionar que desde pequeños los árabes son muy precoces y muy enamorados. Son más que atrevidos, les 'echan los perros' a todas.

Fíjense qué tan serviciales son los egipcios, que hasta te esperan a la salida de cualquier parte que vayas, casi andan encima de ti todo el tiempo. Yo me iba a tomar una foto con los compañeros del grupo, entonces un egipcio me pidió mi cámara y yo pensé, 'oh, qué nice!'... ¡No, que 'nice' ni qué nada! Se ofrecen a tomarte la foto y tú hasta te acomodas y posas... Pero luego estiran la mano y te dicen, ¡cinco euros! Vean nada más ¡qué sinvergüenzas!, porque no te regresan tu cámara hasta que les das los cinco euros.

También te regalan una rosa, casi se hincan para dártela pero cuando tú la tomas, te dicen ¡cinco euros! Pero no aceptan que se la regreses, los egipcios son medio agresivos. Por lo menos eso percibí yo.

Algo realmente impresionante fue ver a los 'encantadores de cobras', los que mientras tocan sus flautas provocan que esos reptiles salgan bailando. ¡Ay nanita, con sus cabezotas. Me da 'mello'! Pues sí, las cobras se ven imponentes y los encantadores hacen bien su trabajo.

¡Eso sí!, su comida es una delicia, toda, el pan árabe y las mejores guayabas que he probado en mi vida fueron de allí, de Egipto.

Por otro lado, fui a la Franja de Gaza y tuvimos que pasar por Migración para poder cruzar la frontera. Por el aspecto que presentaba el sitio, a mí me pareció que por allí había pasado un verdadero desastre. Las fotos que tomamos lo atestiguan, todo destruido, las calles solitarias y guardias armados por las calles y por todos lados.

Bueno, así es en su mayoría Jerusalén y otras partes, ves guardias por todos lados. El autobús de turismo donde yo viajé estuvo escoltado todo el tiempo por los guardias armados, durante todo el trayecto desde Egipto hasta la Franja de Gaza.

Pero experimenté su grandeza de 5.000 años de antigüedad y parece que allí se detuvo el tiempo, me pareció que es igual a como era hace muchos, pero muchos años y no cambia nada.

PANCRACIA EN EL CAIRO

En El Cairo visité la Necrópolis de Sakkara y Memphis, luego fuimos a Giza que está a veinte kilómetros de El Cairo en donde hay las tres grandes pirámides; las de los faraones Keops, Kefrén y Micerino, además de la famosa Esfinge que, en conjunto, son las más conocidas del mundo, las que más secretos guardan y que siguen siendo objeto de estudios por investigadores que han vertido diversas opiniones, pero sin llegar a un punto exacto respecto a ellas.

En otro paseo visitamos el Viejo Cairo y Museo Egipcio en donde se hallan la mayor parte de obras maestras del Antiguo Egipto, incluyendo el Tesosro de Tutankamón. Visitamos además la Ciudadela y el Bazar Khan El Khalili, formado por un laberinto de estrechas calles.

Por cierto que en Egipto compré un 'hanbal', que es un tapete bellísimo, y papiros, muchos papiros.

En autocar viajamos al Canal de Suez y lo cruzamos por el túnel subterráneo. Luego continuamos por el desierto del Sinaí hasta el Monasterio de Santa Catalina, construido en los tiempos del Emperador Justiniano en el lugar de la Zarza Ardiente. Y al día siguiente, nuevamente en autocar, fuimos a la frontera de Taba y cruzándola seguimos por el Valle de Araba hasta Querrán y el Mar Muerto.

También en El Cairo, visitamos por la noche un espectáculo de luz y sonido en las pirámides y una cena a bordo de un yate haciendo un crucero por el Río Nilo. Asimismo presenciamos otro espectáculo de bailables, en una clásica tienda (carpa) árabe, sentados en el piso pero cómodamente sobre mullidos cojines, verdaderamente al estilo del desierto. Allí tomamos té y, una vez más, yo ahí bailando el Belly Dance. ¡Ah!, eso sí había muchos árabes y hasta me sentía una reina egipcia, ¡ja, ja, ja!

En El Cairo hay semáforos, pero no en todas las calles y por eso se forman caos de tránsito vial. ¡Qué locura!, todos se cruzan corriendo, exponiendo sus vidas. Como en el pueblo de mi abuelita, en donde ¡hay que 'torear' a los carros!

Abu Simbel o El Gran Templo de Ramses II a orillas del lago Nasser

Y es que no hay palabras para describirlo... increíble, sorprendente, enigmático...Cuenta la leyenda que en el siglo XIII a.C. Ramsés II mando construir los dos increíbles templos que componen Abu Simbel...

El primero de ellos, el del propio Ramsés II, fue dedicado a los dioses Amón, Ra-Horajti y Ptah, así como a Ramsés deificado.

La fachada del templo tiene 33 metros de altura y está custodiada por cuatro estatuas colosales de Ramsés II esculpidas en la roca. Cada una de ellas mide unos ¡veinte metros de altura!

¡Qué afortunada!, estuve frente a las pirámides y la Gran Pirámide, una de las maravillas del mundo. Todo eso y mucho más pudieron admirar mis ojos.

Cierto día, en El Cairo, había mucha gente en pleno centro, en la Plaza, y de repente sucedió algo increíble y espantoso ya que había militares armados y personas golpeadas, la mayoría jóvenes. En la refriega hubo 'Bombas Molotov' y hasta tanques de guerra. ¡Qué feo, lo recuerdo y aún me da escalofríos!, nosotros como turistas no podíamos salir del hotel, nos decían que permaneciéramos allí, casi en el suelo. Estuvimos como dos días con esos problemas pero le doy gracias a Dios porque nos sacó bien de Egipto y pudimos regresar de nuevo a nuestra tierra. Qué bueno porque fue algo fuera de serie, parecía que estuviera viendo una película de guerra. Y pensar que un día anterior a ese por ese lugar estaba yo posando de diferentes ángulos mientras me tomaban fotos. Pero al otro día la situación cambió radicalmente, había olor a sangre y a muerte. ¡Horror de todo lo que vieron mis ojos!

Eso sucedió durante el primer día de mi segunda visita a Egipto, fue algo tremendo pues se soltó algo terrible que mis ojos no podían dar crédito pero que parecía el fin del mundo, la guerra misma. ¡Ay mamacita, yo nunca había estado en una situación como esa y menos en otro país, con otro idioma, costumbres y diferencias ideológicas que derivaron en esa terrible pelea armada. ¡Ay, qué miedo!

También en Egipto compré muchos papiros y visité muchas galerías y fábricas en donde hacen el papel cuyo terminado final es el papiro.

MI ESPECTACULAR VIAJE A DUBAI

Cuando fui a este país sentía un tipo de aleteo en mi estómago y no era porque fuera a volar nuevamente, sino que por fin conocería Dubai, una ciudad construida en lo que antes fue desierto y cuya riqueza es inconmensurable. Dubai es uno de siete emiratos que comenzó su despegue económico con la extracción de petróleo por medio de un acuerdo con el gobierno británico, pero en la actualidad gracias a la exención de impuestos que hay en la nación árabe, muchas grandes empresas se han establecido allí. De veras que tenía ganas de estar en Dubai.

¡Wow! No pude expresar otra cosa al ver la magnanimidad de esa gran urbe que tiene más de quinientos rascacielos y donde el lujo es cosa de todos los días, algo normal. Sus edificios irradian no sólo el reflejo de sus cristales, también la sagacidad con que han sido construidos por personas que saben muy bien en qué y cómo invertir su dinero.

Nuestra primera parada en Dubai fue para conocer el Atlantis the Palm, un hotel de súper lujo del que tomaron como modelo el Atlantis Paradise Island de Nassau, Bahamas, ese que hemos visto en películas y comerciales, que tiene una conexión de torre a torre por un puente cuya base es casi plana, mientras que el Atlantis the Palm en su puente tiene la configuración del típico arco árabe, obvio, ¿verdad?, si es parte de los Emiratos Árabes Unidos.

Bueno, pues este extravagante hotel muestra en sus lujos el poderío económico de sus propietarios. Tiene Aquaventure, un parque acuático de 17 hectáreas que posee toda clase de diversión piscinas, olas, ríos y un tobogán con la reproducción de una pirámide maya. Dentro del edificio tiene acuarios, exclusivos centros nocturnos, bares, restaurantes con platillos internacionales, spas, tiendas y muchas cosas más. Fue construido en el 2008 y tiene 23 pisos.

Luego visitamos desde afuera la Torre Burj Al Arab, un hotel construido sobre una isla artificial, lujos y más lujos. Luego nos llevaron a un sitio en donde presenciamos un espectáculo único, las Fuentes de Dubai, un juego de agua y luces, cuyos chorros de agua bailan al ritmo de la música y lanzan otros a gran altura. Sí, se asemejan al del Hotel Bellagio de Las Vegas, pero el de Dubai está ubicado en una extensión increíblemente mucho más grande. En cuanto a calidad de un show y otro, me quedo con el de Dubai.

Cabe mencionar que de todas las nacionalidades que viven en Dubai, el 80% son inmigrantes de diferentes países. Algo muy bueno que me causó extrañeza es que aman a su presidente (califa), hablan muy bien de él y de toda su familia porque dicen que él les ha dado a todos un nivel de vida excelente. ¡A todos!, no importa de dónde sean. ¡Wow!, pero para vivir allí y tener todos esos privilegios, si no naciste allí debes ser menor de 55 años, ni un día más.

La razón es que durante el tiempo que vivas allí y trabajes, te otorgan los mejores privilegios que uno jamás se haya imaginado. Pero al cumplir 55 años, si eres inmigrante, ellos no quieren personas mayores de edad o enfermos. Pero yo vi muy saludables a todos porque el nivel de vida que hay allí es excepcional y con todos los privilegios. Qué inteligentes, me pareció algo extraordinario.

Al día siguiente tuvimos un cambio drástico en nuestro itinerario pues nos llevaron al Desierto Safari, ¡exactamente!, en las propias dunas del desierto, en esas candentes arenas que caracterizan a Arabia. Allí montamos en camellos, que los hay para que una escoja. Como también que disfrutamos deslizándonos en lo que llaman Sand Boarding, ya saben, esos como skies en que se colocan los dos pies, como los que también se utilizan para hacerlo en la nieve. Pero, ¡ah, que divertida nos dimos!, con las consecuentes caídas y algunos raspones.

También subí a la torre más alta de Dubai y pude apreciar desde las alturas lo maravilloso que es. Con sus playas artificiales pero espectaculares que fueron construidas en el desierto. ¡Qué playas, mejores que las reales! Qué colores los del mar azul y de la arena blanca.

Ya por la noche nos subimos a un crucero que nos llevó por las apacibles aguas del Dubai Creek, fue un recorrido que disfrutamos pero en el cual también nos ganó la nostalgia. El por qué estaba claro, era porque así terminaba ese maravilloso viaje. Soñado y muy hermoso.

Al siguiente día nuevamente sucedió algo espectacular, otra ave, un halcón, se posó en mi mano y eso fue en pleno desierto. Bueno, les digo que siempre me siguen los animales, es que los amo. Pero fue algo especial, sentí sus garras en mis manos y sus ojos me veían fijamente. ¡Ay nanita! Después de ese susto de sentirlo en mis manos, nos subimos en unas camionetas como Hommer que dan vueltas en la arena de las dunas y casi me da un inflarto, perdón un infarto. ¡Padre santo! Casi se me caen los zapatos... ¡Ah!, no sean malpensados. Pero en verdad, que gacho (feo) se siente volar por los aires y caer otra vez a la arena. ¡Ay, casi me muero!, me agarré hasta con las uñas de los pies, ¡ja, ja, ja!

Quiero decirles que Dubai es espectacular, bellísimo, majestuoso y tiene algunas excentricidades. Vimos leones atados a cadenas de oro. Y las mujeres usan oro que ¡qué barbaridad! Lo llevan por todas partes, anillos en los dedos y pulseras en los brazos y gargantillas, obviamente en el cuello. ¡Wow!, parecen blusas y son de oro puro.

Yo conocí el antiguo Dubai que era del cielo a la tierra comparado con el Dubai nuevo. Del antiguo hasta me pareció que estaba en el pueblo de mi abuelita hace 60 o 70 años atrás. ¡Qué cambio. Qué hermoso es! Allí se encuentra la torre más alta del mundo y también el edificio más grande. Tiene playas únicas y eso que fueron construidas artificialmente, pero todo parece tan real y tan bonito. Y claro, nos dimos un paseo por esas playas hermosas, de arenas blancas. ¿Pero qué creen?, nos llevaron en un Lamborghini, sí, nos fuimos a Abu Dabi que es más adelante de Dubai. ¡Qué belleza!, sus construcciones son de mármol, oro y cristal y allí nos vestimos como las mujeres de allá. Para entrar a esos lugares y templos teníamos que ir tapadas de la cabeza a los pies. Tienen muchas restricciones para las mujeres, yo parezco una de las de allá, van a ver mi foto.

Allí también visitamos la fábrica de Ferrari y me traje muchos regalos de joyería muy económica. ¡Qué perfumes y qué 'pashminas'! Yo creo que Dubai es uno de los países que más me ha gustado, bueno, a decir verdad, los admiro a todos porque cada uno tiene cosas únicas. Pero qué hermoso es Dubai.

Por el camino donde fuimos de compras a un 'mall', encontré a un excelente caballero que una vez más nos acompañó y fue él quien nos regaló a mi amiga y a mí la joyería que cada una nos trajimos. Escogí como tres anillos y una pulsera, son baratos aunque sean de oro, pero este árabe de allí, de Dubai, quiso quedar bien con esta latina hermosa y no nos cobró los anillos, dijo ¡mujeres bonitas! También nos regaló unas gorras que dicen Dubai. ¡Ah!, pero también paseamos en uno de sus yates privados y nos dieron de los mejores vinos y comida exquisita. Después nos enteramos que nada más y nada menos, él era el dueño de uno de los más importantes hoteles de Dubai.

¡Qué lástima!, podría haber sido el abuelo de cualquiera de las dos, de mi amiga o de mí.

Y por si fuera poco nos invitó a tomar una taza de té en un súper e increíble hotel de los más lujosos. Creo que allí nada más entran los millonarios, ¡Así como lo leen ustedes! Pero él pagó. Yo creo que le gustó mi amiga porque ella es muy guapa, parece árabe. ¡Ah, pero qué les pasa. Yo también soy millonaria, tengo doce millones en el banco!… ¡Sí, uno es de arroz y otro de frijoles!… ¡Ja, ja, ja! Yo les dije 'dos semillones', ¿ustedes qué creían?

Bueno, realmente siempre me he sentido no millonaria sino trillonaria. Sí, aunque no tenga dinero me siento así porque he vivido una vida de abundancia, he viajado, he sufrido, he llorado, he amado, he perdonado, me han perdonado y he gozado. Así es que díganme ustedes amados lectores, soy o no soy trillonaria con toda esta vida de abundancia que he tenido. Porque lo mejor es que tengo el Conocimiento Divino y eso no tiene precio, eso es ser trillonaria, ser un hijo amado por Dios. Porque yo me pregunto cuánta gente no quisiera vivir esta hermosa vida que he vivido yo y la volvería a vivir así, con todo lo que me ha pasado, eso no importa… Si Dios está siempre conmigo, ¿quién contra mí?… ¡Nadie! Porque De Mendiga a Millonaria, del sufrimiento al gozo y del fracaso al éxito.

Poema de Pancracia, para su primer y único amor

Contigo aprendí a ser feliz
desde que te conocí te adoro.
Tu amor es el primero que
me llena por completo,
tú mi amor verdadero,
el único y el primero.
Divino amor, estarás siempre
conmigo hasta la eternidad.
Tú, que me llenas por completo,
tú, mi amor verdadero,
el único y el primero,
divino amor que siempre estarás
conmigo hasta la eternidad.
Mi único amor sincero que me da
aliento de vida, que es inigualable,
mi principio, mi fin y mi vida,
por todo, yo te adoro.

¡Qué tal, queridos lectores! Para eso de los poemas me pinto sola. Sí, eso de escribir canciones y poemas se me da fácil, es un don que Dios me dio y cómo lo agradezco yo. Doy gracias al Señor por ese talento que Él me regaló.

PANCRACIA EN ÁMSTERDAM

Luego viajamos a Ámsterdam, llamada la Venecia del Norte por su extenso sistema fluvial de más de 100 kilómetros y que en su longitud cruza más de mil puentes. Con sólo ver desde un puente los canales que hay en la ciudad, nos dimos cuenta de la forma en que viven los holandeses; sobre las angostas calles algunos automóviles estacionados, contrastando con un muy superior número de bicicletas. ¡Y lo mejor!, sobre el canal vimos diferente tipos de lanchas 'estacionadas' como si se tratara de los autos que comúnmente 'formamos' (colocamos en fila) en las calles de una ciudad que no tiene las características de Venecia o de Ámsterdam.

Pero eso sí, Ámsterdam tiene hermosísimas y bellas casas. De veras, qué tremendas casas hay en Holanda y sus construcciones edificadas sobre agua al menos suman 2.000 casas flotantes. Sí, porque en Holanda hay mucha agua. Qué país tan bendecido.

El mercado de las flores o Bloemenmarkt, aledaño al canal de Singel, fue construido sobe el agua, aunque es algo que no se aprecia de inmediato sino hasta que la gente del lugar te lo hace saber. De ese sitio me gustaron mucho los tulipanes que son como un símbolo de esta nación, que los hay en todas partes, que se cultivan en diferentes especies y son exportados a varias partes del mundo.

En medio de tantos canales hay tres principales que son; el Keizersgracht, el Herengracht y el Prinsengracht, los que cruzan la ciudad por distintas partes convirtiéndose en flujos de transportación.

Punto y aparte son sus deliciosos quesos, con una variedad tan amplia y de diferentes texturas al paladar, yo los disfruté mucho.

Cuando visitamos el gigantesco edificio de la Bolsa de Ámsterdam, lo confieso, nos pareció que se trataba de una estación de ferrocarril, una fábrica o una escuela; quizás por su austeridad de construcción a base de ladrillos rojos que tardó 5 años, entre 1898 y 1903. Pero no, ahí se manejaron en un principio la comercialización de mercancías, cereales, cargamentos, valores y monedas. Pero su esplendor terminó en 1912 porque se sobrecargó de actividades, por lo que el punto central de sus quehaceres financieros fueron llevados al Stock Exchange Building.

Hoy, en la llamada Bolsa de Berlage (apellido de su constructor, Hendrik Petrus Berlage) se montan exposiciones de arte, grandes congresos y fiestas de alto nivel.

La Plaza de Dam está considerada como el Monumento Nacional de Ámsterdam, dicen que ese sitio, en el siglo XIII, estuvo la presa del Río Ámstel y por tanto la ciudad fue edificada allí. Dicho Monumento tiene un obelisco de 22 metros de alto y está dedicado a los militares holandeses que sucumbieron en la Segunda Guerra Mundial.

También en la Plaza de Dam se encuentra el Palacio Real que inicialmente fue el Ayuntamiento, pero es en el que los gobernantes ahora celebran sus ceremonias oficiales. Begijnhof que fue el mercado de las flores. Bloememark que fue el barrio de los museos. Entré al Rijksmuseum, museo de arte europeo, que se encuentra en un bello y amplio edificio que en su arquitectura está rematado por altas torres en sus cuatro extremos y dos más en medio de las partes frontal y posterior, visto desde lejos este edificio se asemeja a una fortaleza. El Museo de Van Gogh es uno de mis favoritos por su acervo artístico, en él se encuentran más de 400 dibujos y 200 pinturas del excepcional artista holandés Vincent Van Gogh.

Visité además el Concertgeboun y el pulman verde de Ámsterdam, así como el Von Delpark.

En barco paseé por los canales de Ámsterdam durante el día, pero también hice un recorrido nocturno y además cené a bordo del barco. Qué deleite. Fui a Marken en ferry. Visité Valedom, un pueblo pequeño de pescadores y la pequeña isla que tiene unida. Fui al encantador Barrio de Jordaan.

De igual forma conocí la casa de Ana Frank, sí la chica que escribió El Diario de Ana Frank, ella murió a la edad de 16 años en el campo de concentración Bergen-Belsen. Su padre, Otto Frank, único sobreviviente de los ocho escondidos, publicó el diario de su hija, en donde relata cómo durante dos años y medio se ocultaron de los nazis en Ámsterdam.

Del mismo modo vi de cerca y pude admirar los molinos de viento que son otro símbolo de esta nación. ¡Qué preciosos son! ¡Qué bella es Holanda y toda su gente!

¡Ay, mamacita! Y no es que me asuste, pero también en el Barrio Rojo visité el Museo del Sexo, en el que todo es muy claro y explícito. Pero, ¡oigan ustedes!, si a Las Vegas le llaman "La Ciudad del Pecado", Ámsterdam es la ciudad del "archi-súper-re-que-te pecado". Allí hay de todo lo que ni te puedes imaginar. O mejor dicho, todo lo que te puedes imaginar y mucho más.

Allí presenciamos cómo los hombres deambulaban por el Barrio Rojo viendo, a través de los vidrios colocados como escaparates exprofeso, a las hermosas chicas que se dedican a la profesión más antigua del mundo.

PANCRACIA EN BÉLGICA

En Bélgica está la ciudad de Brujas, la que a primera vista y por sus paredes construidas con losas de piedra, me hizo pensar que estaban hechas con piezas de Lego, esas figuras de plástico con las que los niños arman cuanta cosa se les ocurre. Brujas es una palabra escandinava: brygga.

Es una ciudad con un estilo medieval caracterizada por sus murallas con las cuales intentaban frenar los ataques de los vikingos. Sus canales son espectaculares y viajar por ellos es una tradición turística. Quizás no lo crean, pero al estar en Brujas sentíamos estar remontándonos a la Edad Media y es que así conserva su esencia, es como vivir un cuento o un sueño. Por algo es considerada una de las más bellas de Europa y recibe cada año la visita de 3 millones de turistas.

Cuando estuvimos en el Centro Histórico de Brujas nos sorprendió ver muchas tiendas y vendedores de chocolate, ¿cómo?, si el chocolate es originario de México. Pero reconocimos que los chocolates belgas también son deliciosos, son espectaculares, los hay de todos sabores y colores. Igual vimos un buen número de pintores realizando sus obras. Este sitio es tan hermoso, que la UNESCO lo nombró Patrimonio de la Humanidad.

Nos comentaron que por la erosión de la tierra, Brujas se quedó sin salida al mar en el siglo XI, pero que gracias a una gran tormenta en 1134 se fue haciendo un canal natural que les devolvió su conexión con el Mar del Norte, este canal se llama Zwin.

Una de las comidas tradicionales en Brujas son los mejillones, un tarro de cerveza y papas fritas. Sin embargo, su gastronomía es rica en el uso de pescado, pollo y ternera, con ellos hacen guisos realmente exquisitos.

La Basílica de Santa Sangre tiene una extraña construcción en su entrada que la hace aparecer como si hubiera quedado a medias; tres arcos en la planta baja, el central tiene escalinata y a la derecha dos ventanas. ¡Ah, pero su interior es algo de veras increíble con unos vitrales enormes en ambas partes de las paredes laterales y columnas que sostienen una bóveda de media luna. El frente desde donde los sacerdotes ofician misa es un retablo de bellas pinturas. En el altar mayor guardan una reliquia sagrada; la sangre de Cristo.

El Lago del Amor o Minnewater es un lago bellísimo rodeado de un espeso bosque. En la época medieval fue el puerto en donde concurrían las rutas comerciales. Tiene varias leyendas referente al Lago, por eso digo que no es una metáfora cuando afirmo que todo en Brujas es como un cuento de hadas.

¡Ah!, allí también me tomé una foto con un hombre belga a quien ni conocía pero como 'le vi cara de amor', audazmente lo tomé de la mano y caminamos hacia el sitio propicio para tomarnos la fotografía allí, en esa belleza de escenario. En la foto parece que el hombre en verdad está enamorado, basta con verlo. ¡Ay Pancracia, cómo eres de atrevida! ¿Y saben qué…? ¡Que me besó!... ¡Ah, todo el grupo tomando fotos y bueno, lo besé!

En Bélgica, a Brujas le llaman así haciendo alusión a 'brugge o bruggen' que significa puentes, y es que en Brujas hay muchos puentes.

Qué maravilla, me gustaría vivir en Bélgica porque como dije antes, es como un sueño de cuento de hadas. En Bélgica visité varias ciudades como Lieja que es bellísima, de ella se destacan el Palacio de los Príncipes y Obispos utilizado como Palacio de Justicia. La Catedral de San Pedro, qué hermosa es. Boullon es otra ciudad en Valonia y tiene un castillo que cuenta con una antigüedad de casi mil años, lo mismo que su Catedral de Notre Dame y El Campanario Cívico que están considerados como Patrimonio de la Humanidad por sus dos mil años de historia. Imagínense, está rodeado por una extraordinaria belleza de policromía verde, que son unos pinos preciosos que parecen de película o un sueño.

Tournai, esta catedral es una frontera con Francia. En Durbuy se encuentra el parque que tiene más de 250 esculturas distintas que son de origen medieval y también está allí un castillo del siglo XI.

Lovaina es un precioso lugar, es única y verdaderamente espectacular. En su Plaza Mayor se admira esa fina arquitectura de estilo flamenco. Mientras que Dinant está ubicada a lo largo del río Masa, allí nació Adolphe Sax, nada más ni nada menos que el inventor del saxofón.

De veras que no hay como viajar porque los viajes ilustran te enseñan cultura y el extraordinario gusto de conocer lugares que tú ni te imaginas que existen.

Bruselas es simplemente extraordinaria, es la capital y la ciudad más grande de Bélgica, además, la principal sede administrativa de la Unión Europea (UE).

Bruselas igual es la capital de la Región de Bruselas-Capital, de la Región Flamenca y de las comunidades flamenca y francesa de Bélgica. Como capital del Estado, Bruselas es la sede del gobierno y el Parlamento. Alberga, asimismo, el Castillo de Laeken la residencia de Su Majestad el rey Felipe de Bélgica y la familia real belga.

Amberes, que antiguamente le llamaron Antuerpia, es una de las ciudades belgas más hermosas. Bueno todas son bellas, no hay a cuál irle. De Bélgica hay que destacar a su gente. ¡Wow!, un belga me dio un beso ¡y qué beso, inolvidable! Y me veía con un amor... Como de película. Cuando veo esa foto me transporto y pregunto; ¿realmente fui yo? Y siempre hallo como respuesta, 'sí, allí estuviste y no fue un sueño'. Y en todos mis viajes siempre pasa algo atrevido.

Amberes es una zona conocida por sus diamantes en el Barrio de los Diamantes allí en la Plaza Mayor. Qué piedras tan preciosas. De Amberes me gustan sus diamantes, sus monumentos, sus luces. Es una ciudad magistral, vi a niños y grandes pasear en bicicletas. Bélgica es muy familiar.

En Bélgica también conocí los edificios donde se encuentra La Bestia, sí así de preciso es, pero La Bestia, ese feo nombre se le da a la Computadora Más Grande del Mundo; existe, aunque usted no lo crea, y allí en ella tiene todos los datos de todos los habitantes de la tierra, incluyendo a ustedes y a mí. Sí, allí está su nombre y el mío. ¿Increíble verdad?, pero es cierto.

También me paseé en una carreta tipo carruaje de cuento. Visité el Grand Place, que es un conjunto arquitectónico único en el mundo por su riqueza ornamental.

Me fascinó, ¡qué bella es Bélgica!

PANCRACIA EN INGLATERRA

Llegué a Londres, donde visité el Palacio de Buckingham que es la residencia de la Reina Isabel II, quien desde allí despacha en sus quehaceres soberanos. Este Palacio es suntuoso desde su exterior, con jardines que parecen alfombras y áreas dispersas con flores rojas y púrpuras. Pero al hablar del interior del Palacio se queda una corta al relatar todo el lujo que hay allí; salas con paredes rojas y columnas romanas con motivos dorados, otras cuyas paredes están tapizadas con enormes cuadros pintados por grandes maestros. Sus cortinas, alfombras y enormes candelabros colgantes son de lujo puro.

Nuestra visita al interior se centró en los Salones de Estado y en las Caballerías Reales (Royal Mews). Claro que también vimos los famosos cambios de la Guardia Real con su vistosa vestimenta y su marcial forma de realizar el cambio.

Pero como también queríamos divertirnos fuimos a Piccadilly Circus que es una esquina repleta de luminosos anuncios de publicidad. También famosa es su plaza en la que se encuentra la Fuente de Eros. Bueno, lo que rodea a esta plaza son teatros, cines, restaurantes y tiendas de prestigio. Es uno de los sitios más concurridos y por él desfilan cada año 56 millones de personas. Sí, porque es uno de los sitios con más animosidad del flemático Londres y por eso allí se reúnen en grandes cantidades de turistas pero también londinenses ávidos de diversión.

Los 106 metros de alto que es lo que mide la Torre del Big Ben, es lo que hace posible ser visto desde algunos puntos de la ciudad. Ésta es indudablemente la imagen de Londres a nivel mundial. Fue erigido en 1859 y cada cara de los cuatro relojes tiene un diámetro de 7 metros. Los londinenses se ufanan de tener en el Big Ben al reloj más confiable al que no afectan ni los fuertes vientos ni las nevadas, pues recalcan que hasta 'capeó' los ataques alemanes de la Segunda Guerra Mundial.

La Abadía de Westminster no es una catedral, es una iglesia anglicana que ha sido el sitio por excelencia en que han coronado reyes y reinas ingleses y ahora a los monarcas británicos. Esta Abadía contiene sepulcros de miembros de la familia real, aristócratas y personalidades que dieron lustre a la historia de esta nación.

Justo al lado del Big Ben está el Parlamento de Londres, también es conocido como el Palacio de Westminster o las Casas del Parlamento en donde despachan las dos Cámaras que forman el Parlamento Británico. El edificio que los alberga no es el original, ya que fue arrasado por un voraz incendio que casi lo derruyó y del que sólo recuperaron la Jewel Tower (donde tenían arcas con oro y joyas) y la cripta de St. Stephen's Chapel. El actual Palacio culminó su construcción en 1847 y para que se den una idea de lo grande que es, cuenta con 1.200 habitaciones, tiene 11 patios y 3.5 kilómetros en pasillos.

Qué bello es el Castillo de Windsor, en él pasamos a una sala donde está la Casa de Muñecas de la Reina María, esposa del Rey Carlos V, es fascinante. Cuando viajas conoces casos y cosas que no hubieras imaginado. En la época que fui a Inglaterra había una celebración muy importante de los príncipes y me tocó verlos de cerca, muy de cerca. Qué personas tan amables y hermosas, quién iba a pensar o a creer que la nobleza se comporte de manera tan sencilla.

Este Castillo es un edificio muy completo que tiene biblioteca, salones, bodegas, cocinas, garajes, etcétera. Sus carruajes, sus guardias y sus caballos ¡qué belleza!

El Castillo de Windsor también llamado Residencia de Verano, es el habitado y antiguo más grande del mundo. Allí vive la Reina de Inglaterra y cuando vas de visita y si quieres saber si la Reina está adentro ve hacia la bandera porque, si ésta ondea (se mueve) significa que ella está allí en lo alto de la torre redonda. Un dato más, si la que ves es la bandera real, la Reina está allí en el Castillo; si no, la bandera que verás es la del Reino Unido.

Visité Edimburgo y luego conocí Newcastle que está como a 150 kilómetros, el castillo fue construido alrededor del siglo XIII. A Newcastle, que es capital y un concejo de Escocia (Reino Unido) lo pude admirar desde las alturas, ¡qué majestuosidad! También fui a Quayside que está a las orillas del río Tyne, ambos son conocidos por sus hermosos puentes. No obstante parecer una ciudad medieval, ésta es un área llena de bares, centros nocturnos y restaurantes, de igual manera junto con Gateshead son un centro de cultura. ¡Belleza pura!

Allí conocí una persona muy interesante, un inglés que hablaba doce idiomas, quien era escritor, altruista y una finísima persona. Sin conocernos conversamos casi durante tres horas. Qué agradable conocer gente tan educada, un erudito en varios temas y una persona sumamente sencilla, extraordinaria y amable.

También disfruté maravillosas vistas desde el Mirador Baltic, un museo de arte contemporáneo que contiene valiosas colecciones y obras de grandes maestros.

Los británicos me parecieron muy nobles y buenas personas, todo lo contrario de lo que había yo escuchado.

Anduve de compras y me subí en los famosos 'buses' de dos pisos. Londres es hermoso, sus construcciones de tabique rojo son impresionantes. Visité el Museo Británico, el Museo de Historia Natural, Burlington House, National Portrait Gallery, el Museo de Londres, la Casa Museo de Sigmund, Mármoles del Partenón, Trafalgar Square, Cabo Square, Russell Square y Plaza del Parlamento, todo muy bello. ¡Inglaterra me encantó!

En uno de los viajes a Inglaterra vimos la boda de un Príncipe y les cuento que mis amigas y yo, afuera del Castillo de Windsor, nos maquillamos para tomar unas fotos y bebimos una copa de champán. Nada más a nosotras se nos ocurre esto.

PANCRACIA EN ALEMANIA

Viajando por Alemania, cuya capital es Berlín, hice un buen recorrido a bordo de un crucero por el Río Rihn. En Fráncfort, pude admirar la bella Catedral de estilo gótico. Continué hacia Boppard donde durante el recorrido aprecié la Roca de Loreley, así como paisajes únicos, realmente bellos. Los impresionantes castillos de Alemania son algo digno de verse.

Claro, en un restaurante también disfruté la deliciosa cerveza alemana bien fría y una comida tradicional que fue a base de papas con salchichas, todo estaba exquisito. Y qué les parece que en ese lugar había una excelente orquesta alemana que tocaba muy bien, bueno, hasta interpretaron 'La Cucaracha', imagínense ustedes estar escuchando esta tradicional música y letra mexicanas en Alemania, ¡qué contrastes!, ¿verdad?

En la Plaza de Fráncfort, allí junto al Reloj, me estaba tomando una foto de grupo y un alemán se tomó otra con todos nosotros. ¡Qué 'nice'!... ¿Verdad?...

Visité los Pabellones de Mussen en donde hacía mucho pero mucho frío, lo bueno que iba preparada con un buen abrigo de capucha y guantes. Los Pabellones son edificios rascacielos, por ejemplo, el Mussetrum es donde se desarrolla la Feria Internacional y es el tercer rascacielos más grande de Europa. También fui a la Eurotower (Eurotorre) cuya construcción finalizó en 1977.

En el norte se encuentra la Nevemanzer Straße que es el verdadero Distrito Financiero, allí hay impresionantes edificios altísimos. Asimismo, visité el Commerce Bank que es el segundo rascacielos más alto de Europa. Visité el Oper Plaz (Plaza de la Ópera), se nota que no me gusta la música clásica, ¿verdad?

Amado lector, la ópera me fascina y la historia me encanta. La cultura, las artes, las esculturas y las danzas germanas que pude apreciar en mi visita al Zeil Gallery me dejaron impactada. Qué hermosas construcciones y qué estructuras de cristal. Alemania me gustó ¡como también me gustan los alemanes! Bueno, mi prototipo de hombre a decir verdad son los europeos, ¡he tenido novios europeos!, un alemán, un italiano (bueno, dos) y un francés (esto lo leerán en Mis Amores). Los europeos me parecen tan hermosos físicamente. ¡Hay tantos!

Durante mi viaje visité Rothenberg, recorrí localidades de la Riviera a la que llaman la Ciudad Romántica y la Ruta de los Castillos. También Baden Baden que es un balneario en Frankfort y la Universidad más antigua de Alemania. Simplemente, todo es hermoso.

En Berlín visité los campos de concentración de Münich, Dachau, la Plaza de Marienplatz, el Jardín Inglés, la Cervecería Hofbräuhaus, las tres Pinacotecas de Münich, Deutsches Museum, Estadio Olímpico de Münich, Catedral de Nuestra Señora de Münich.

Sí, Alemania es impresionante y hermosa, creo que toda Europa y países de otros continentes también son bellos, bellos de verdad.

Llegué a Núremberg que es la antigua ciudad amurallada y uno de los lugares más vetustos de Alemania. Conocí el atractivo Casco Urbano, la Plaza del Viejo Mercado, la iglesia de San Sebaldo quien es santo patrón de Núremberg y el castillo del mismo nombre. También visité bellísimos poblados y lugares de la época medieval.

En la capital alemana visité el Palacio Real de Berlín. Asimismo el Castillo de Neuschwanstein, que tiene 200 habitaciones. Igual fui la Isla de los Muros. Todos son espectaculares y bellísimos, de película, por eso atraen a tanto turismo.

También visité la Puerta de Brandimburgo, que es la entrada a Berlín y es símbolo de la ciudad. Asimismo me paré frente al Muro de Berlín, el mismo que dividió a la ciudad durante 28 años, separando familias y amigos. ¡Qué historia! Por otra parte en Münich visité Dresde y sus bellas construcciones.

Toda Alemania es hermosa. Arciburg es una ciudad de estudiantes en la Provincia de Hannover donde comienza la Selva Negra, allí se come un exquisito platillo alemán, 'Kuchen', muy típico de la región.

Y por supuesto, fui al OktoberFest, que es la fiesta de la cerveza, ¡bien fría, deliciosa!

La tradición culinaria de Alemania se basa en la carne del cerdo principalmente, pero también consumen mucho la ternera y el pollo. Las "Bratwurst" son las salchichas alemanas que fluctúan entre alrededor de mil diferentes tipos, las que normalmente se sirven acompañadas con el tradicional "Sauerkraut" que es la col troceada finamente y desflemada (fermentada) en agua salada. Casi todos los guisados a base de carne, llevan como guarnición zanahorias, nabos y papas. Los quesos y los lácteos en general, son muy apreciados por los alemanes.

Sin caer en la glotonería, los teutones consumen buena cantidad de panecillos o pastelillos, sin que falten los tradicionales pretzels o brezels, esos panes que dulces o salados gozan de gran demanda en Alemania.

Como es mi costumbre, en cuanto llegué a Alemania fui a una tienda departamental y pregunté por la vestimenta típica llamada "Dirndl" y me compre una porque ya tenía planeado asistir al OktoberFest.

También me di cuenta de la importancia que la puntualidad tiene para los alemanes, para ellos la exactitud es primordial; no te piden que llegues antes, con antelación a tu cita, pero sí te descalificarán si llegas tarde y te considerarán como una persona mal educada.

En un viaje que hice a Alemania, estando en un restaurante me tocó presenciar por televisión un partido del Mundial de Rusia, era el de Alemania vs. México y por supuesto, ganó México. Pero yo me gané a los alemanes porque traía una bandera en cada mano, una de Alemania y una de México, pero los alemanes no se amilanaban, al contrario, riéndose se tomaban fotos conmigo.

PANCRACIA EN GRECIA

¡Oh, Grecia!, uno de los mejores países que yo he visitado. Bueno, todos tienen lo suyo. En Grecia tomé un crucero que hace un recorrido por las Islas Griegas navegando por el mar Mediterráneo, ¡fue genial!, admiré las Islas Sardónicas, las cuales rodean la Bahía de Atenas. En esa travesía también vi las Islas de Aegina, lo mismo que las Islas Poros e Hidra, ¡cómo admire los hermosos paisajes de cada una de ellas! Son maravillosas, hermosas y me dejaron muy buenos recuerdos. ¡Ah, también disfruté de una exquisita cena a bordo del barco!

Al día siguiente me levanté muy temprano y visité parte de la ciudad de Atenas, la Colina de la Acrópolis con el Partenón, la Colina de Marte, allí fue donde el apóstol Pablo realizó unas de sus predicaciones y dio un sermón a los atenienses en el Aerópago (Colina de Ares), el templo dórico de Apolo. También fui al mercado La Academia y el Teatro Griego.

Una cosa que me dejó impresionada, fueron los perros que me encontré por toda Grecia, muchos son perros callejeros pero pertenecen a buenas razas. En la Plaza están los soldados o guardias y allí me tomé una foto con ellos, son impresionantes, parecen estatuas, no se mueven ni parpadean, ¡qué increíble!, cómo pueden estar tantas horas de pie sin cansarse. Durante el Cambio de los Guardas es el único momento en que se mueven, porque es cuando están cambiando de turno.

Volviendo a los perros, debo confesarles que a mí me encantan los animales, los amo. No sé, yo creo que ellos perciben mi amor por ellos, en especial los perros que me han seguido toda mi vida. En todos los países donde he estado me tomé fotos con los diferentes animales que encontré; perros, monos (changos), gatos, camellos, cacatúas, guacamayas, palomas, elefantes, caballos y otros más.

No me había dado cuenta hasta que analicé mis fotografías y vi que en todos los países o casi en todos, tengo fotos con animales. Yo acariciándolos y en otras ellos haciéndome sentir su amor, como lo tengo yo por ellos. Bueno, en el Teatro Griego todos los turistas estaban atentos a lo que decía el guía, mientras que yo jugaba y acariciaba a los perros que me habían seguido desde la Plaza hasta el Teatro Griego.

También visité la Plaza Sintagna, la iglesia de Panagia Paraportiani (Nuestra Señora de Katapoliani), subí al Monte Filopano, por otra parte vi un show de Zorba el Griego que me agradó mucho, pues hasta bailé con todo el grupo en el escenario. ¡Ay Pancracia!, donde andas te metes en todo, ¿verdad? Fui al estadio Panatenaico. Visité los Jardines Nacionales, el Museo Arqueológico Nacional, el Museo Benaki, la Agora Antigua, el Mercadillo de las Pulgas, la Catedral de Atenas, el Teatro de Donicio y del Odeón de Herodes.

Conocí Mykonos, Anafiotika, el Museo de la Aerópolis, el Templo de Zeus. Philopappos Hill, Templo de Hefesto, Church of Kapnikarea, Plaza Mount Lycabettus. ¡Wow!, cuántas cosas visité en Atenas.

También visité Corinto, en Canal de Corinto y la Antigua Corinto, la Argólida, Epidauro donde nació el Dios Apolo Micenas que es uno de los mayores centros de la civilización griega. Asimismo visité la Puerta de los Leones y la Tumba de Agamenón. ¡Qué belleza es Grecia y su comida exquisita.

Cómo me divertí en cada viaje, es maravilloso conocer y recorrer el mundo siempre con un propósito; bendiciendo a todo y toda aquella persona que se cruza en mi camino. Porque si de Dios me permite poner mis pies en tantos países y admirar sus maravillas que todo el cielo, la tierra y lo que hay en ellos son creación de Dios.

En Grecia también visité Santorini, allí hice un crucero en un yate privado de unos amigos que viven allí, ellos son de origen irlandés pero viven en Santorini. ¡Qué buenos anfitriones son!, nos atendieron de lujo y nos llevaron a Sinsetin Ol, Besto of Santorini (Venetsanos Winery), Highlights Private, Cultural Village, Saros Rock, Amoudi Bay, Santo Winery (Pyrgus), Wine Museum, Perissa Beach y más. ¡Wow!, qué hermoso viaje, muy cansado pero divertido y muy agradecida con mis amigos por todo su amor, su cariño y sus atenciones. ¡Los amo!

Otra hermosa y paradisiaca playa fue Kamari Beach. Visité el Santorini Volcano, que tiene una vista espectacular y qué fotos de postal. Grecia, muchas gracias.

También me gustan los hombres griegos, ¡les digo que me gustan los guapos! Qué, creían que me gustaban los feos. No, no, no, eso fue cuando fui joven, que tuve mis malos ratos y por consiguiente tuve algunos feos... Pero luego fui abriendo mis ojos y me regañé a mí misma; ¡Ay nanita!, ¿cómo pude fijarme en esos tan feos y además malos? Porque lo feo se quita con cirugías, pero con la maldad ya se nace.

La principal gastronomía de Grecia es guisar con carne de cordero y una gran variedad de verduras, hortalizas y especias. Tienen una buena producción de quesos y otros lácteos. Dejar comida en el plato significa para los griegos una falta de educación de un familiar o un invitado.

Creo que todos hemos visto en las películas cómo los griegos rompen platos, bueno, pues el significado de ello en bodas, cumpleaños y otro tipo de celebraciones no es más que una expresión de alegría.

Y es cierto, los griegos son muy festivos y, así como en España hay guerras con tomates, en Galaxidi, por ejemplo, hay guerras de harina mejor conocidas como Alexropolemos. Bueno, que decir de sus bailables grupales que se han hecho famosos en todo el mundo.

PANCRACIA EN MÉXICO

¡Oh, México querido!

Ciudad de México

La Ciudad de México es reconocida por las configuraciones del Palacio de Bellas Artes y la Torre Latinoamericana, pero recientemente ésta ha ido cambiando por los nuevos, modernos y enormes edificios que han construido en el Paseo de la Reforma y en la zona de Polanco, son espectaculares.

Cierto, la Ciudad de México es la más grande del mundo con más de 150 millones de habitantes, de veras hermosa. Caminé por su Alameda Central hasta llegar al Palacio de las Bellas Artes, un verdadero palacio recubierto con mármol blanco y cuyas bellísimas esculturas talladas por grandes artistas, son de mármol de Carrara, Italia. ¡Fastuoso!

En contraste luego ascendí a la Torre Latinoamericana, que durante décadas fue el edificio más alto de la ciudad. Era un buen día Y con bastante claridad para poder ver el paisaje de la gran urbe y enfocar, por medio de los telescopios, puntos específicos que yo deseaba ver.

Como hay buenos restaurantes en el Centro Histórico, fui a uno de ellos especializado en comida "poblana" y me deleité con un exquisito Chile en Nogada.

Si vas a Ciudad de México y no visitas la Plaza Garibaldi, es como si no hubieras ido. Allí me di gusto escuchando la tradicional música del mariachi, la de los norteños y su redova, la de los alegres jarochos con su acompañamiento de arpa, los sones huastecos y hasta la melódica música andina.

Y visité el fabuloso Bosque de Chapultepec, ¡ahhh, allí me perdí y no encontraba la salida porque es tan grande! Le pregunté a un señor que dónde estaban las jaulas de los changos y qué creen que me contestó el muy… ¡que si no sabía regresar para qué me había salido!... ¡Ja, ja, ja!

Visité la Zona Rosa, el Museo de Frida Kahlo, el Museo de Historia Natural. Así como Xochimilco y Coyoacán que son bellísimos. También presencié un partido de fútbol en el Estadio Azteca; Chivas contra América y ganaron las Chivas.

En cuanto a museos, la riqueza de éstos es enorme con más de 160 de ellos en la capital mexicana. Les nombraré sólo algunos que tuve la oportunidad de visitar; por supuesto el Museo Nacional de Antropología e Historia, el Museo del Carmen, el Polyforum Siqueiros, el Templo Mayor que en sí es un museo, el Museo de la Ciudad de México, el Museo de Arte SHCP (Secretaría de Hacienda y Crédito Público) Antiguo Palacio del Arzobispado, el Museo de la Caricatura, Museo del Tequila y el Mezcal, el Museo de Cera, el Museo de la Tortura, la Sinagoga Histórica Justo Sierra, la Academia de San Carlos y, como a mí me encanta coleccionar monedas, también visité el Museo Numismático Nacional, en efecto tengo una buena colección de monedas y billetes de casi todo el mundo.

Otra de las riquezas de la Gran Urbe son sus teatros, se supone que en la Ciudad de México existen 157 de los cuales en la actualidad quizá entre el 25 y el 35% siguen funcionando y abiertos al público. Yo recuerdo con nostalgia mis idas al Teatro Esperanza Iris, al Teatro del Pueblo, al Teatro Manolo Fábregas, al Teatro Orfeón, el Teatro Blanquita y tantos otros más en los que el acervo cultural brilló en todo su esplendor, lo mismo que las puestas de obras de excelsos escritores, proscenios en los que las voces de las y los cantantes, las notas musicales de las grandes orquestas y la gracia de los bailarines nos llenan los sentidos; los divertidos teatros de comedia de los que han surgido reconocidos artistas. En fin, la tradición de los teatros en la Ciudad de México sigue vigente y así debe seguir.

Entre los principales atractivos de la Ciudad de México están los canales de Xochimilco en donde, en trajineras adornadas en su frente con arcos formados con flores y nombres de mujer, los visitantes solemos viajar mientras escuchamos las notas musicales del mariachi, de los tríos y de otros géneros, al mismo tiempo que nos deleitamos comiendo una gran variedad de antojitos lugareños porque allí cuentan con las verduras y legumbres que sus habitantes siembran y cosechan, para preparar lo que más tarde ofrecerán a los visitantes, como las quesadillas de flor de calabaza, de hongos, etcétera.

Exclusivamente para los amantes al Arte de Cúchares, al de Curro Romero, a la Fiesta Brava o las Corridas de Toros, está la plaza más grande del mundo que es la Plaza de Toros México, en la que cada año se llevan a cabo dos temporadas, la temporada grande en la cual actúan los principales toreros de México y de otras naciones como España en donde han surgido muchas figuras de la tauromaquia. La otra temporada es la de las novilladas, en las cuales son toreros noveles los que buscan hacer nombre en ese difícil arte. Tanto en una como en otra temporada, las carteleras las van conformando los organizadores con los mejores rejoneadores.

Para quienes gustan de los deportes, la Gran Capital cuenta con estadios en los que se practican el fútbol, béisbol, el fútbol americano, el básquetbol, el boxeo, la lucha libre, las carreras de autos y otros más que son imán para visitantes de todo el mundo que, como yo, vamos a la Ciudad de México para presenciar el deporte que más nos apasiona.

Como la Ciudad de México es recipiente de connacionales de 31 estados del país, su gastronomía es muy variada, allí encontré que lo mismo podía comer uno de los platillos tradicionales de Jalisco como la birria o el pozole, un cabrito o una machaca al estilo de Monterrey, una cochinita pibil o unos papadzules al modo de Yucatán, una "campechana" o un "vuelve a la vida" preparados con los mejores mariscos de las costas mexicanas, allí encontramos de todo. Pero lo tradicional de la Ciudad de México es la "Dieta de las T": Tacos, Tortas y Tamales. Y es que a éstos los hallamos por todas partes. Tacos de carnitas, de barbacoa, de cochinita pibil, de bistec, de chuleta, de pescado, al pastor, de chicharrón (seco o guisado), etcétera. Tortas de milanesa, de aguacate con quesillo, de jamón, de queso de puerco, o de alguna especialidad como la torta cubana. En cuanto a los tamales, éstos los hay de mole, de chile, verde o rojo, de rajas con queso, de dulce, tamales veracruzanos o tamales oaxaqueños. ¡Ah! Y las tradicionales "guajolotas" que es un tamal dentro de un bolillo o telera, los cuales venden desde muy temprano en las principales calles del centro de la ciudad acompañadas con café o con atole.

Acapulco

Un sitio con las mejores playas es Acapulco. Ahí me dieron masaje con aceite de coco tirada en la arena, mientras que unos niños me preguntaron si yo quería que me movieran la panza; ¡vayan y muévansela a su abuela!, les dije, pero de lo que se trataba es que ellos hacen contracciones con sus vientres y uno les da una propina. Fue muy divertido.

Estando en las playas de Acapulco no puede uno negarse a deleitarse con un exquisito coco con ginebra. ¡Riquísimos!

Algo que me encantó de allá, fue el viaje que hice en un yate muy bonito en el que había grupo musical y obviamente podía uno bailar el recorrido resultó muy placentero.

En esas hermosas playas acapulqueñas y debajo de una palapa disfruté de un agua de coco con ginebra, bebida tradicional del lugar. En cuanto a la comida, ésta es la mejor en cuanto a pescados y mariscos, todo muy fresco.

Por cierto que en Acapulco me tomé una fotografía con un chango muy amigable, pero amaestrado y era parte del show del barco.

Qué hermoso es Acapulco, la playa de Caleta, bueno, infinidad de ellas y todas hermosas. El puerto es hermoso, para disfrutarlo.

Ahí también disfruté de un paseo en paracaídas, otro en globo aerostático, un vuelo en avioneta y otro en helicóptero, ¡wow!, vi todo desde arriba y quedé impresionada. Acapulco es hermoso, me fascinó.

Aguascalientes

En Aguascalientes presencié lo que es uno de los festejos de mayor tradición cultural y musical, La Feria de San Marcos, que realizan cada año. Vi varias corridas de toros que estuvieron de lujo, así como a cantantes y a los mejores grupos musicales. La charrería es otro de los eventos de La Feria de San Marcos y por cierto que cené con un exgobernador de esta entidad.

Como soy una amante de montar bicicletas, en el Parque Aventura Boca de Túnel me di gusto pedaleando en su pista, así como entre zonas arboladas y senderos rocosos y llegué hasta su hermosa laguna. Como también me gusta caminar crucé un puente colgante de más de 100 metros de largo y en otros, porque en total en ese lugar hay 13 puentes, además de la tirolesa y los paseos a caballo.

También fui a la Plaza de las Tres Centurias, donde se encuentran tres edificios que fueron construidos, según explicaron los guías, en tres siglos diferentes; XIX, XX y XXI, de ahí su nombre. Está dedicada a la tradición ferrocarrilera y como prueba uno de sus atractivos es La Hidrocálida, una locomotora que funciona con vapor.

Oaxaca

En Oaxaca paseé por dos áreas Patrimonio de la Humanidad; el Centro Histórico y la zona arqueológica de Monte Albán. También estuve en las impresionantes cuevas prehistóricas de Yagul y Mitla.

Hice recorridos por Pueblos Mágicos de Oaxaca como los de Capulálpam de Méndez, Mazunte y Huautla de Jiménez, todos preciosos. Por cierto que en Capulálpam, un lugar rodeado por montes y vegetación, es famoso por sus 'marimberos', quienes van de un lado a otro llevando sus pesados instrumentos musicales y se detienen para tocarlos para el público.

Me deleité con unos de los platillos tradicionales oaxaqueños, el mole negro y los tamales. ¡Ah, qué festín gastronómico! Y presencié el Festival de la Guelaguetza.

Asimismo visité el Istmo de Tehuantepec-Salina Cruz, qué hermosas playas tiene. Me metí en un lugar llamado el Ojo de Agua y luego disfruté de lisa tatemada, totopos, queso fresco y unos deliciosos guetabingui de camarón, además de tamales de iguana, qué delicia, no podían faltar los bollos calientitos y el chocolate. Asistí a las Fiestas de las Velas. ¡Cómo me divertí! Hasta me vistieron con "hipil" que es una especie de vestido de gala bordado, hermoso, originario de esta bella tierra de Oaxaca.

Morelos

Un sitio que me gusta visitar es Patrimonio de la Humanidad, la Zona de Monumentos Arqueológicos de Xochicalco, Morelos, enclavado en el valle de Tepoztlán, el que además es un Pueblo Mágico.

Me encanta la ciudad de Cuernavaca, la de 'la eterna primavera', un lugar en que el conquistador Hernán Cortés mandó construir su palacio.

Visité sus hermosos balnearios que son muchos y cada uno tiene su propio encanto, como la ex Hacienda de Temixco, entre otros, y conocí su hermoso Zoológico. Estuve en el Casino de la Selva, todo hermosísimo. Amo a Cuernavaca, al estado de Morelos, así como a sus deliciosas aguas termales.

Puebla

Cuando visité la Gran Pirámide de Cholula, Puebla, me sorprendí por el enorme tamaño de ésta, 400 metros por lado. Más grande en su base que las pirámides de Egipto. Cabe mencionar que Cholula es considerado Pueblo Mágico, lo mismo que Atlixco y Huauchinango, entre otros.

Para quienes nos gusta la buena gastronomía, les recomiendo la poblana que cuenta con platillos creados allí, como el delicioso mole y los chiles en nogada. Visité el hermoso centro de la ciudad con sus bellas catedrales. Puebla es hermosa me parecía que andaba en Europa por sus hermosas construcciones y su influencia francesa.

Guanajuato

Un sitio para descansar en verdad es San Miguel de Allende, Guanajuato, un remanso de paz.

Yo visitaba Guanajuato en cuanto iniciaban sus Festivales Cervantinos, porque me encantan las 'Callejoneadas' que, acompañadas por la música de las tradicionales estudiantinas, son únicas. Estos grupos armónicos comienzan sus actuaciones desde las escaleras del Teatro Juárez y de ahí, si los quiere uno seguir, debe estar preparado para desvelarse y con una condición física para soportar las grandes caminatas y uno que otro traguito. ¡Repito, es único!

Además allí tengo a la familia, sí, una familia 'bien parada', ¡ja, ja, ja!, que son las famosas momias de Guanajuato. Pero dicen que ellas se cansaron de estar paradas y ahora ya las acostaron.

En Guanajuato presencié el magno espectáculo anual de los Globos Aerostáticos que llegan de todas partes del mundo y cada día crece más, me divertí tanto esa tarde y noche viendo los globos, que a la mañana siguiente ya tenía "tortícolis" pues me dolía el cuello por haber estado tanto tiempo viendo hacia arriba.

Monterrey

Unos de los lugares más calurosos que he conocido es Monterrey, Nuevo León, 'la tierra del cabrito, la riñonada y los machitos', de la machaca con huevo o guisada en otro estilo. Monterrey, Nuevo León, es un pujante estado industrial, con grandes casas de estudios reconocidas mundialmente. Sus enormes festejos en el Parque Fundidora tienen gran difusión a nivel internacional.

Estando en Monterrey me di cuenta cómo se vive el deporte del fútbol, el béisbol, el básquetbol y el fútbol americano. Creo que es el que más aficionados tiene y son fieles a morir. ¡Ajúa! Qué grande y bonito es Monterrey. Allí disfruté de un bello baile norteño, ¡l'iñor!

Guadalajara

Está por demás decir que 'la cuna del mariachi y del tequila' es la bella Guadalajara, 'La Perla Tapatía', en donde muchas veces me di el lujo de escuchar verdaderos recitales vernáculos en el Hospicio Cabañas.

Cuando voy a Guadalajara no me puedo abstener de comer sus delicias culinarias como la birria de chivo, sus pozoles blanco, rojo o verde, así como las 'tortas ahogadas'.

¿Ya han participado ustedes en 'La Ruta del Tequila'?, en cuanto tengan oportunidad háganlo, es una experiencia sencillamente única, preciosa.

Visité El Gruyo, es un lugar de descanso y se practica el naturismo. Asimismo visité el Mercado de San Juan de Dios donde además de comer, compré muchas artesanías, escuché el bello mariachi y aullé, perdón, ¡canté!

Guadalajara, Jalisco, es uno de los grandes estados de la República del que se destacan su diversa industria, sus grandes casas de estudios, la principal producción de tequila en la nación y, por supuesto, sus equipos de fútbol; las Chivas de Guadalajara, el club más popular de México, y los Zorros del Atlas que es uno de los más antiguos con más de cien años de existencia.

Chiapas

Uno de los lugares que cuenta con más Pueblos Mágicos es Chiapas, sólo por mencionar algunos están Chiapa de Corzo, Comitán, San Cristóbal de las Casas y Palenque. Para mí la Ciudad Prehispánica y Parque Nacional de Palenque, Chiapas, es una de las más bellas, de las más preciosas de México. Además encierra mucha historia.

Visité Tapachula y conocí hermosos lugares casi selváticos. Qué precioso es Chiapas, digno de ser visitado. Hablar de la comida chiapaneca es punto y aparte pues tienen una gran variedad de platillos típicos.

Sinaloa

Cuando visito Sinaloa, en especial Mazatlán, no, pierdo la oportunidad de subirme en uno de sus ferrys para dar un buen paseo por mar.

Mazatlán me parece hermoso, caminé por la Costera y disfruté todo lo hermoso que son sus playas; también comí unos exquisitos camarones con coco, ¡muy ricos!

También conocí Guamúchil, Sinaloa, cuna de nacimiento del ídolo del pueblo y de la canción mexicana, Pedro Infante.

Igual fui a El Rosario, Sinaloa, y también visité Badiraguato, creo que ahí me impresioné; mi amiga me dijo que fuéramos a ver su jardín y ¡wow!, casi me desmayo pues había muchas plantas de 'Mary Juana'. ¡Wow!, y yo que pensé que eran flores de su jardín. ¡No les digo, me pasa cada cosa!

Pero su gente es hermosa y además a mí me trataron de maravilla, muy buena atención de su parte.

PANCRACIA EN LA RIVIERA MAYA

Otro de mis viajes predilectos fue por la Riviera Maya. Es uno de los sitios que más me gusta e incluye la parte costera de Yucatán y Quintana Roo, es un paraíso del Caribe Mexicano de aguas color turquesa y playas con arena blanca.

Desde Palenque nos internamos en plena selva chiapaneca para visitar las ruinas mayas de Bonampak, cuyo significado es 'Paredes Pintadas o Ciudad de los Muros Pintados', el que consta de tres edificios con pinturas llamadas 'frescos' en sus paredes y hasta en los techos, que relatan la historia de sus pobladores antes de la época Preclásica. También fuimos al Sitio Arqueológico de Yaxchilán que significa Ciudad de las Paredes Verdes, cerca de Bonampak a sólo 45 kilómetros. En ambas pudimos apreciar y sentir lo que fue la vida de los ancestros mayas. Cabe mencionar que hicimos un maravilloso viaje en lancha por el Río Usumacinta, el que colinda con Guatemala, fue una gran experiencia sobre agua en medio de la exuberante selva.

Ya en Campeche, nuestra visita fue al Sitio Arqueológico de Xpujil cuyo nombre significa 'Cola de Gato'. Al igual que otras ciudades de la zona maya, se desconoce cómo o por qué desaparecieron estas civilizaciones. Xpujil tiene un impresionante edificio con tres torres, tiene además muchas plataformas repartidas en un área de alrededor de 5 kilómetros, que se presume son testimonio del elevado grado de civilización que poseían los antiguos habitantes.

Ahora en Yucatán, en pleno Caribe Mexicano y sus inigualables playas, nos dirigimos a las ruinas de Chichén Itzá, una de las 7

Maravillas del Mundo, allí está la pirámide de Ku-Kul-Kan y llamada 'El Castillo' que tiene 25 metros de altura y algunos datos de precisión en su construcción que han estudiado investigadores de varias partes del mundo, desde prácticamente finales del siglo XIX. Una de sus peculiaridades es el fenómeno que acontece siempre durante el equinoccio solar de verano y otoño, en él, las nueve plataformas del templo proyectan 7 triángulos invertidos que forman así una serpiente que desciende, realmente serpenteando, desde lo alto del templo.

Para quienes amamos las culturas, las zonas arqueológicas de Chichén Itzá como las de Tulum me provocan un relajamiento tal que quisiera quedarme ahí.

Pero no es sólo maravilloso lo que hay en Chichén Itzá, está también el Juego de Pelota y todas esas paredes que hay en los alrededores que fueron talladas magistralmente por los mayas. Es Chichén Itzá, La Maravilla del Mundo en México. Y admiré el fantástico Acuario en el mar, con hermosos peces multicolores y me metí en el estanque donde había un tiburón y una tortuga y me tomé fotos con ellos.

Y para cerrar con broche de oro este nuestro viaje nos dirigimos a Cancún, Quintana Roo, que tiene de todo para todos: cenotes naturales, exploración de cuevas y la de Isla de Mujeres, Aquaworld, salto en bungee, tirolesas y más. Cancún me fascina por sus arrecifes y cenotes en donde practiqué el buceo, como también me divertí en sus discotecas y restaurantes. Por cierto que mediante un viaje corto en barco, cruzamos de Playa del Carmen hacia la Isla de Cozumel y me sorprendí porque también tiene vida nocturna en 'discotecas' y restaurantes. Pero lo que nos dejaron a nosotros fue disfrutar de las aguas azul turquesa de su mar y las claras y finas arenas. Tiene lugares impresionantes como los Parques Ecológicos y Culturales de Xcaret y Xel-Ha, éste además es acuático. ¡Claro!, además teníamos para escoger la mejor cocina del mundo en más de quinientos restaurantes que incluyen una amplia gama de mariscos, langostas y camarones, sin olvidarnos de sus guisados típicos. Y obvio, nos dimos una vueltecita por ahí para pasarla de veras en grande. ¡La Riviera Maya es un paraíso!

Conocí Izamal, qué impresionantes construcciones de la época maya. Asimismo existe un convento en el que su atrio es el más amplio de Latinoamérica. Qué hermoso es Chichén Itzá donde tuve la oportunidad de ver un espectáculo de luz y sonido con narrativa de la historia.

Claro que también conocí el Cenote Sagrado El Castillo y la Construcción del Caracol o El Observatorio. Fui a los tres cenotes que conforman Cuzama, allí puedes bañarte en sus cristalinas aguas.

Durante todo el trayecto comí panuchos, cochinita pibil, pozol y deliciosos postres.

Desde luego visité Mérida, Yucatán, ¡ah, la Blanca Mérida!, hermosa, preciosa, me faltan adjetivos. Qué belleza caminar por su Paseo Montejo. Allá conocí el Palacio Cantón y el Museo de la Patria. Allí me comí una deliciosa 'palanqueta' de cacahuate. También hice un recorrido en el Turibús.

De igual manera, relativamente cerca de Mérida, visité las lagunas de Valladolid que son sumamente hermosas. En sí todo Valladolid es bello y por eso fue nombrado Pueblo Mágico. Por todo el territorio de Valladolid existen cenotes, que son formaciones naturales, como éstos; Zaci, Dzitnup, Suytún, Yokdzonot, Sis-Há entre otros.

El Cenote Maya es impresionante ya que dentro de una cueva de 22 metros de alto, razón por la cual hay que descender por una escalera de madera, encontramos un estanque como de 78 metros de diámetro y nos enteramos que tiene alrededor de 20 metros de profundidad. Fue espectacular ver que cuando se colaban los rayos solares al interior de la cueva, los tonos del agua cambiaban continuamente, una maravilla.

Valladolid tiene algo especial en su exquisita gastronomía como las tortas de lomitos, los salbutes, el pan de cazón, por supuesto la cochinita pibil y las ricas aguas frescas de horchata y de pitaya.

YUCATÁN

Una exuberante belleza es la Laguna de Bacalar o Laguna de los Siete Colores, por la diversidad de tonos que tienen sus aguas.

En Telchac está la Laguna Rosada misma que, colmada de flamencos rosas, adquiere ese color. En el manglar hay tres cenotes, el Pájaros que es el de mayor tamaño. Los otros dos son el Helechos y el Venado.

La Laguna Rosa nace del afluente del Río Lagartos, la Biosfera del mismo nombre que es un área protegida. Toma ese tono de las halobacterias (microorganismos) las que ante la altas salinidad y temperatura, exhiben sus membranas rojizas y proyectan ese color. La Laguna Rosa está a 50 kilómetros de Chichén Itzá.

Valladolid es una ciudad que muestra a plenitud su arquitectura colonial. En la Calzada de los Frailes lucen las coloridas fachadas de las casas, contrastando con los adoquines de sus calles. Curiosamente Valladolid está situada a dos horas por autopista, saliendo desde Mérida o desde Cancún. Es la segunda en importancia después de Mérida y en su territorio existen tres cenotes: Chichén Itzá, Zaci y Dzitnup o X'Kekén, éste último que se halla dentro de una cueva. Allí los lugareños y los turistas suelen nadar en su agua azul turquesa. El interior de esta gruta es sencillamente impresionante. En 2012 Valladolid fue nombrado Pueblo Mágico.

La Zona Arqueológica Ek Balam cuenta con un amplio terreno y múltiples construcciones mayas.

PANCRACIA EN COSTA RICA

Qué precioso es Costa Rica, ¡Pura vida! Me fascinó, me pareció como un Edén selvático, ¡vaya qué vegetación más variada y colorida!

Visité el Teatro Nacional de Costa Rica que es un verdadero museo y cuyo edificio fue construido con una arquitectura del estilo barroco. ¡Qué hermoso!

Asimismo visité el majestuoso Templo de San José y luego fui al zoológico, qué bonitos animales, exóticos y de gran variedad. Por todas partes que anduve por Costa Rica, me asombró ver cuánta limpieza existe.

El Museo del Oro Precolombino me pareció fantástico, está ubicado a un costado de la Plaza de la Cultura y tiene una gran colección de objetos de oro de la época, pero también por su riqueza en monedas es un imán para los amantes a la numismática. Dentro de este museo la vigilancia es estricta debido a los valores que se encuentran en él, pero viéndolo por el lado amable no nos molestó que los agentes de seguridad revisaran nuestras bolsas de mano y mochilas.

También fui al Mercado de Artesanías donde compré mariposas, soles y otros artículos más, todos coloridos y de una manufactura excelente. Sus creadores tienen amplia imaginación y por eso los hacen tan hermosos.

En Costa Rica, por primera vez en mi vida, conocí y comí unos deliciosos chocolates con un singular relleno; eran granos de café tostado. Exquisitos.

Las hermosas cascadas del Río Celeste son preciosas, espectaculares, una joya de la naturaleza. Muy cerca visité las aguas termales que son tan reconfortantes.

La Isla del Coco está bellísima, es un paraíso, sus playas son cálidas y en sus arenas pude caminar con deleite, allí hay tortugas y muchas cosas más.

Di un paseo por los rápidos del río en un tipo de bote de plástico, fuimos remando hasta que entramos en la corriente fuerte. Qué aventura.

El Cerro del Chirripó está altísimo y muy bello, a casi 4.000 metros de altura es el punto más elevado de Costa Rica. Pertenece al Parque Nacional y fue un placer estar allí ¡Wow!, por supuesto que no subí, habría sido demasiado ya que para llegar a su cima el acceso es complicado y se requiere de gran condición física.

Igual visité el Mercado Central que es grandísimo, según me enteré éste fue fundado en 1882 y tiene alrededor de 250 metros de largo. En él hay más de 200 tiendas en las que hallamos de todo, vegetales, frutos, gramíneas, carne, un gran mercado de productos lácteos. La comida que venden en sus restaurantes es, sencillamente, deliciosa, allí un regio plato de mariscos y en otro vi que había "gallo pinto" y como tenía hambre pensé en comer alguna rica pieza de gallo, pollo o gallina, entonces pedí al mesero un "gallo pinto", él me llevó un plato con frijoles y arroz, que por cierto estaba riquísimo y cuando casi lo terminaba y como aún tenía la idea que se trataba de un ave de corral la que comería, le pregunté al mesero si no tenían "gallo pinto", a lo que él me contestó; ¿quiere otro? Bueno yo eso no lo conocía.

Visité el Museo Nacional en el cual el estudio de la naturaleza y su entorno son muy importantes. Es un paraíso para los amante a la entomología, sí, a quienes les encanta conocer respecto a los insectos. A mí en lo personal me encantó el mariposario, de veras qué belleza de ejemplares de mariposas tienen.

Una de las cosas más preciosas que conocí en Costa Rica fue el Monte Verde, de verdad que parece una pintura, qué escenario más precioso.

También fui al Volcán Poás, mis ojos admiraron verdaderas bellezas naturales y estuve prácticamente al borde de su cráter, que es uno de los más grandes del mundo, para lo cual no tuvimos que andar grandes distancias.

Hice un viaje en bote por los Canales de Tortuguero, una experiencia maravilloso por el recorrido en sí, así como por los exuberantes paisajes que lo rodean, su flora y su fauna, y lógicamente el sitio en donde las tortugas marinas anidan y desovan.

Asimismo paseé por el Volcán Arenal, qué hermoso, pero lo que más me dejó impresionada, fue su maravillosa gente hermosa y cálida. Y su comida, de lo más sabroso que me ha tocado degustar.

Allí, en San José de Costa Rica, pasé horas inolvidables en compañía de unos muy buenos amigos. La arquitectura de algunos edificios de la ciudad capital son de estilo neogótico, neobarroco o neoclásico los hay de todos, y las paredes pintadas con impactantes murales que encierran distintos tópicos.

Y a una hora de la capital fuimos a un bello paraje, es un bosque en donde hay una laguna preciosa y todo rematado con una neblina cambiante que le da una belleza singular. También admiré otras increíbles cataratas, que maravillas crea Dios, algo fuera de serie, hay que vivirlo y experimentarlo.

Qué país tan, pero tan bello es Costa Rica, me gustó mucho y volveré pronto porque bien dicen que allí, ¡Pura vida!

Imaginen ustedes, amados lectores, hay ranas verdes con ojos rojos y hay más de 150 especies de mariposas. Qué bellezas, Costa Rica es un verdadero paraíso, la tierra de los Ticos.

Por otra parte, qué deliciosa es su comida. Por las mañanas me acostumbré a deleitarme tomándome un "café chorreado", ¡wow!, es algo formidable, qué aroma y qué sabor.

PANCRACIA EN GUATEMALA

Guatemala me gustó mucho. El primer lugar que yo conocí fue por el lado de México, de Chiapas, donde vi al Cristo Negro de Esquipulas (de color oscuro) que me pareció muy bonito, la fiesta que le rinde la gente fue muy colorida.

Cuando viajé a la ciudad de Guatemala fue diferente, conocí cosas hermosas y visité las pirámides de Tikal, el Museo Coyala, asimismo el Zoológico La Aurora, la Plaza Mayor, el Palacio Nacional, el Museo Popol Vuh, la Antigua Guatemala, El Mercado, el Mundo Petapa Irtra, la Catedral Metropolitana, la Plaza Fontabella, el Museo Nacional de Arqueología y Etnología, el Museo del Ferrocarril y mucho más.

El Museo de los Niños de Guatemala, el Jardín Botánico donde pude apreciar la hermosa naturaleza, el Centro Cultural Miguel Ángel Asturias (Teatro Nacional) allí por poco me doy una 'tusa' (caída), el Cerrito del Carmen que es una antigua iglesia que está en un cerro que se llama del Valle de la Ermita y me encantó su cultura, fui a las antiguas ruinas Kaminaljuyu, visité el Museo Miraflores.

La gastronomía guatemalteca es amplia y exquisita, me gustó Chapilandia, Guatemala es muy bonita, allí me comí unos 'pirujos' que son deliciosos y los volvería a comer, pero no sean malpensados éstos son como los 'bolillos' y me los comí con queso Puchica. También me subí a un 'carajo' (automóvil).

Igual comí tamales que son una exquisitez. Me sentía 'aquambado' (lenta), ¡ah, pero ya en Guatemala!, me sentía 'topado' (valiente), ¡ja, ja, ja! También me tomé un 'guaro' (licor) y me comí un 'shuco' (hot dog, perro caliente).

Un muchacho me preguntó que si quería ser su 'taida' y yo le contesté, ¿qué, que? (significa novia).

Qué bonitos volcanes vi en Guatemala y me gustó su gente que es muy amable.

Comí salsa 'Jocón' con pollo, ¡qué ricos 'paches'!, son como los exquisitos tamales. También comí tamales de chipilín que es como una yerbita verde, así como el epazote o el cilantro, comí 'hilachas revolcado' que es yuca con chicharrón y algo verdaderamente delicioso es el 'Kaq'ik', único, qué sabor. Y lo plátanos en mole, ¡wow!, se ve que me gusta disfrutar del arte culinario de todos los países.

Bueno, la comida es deliciosa desde México, Centro y Sudamérica, en general es una mezcla prehispánica proveniente de la cocina española, asimismo muchas de ellas de nuestros ancestros mayas e indígenas de los países antes mencionados.

En Guatemala hay también los molletes y las torrejas deliciosos y tomé un ponche de leche bien diferente al ponche de frutas que yo había tomado. Los 'Chuchitos' también son como tamales, ¡hmmm! El 'chirmol' de tomate, sensacional. Bueno, parece que esas dos semanas me la pasé comiendo y comiendo, pero es que todo estaba tan bueno que quise aprovechar dándome una comilona. Y por supuesto que con mucho interés conociendo su cultura, sus bailes, sus tradiciones.

Yo en lo personal, tengo muy buenos amigos originarios de Guatemala. Uno de ellos fue mi coproductor de televisión por más de 20 años, otro coproductor de radio y un tercero que es mi asesor financiero. A los tres los estimo y los quiero como si fueran de mi familia, ellos nos han compartido lo que es la cultura, las tradiciones y la gastronomía guatemalteca. Pero conocer Guatemala en vivo, saber de su cultura y tratar con su gente; estar allí y probar su deliciosa comida es una experiencia totalmente diferente. ¡Love Guatemala! Es muy bonito este país y me gustó mucho, allá conocí una colonia que llaman 20 de Julio y allí vive mi mejor amiga chapina.

PANCRACIA EN ITALIA

¡Mama mía!, ¡facha bruta!, ¡molto piacere!

En Italia visité La Toscana un hermoso lugar famoso por sus viñedos, sus olivos y sus cipreses. Bueno, allí probé exquisitos vinos como el Chianti. También fui a Gimignano, un lindo pueblo. Visité Pompeya que es una ciudad romana y vi el Monte Vesubio que está cerca de Nápoles.

¡Wow!, en Florencia mis lindos ojos pudieron admirar el maravilloso arte renacentista. Siena es una ciudad medieval. Visité el Centro Histórico así como la Isla de Elba que es muy popular y forma parte de las Islas Toscanas.

En la Toscana visité la torre inclinada de Pisa (torre pendente di Pisa) que está ubicada en la Plaza del Duomo de Pisa. Nos indicaron que su inclinación se produjo desde su construcción en 1173, tiene una altura de 55.7 metros, es de color blanco y tiene ocho pisos. De su construcción sobresalen sus arcos, que los hay prácticamente en toda la estructura. La torre inclinada de Pisa permaneció cerrada al público entre 1990 y 2011, mientras realizaron los trabajos de estabilización. Cuando vayan, atrévanse a subir sus 294 escalones en espiral.

Visité Costa Amalfitana, ¡qué belleza!, allí en todas esas calles encontré arte desde la arquitectura y hasta la pintura. Hay unos espectaculares jardines limoneros y hermosas casas multicolores.

Milán es el centro de la moda, está lleno de tiendas de diseñadores. También se encuentra el cuadro de la Última Cena el cual los italianos consideran como un verdadero tesoro. Del mismo modo visité el Castillo Sforzesco (toma el nombre de su constructor inicial, Francisco Sforza) y una de las catedrales más grandes del mundo.

Qué hermosa es Sicilia, la isla más grande del Mediterráneo, es una ciudad muy rica en cultura e historia desde el Valle de los Templos de Agrigento a las iglesias barrocas de Palermo. Al mismo tiempo admiré el Monte Etna, el volcán activo y más alto de Europa.

Paseé por el lago de Garda, ¡qué precioso! Cómo me gusta, me deleita, ¡me fascinan!, el arte y la cultura. Visité Nápoles y encontré un verdadero tesoro en todas esas cosas, te sientes como en casa. Me la pasé súper en Nápoles que es increíble. En Portofino me gustó cómo se ve, es como si estuviera admirando una pintura.

Visité el área Marina Protetta Portefino, ¡qué belleza tan espectacular, de película! Me subí en los taxi boat y comprobé que hacerlo es toda una aventura. También fui a la Piazza Martiri Dell'Olivetta, de Portofino. A la hermosa Basílica de San Antonio. Asistí al Museo del Pargo y a la Opera e Lirica.

También visité una maravillosa isla en Capri, ¡qué belleza!, nos llevaron hasta donde nacen los corales, ¡qué hermoso!, allí pudimos ver de cerca qué tan lleno está de corales y qué grutas. Cabe comentar que allí compré joyas de corales, la materia prima. Di un paseo en yate y fue excitante. Déjenme les cuento que estoy plenamente convencida que la mejor pizza del mundo la comí allí en Italia. Es delgadita y el pan crujiente, ¡qué delicia!

En general puedo decir que Italia es hermosa. En Sorrento visité el balneario Bagni della Regina Giovanna. Pizza Tasso, la que es famosa por cómo adornan con luces multicolores toda la ciudad en la época navideña y en el centro de esta plaza colocan un árbol gigantesco como complemento de las fiestas. Corso Italia I. Giardini di Cataldo. Villa Comunale. Luego viajé en yate privado por hermosas islas, ¡te amo Italia y también a los italianos! Uno de los novios que tuve era italiano, Jusephe, pero esto fue en la ciudad donde resido y no en Italia. A él lo conocí mucho tiempo atrás, antes que yo fuera a visitar y a conocer Italia. Bueno, a decir verdad fueron dos italianos los que he tenido por novios y ciertamente son muy parecidos a los latinos; son golosos, medio mentirosos y muy enamorados, por lo menos los que yo tuve sí lo fueron. Recuerden que ya les dije que ¡soy internacional!, y que 'le he dado vuelo a la hilacha'. Bueno, así se dice en mi país cuando se tienen muchos enamorados. Ellos, los italianos son hermosos, bellas personas y además muy guapos. ¡Oh, el amor!... ¡Amore mío!

PANCRACIA EN LA REPÚBLICA CHECA

Después me desplacé a Praga y allí fui a visitar la Judea Synagogue Staronova, que es una de las seis sinagogas del barrio judío de la ciudad. El Ayuntamiento con su Reloj Gótico, la Torre de la Pólvora, el Puente de San Carlos (del siglo XIV) es uno de los símbolos de esta ciudad. Igual, conocí el Castillo de Praga, la Catedral de San Vito, el Barrio de Malá Strana con la iglesia del Niño Jesús.

Bueno, el Barrio de Malá Strana ('El pueblo pequeño') está situado en el centro de la ciudad, la que es custodiada por el Castillo de Praga que se halla en lo alto de una colina. Este Barrio que llegó a ser el sitio principal durante la Edad Media, es como una postal con sus angostas y largas calles, flanqueadas por series de edificios muy parecidos entre sí pero de diferentes colores. Unas de sus callejuelas son empedradas y en las fachadas de algunas casas hay instaladas vistosas farolas del alumbrado público.

Visité el sitio donde se encuentra la Columna de la Peste (Pestsaeule) de 20 metros de altura que fue dedicada a la Santísima Trinidad como señal de agradecimiento después que Praga se vio envuelta en una epidemia de peste negra que duró 2 años. De la Columna resaltan la escultura de la Santísima Trinidad y en lo alto el Ojo de Dios. Completan la parte media de la torre unas figuras de santos checos y en la base hay 3 fuentes que significan Vida, Gracia y Salvación. Más tarde se agregaron esculturas y placas conmemorativas a una época de hambruna.

Esta Columna se encuentra en la Plaza de Malá Strana y desde allí se ven las verdes y agudas cúpulas de la iglesia de San Nicolás, así como las de la Catedral de San Vito, que viene siendo el foco de atención para los turistas pues es una excelsa muestra de la arquitectura gótica y es también su iglesia más amplia e importante, tanto así, que en ella está el Arzobispado de Praga. Allí coronaron a reyes y reinas de Bohemia hasta 1836, también muchos de ellos, santos y príncipes, fueron allí sepultados.

El Antiguo Palacio Real de Praga posee el Salón de Vladislav, joya del clásico gótico que fue testigo de justas hípicas, las grandes comilonas de las cortes y por supuesto de las coronaciones de la realeza. Y se preguntarán ustedes, queridos lectores, ¿qué tan grande es el Salón Vladislav, para haber albergado tales acontecimientos? Pues es el más grande de la Europa central y tiene 63 metros de largo, 16 de ancho y 13 de altura. Imagínenlo, ¡es impresionante! Pero este Palacio no sólo guarda historia, hoy en día en esa sala se llevan a cabo las elecciones del presidente de la República Checa.

El Reloj Astronómico. ¡Wow!, qué experiencia tan bonita es escuchar el sonido de las campanadas del Reloj Astronómico. A muchos turistas nos tocó presenciar todas esas figuras que rinden culto a la astronomía, cuando lo vi me pareció impresionante. Ese reloj tiene mucha historia, es el símbolo de la ciudad checa pero además es espectacular cuando 'da la hora' ya que entonces sale un gallo asomando su cabeza provocando alegría entre quienes lo ven. Este gallo es único y la particularidad en la carátula del reloj, es cómo sobresalen los números dorados sobre un fondo negro, ¡impresionante!... Pero además, éstos indican las horas antiguas, que de la bohemia comienzan a contarse a partir de la madrugada.

En Malá Strana vi a mucha gente vestida con ropas de época (antiguas) con sombreros, en un barrio señorial con construcciones antiguas pero muy bellas, con sus calles limpias y adoquinadas, que lo convierten en bello y hermoso barrio.

El Muro de John Lennon (Leenova Zed). Este muro rompe definitivamente con el esquema del Muro de la Separación, en este caso es un Muro de Libertad que fue creado durante la época de los Beatles y del comunismo. Está pintado con una infinita gama de colores entre los que resalta la palabra PRAGA. Este sitio sobrevivió a varios intentos de 'blancura' (quienes trataron de cubrir con color blanco ese mosaico de colores). Este lugar es símbolo de Libertad.

Sinagoga Española. Ésta es la mejor del Barrio Judío y está inspirada en la Vianesa de Leopoldäster Tempel, cabe mencionar que la entrada es sobria y su interior, ¡espectacular, fabuloso!

Callejón del Oro. Pegado al Castillo de Praga encontramos el Callejón del Oro una calle corta de la que cuenta la historia, allí habitaban los enanos (personas pequeñas) orfebres. Sin embargo, dicen que inicialmente las casitas de colores fueron construidas sobre el muro del castillo, para alojar a los 24 guardianes del Castillo de Praga.

Visité Praga, Bohemia y Moravia, todo lo contrario de las bohemias que yo conozco y hago en mi casa. No, ésta es la región más grande de la República Checa. Casas únicas, qué bonita es Bohemia y es allí en donde está la capital de Praga. Precioso lugar único, ¡de película!

Iglesia de San Midas. Qué bonita es, con sus cúpulas verdes de color jade y un contraste de blanco. Está en la plaza de la ciudad vieja y al subir se puede apreciar desde allí una preciosa vista panorámica. Esta iglesia fue la segunda construida sobre unas bases románico-góticas del siglo XIII y hasta llegar a la barroca actual.

Tancici Dum es una plaza con edificios de los siglos XVII y XIX. La Casa Danzante es espectacular, tiene una torre de cristal que está a la mitad de la construcción y la sujetan con pilares en forma curva y otro paralelo al río. De verdad que es muy bonita, aunque en realidad no es muy estética, se ve un tanto extraña. Eso sí, la República Checa me encantó.

Qué belleza es Karlovy Vary, un conjunto de edificios preciosos, es una ciudad balneario que cuenta con reconfortantes fuentes termales. Como yo amo la naturaleza y practico el naturalismo, me gustó. Disfruté mucho mi estancia allí, me relajé.

Muy moderno es Palladium, un centro comercial que se encuentra en plena Plaza de la República. Su arquitectura es vieja, pero los edificios son remodelados. Hay muchas, pero muchas tiendas, además, restaurantes donde venden comida internacional.

El Museo de Franz Kafka se encuentra en Praga, es muy bonito y en él hay mucho que ver; el arte del espacio existencial, la topografía imaginaria y mucho más.

También visité Karmelistan, allí hay mucho por descubrir. Vi manuscritos y diarios, casi todo en idioma alemán, así como fotografías y dibujos.

Casa Danzante. Me llamó mucho la atención esta casa conocida como 'Fredand Ginger' porque se asemeja mucho a los bailarines. Su arquitectura única, fue construida en 1993 y está enfrente de la Fuente del Jiraskuv.

En Malá Strana pude apreciar muchos bares y restaurantes, me pareció un ambiente muy familiar y de amistad. Pude admirar el Mate Petrin que le da el toque verde a la naturaleza. Ese perfecto cuadro de vida, qué belleza, me gustó. Hasta me pareció que estaba yo en una película. Qué deliciosos momentos, al escribir vuelvo a revivir muchos de los pasajes y paisajes que he recorrido y vivido. Qué maravilla poder recordar todos y cada uno de los lugares que he visitado, de todos me traigo bellos recuerdos e instantes vividos porque créanme que viajar es adquirir cultura y libertad. Disfrutar de esta maravillosa vida que nos tocó vivir con tristezas, sinsabores, anhelos, sueños, éxitos, risas, amor, desamor, gozo, paz, conocimiento, discernimiento y mucho, mucho más, son los viajes.

PANCRACIA EN FINLANDIA

Finlandia es un país maravilloso lleno de lagos, bosques y paisajes únicos, lugar en el que al mismo tiempo me permitió disfrutar de la Aurora Boreal que es de una belleza impresionante y no muy común para muchos de nosotros. Fue extraordinario admirar eso, mis ojos se llenaron de alegría y de sorpresa al ver tanta naturaleza creación de Dios y cuán grandes son sus maravillas.

Allá existen unos parque preciosos y su hermosa arquitectura es sencillamente increíble. Cuenta con muchas cúpulas que en la parte de arriba están decoradas con verde y oro. Son hermosas sus construcciones de una belleza inigualable.

Visité Helsinki que es la capital de Finlandia y tiene unas hermosas costeras y bellas islas. También conocí a Papá Noel en persona, él está en la ciudad de Rovanieni y puedes conversar con él. ¡Qué maravilla, es como un cuento!

Me pareció muy interesante este método innovador y bueno. Son escuelas cuyas paredes son de cristales y movibles, de manera que unos y otros se pueden ver y qué bueno, no son nada parecido a las escuelas tradicionales que yo conozco o donde yo he estudiado. En este caso me gusta mucho porque de esa manera los estudiantes pueden elegir su lugar día a día y hacen un mejor trabajo.

Igual tienen otro método muy bueno, es KIVA y fue creado en Finlandia para combatir el 'bullying' y lo están empezando a aplicar en las escuelas de Latinoamérica. ¡Palmas, felicidades por los finlandeses! Me parece magistral y extraordinaria esta labor de enseñanza, ojalá que también la apliquen en otros países en donde ese mal dañino que es el 'bullying' llegó y se ha quedado.

Qué buen plan de enseñanza, me parecen fantásticos la idea y el diseño porque están dando excelentes resultados de aprendizaje.

Asimismo, Finlandia es la ciudad de los renos ya que por doquiera los hay, ¡en el campo, en las calles y en las casas! Yo visité Finlandia en la temporada de invierno y fue espectacular poderme deslizar en la nieve de las colinas. Admiré los pinos cubiertos con nieve, ¡qué maravilla!, son paisajes dignos de enmarcar. Anduve en moto por las colinas de Liponia, también en un safari, sin embargo, lo que más me encanta es gozar de la naturaleza.

Disfruté de un delicioso sauna, que eso es parte de la cultura finlandesa y que a mí me fascina, porque estar allí en un sauna a la orilla del mar Báltico fue una experiencia única. Por otro lado los Mumim son muy apreciados por los finlandeses, después de Papá Noel, por supuesto, éstos son los personajes de la literatura de Finlandia y sacados desde los años 1940's por la escritora e ilustradora sueca Tove Jansson, asimismo hay un nuevo museo Mumim mantenido por el Arte

Tampere. Los Moomins son criaturas que de la literatura saltaron a las películas animadas, a la música, espectáculos teatrales y a la comercialización de sus personajes. En Finlandia nacieron y es el mejor lugar donde uno puede conocer sus historias o ver un show de ellos.

La gastronomía finlandesa es exquisita y muy saludable, me gustó mucho. Qué ricos dulces y con tantos nutrientes, deliciosos. Asimismo conocí 'El Día Mundial del Restaurante', donde un día de cada año permiten a la gente común comer en cualquier restaurante de Finlandia; pero ese día también le dan la oportunidad a cualquier persona de hacer comida.

Era mucha la diversión, así que me gocé viendo otras costumbres. Los ciudadanos les llaman días temáticos, así como otro día está dedicado a los baños saunas y otro a la naturaleza. Qué bonito, me gustó Finlandia, me gustó su gente que permite que se respire un ambiente muy tranquilo.

La arquitectura de este país nórdico es toda una belleza. Su cultura es muy bonita, hay mucha unión en festivales culturales que realizan a lo largo y ancho del país. Finlandia es extraordinario en su fauna y sus paisajes únicos, casi vírgenes. La naturaleza es pródiga pues allí se pueden observar desde linces, renos, águilas, cisnes, etcétera, cuando te adentras en sus bosques. Es espectacular porque puedes admirar este hermoso panorama y al mismo tiempo puedes tener un encuentro, por ejemplo, con un oso, ¡ay, eso sí da 'mello'! No obstante hay excursiones para ir de visita en grupos y guías para ver a los osos.

Los finlandeses tienen divertidas historias y son muy hospitalarios. Inclusive algo fantástico que yo desconocía es que Finlandia está considerada por la organización Mundial de la Salud (OMS) una de las naciones más limpias del mundo. Asimismo como el más puro en lugares como en Laponia finlandesa y el Parque Nacional.

En Finlandia encontré mucha, pero mucha paz y tranquilidad. Será porque se respira aire casi puro.

Cabe mencionar que Aurora Boreal se presenta como doscientas noches al año y es algo muy especial. Son emociones muy bonitas que se sienten, son momentos casi mágicos cuando ves en el cielo algo parecido a luces de neón muy luminoso y en movimiento. Eso es el "austanto" que se observa en las Auroras Boreales, que son muy bonitas, impresionantes y dignas de verse mil veces.

La educación en Finlandia es excelente para el aprendizaje, lo basan en el método Phenomenon Learning, son muy buenos estos proyectos temáticos y es por eso que el nivel de educación es muy elevado y bueno. ¡Wow!, les decía que el modernismo de su arquitectura es excelente, en algunas escuelas las paredes están diseñadas a manera que casi no existen, casi no hay paredes, les llaman Espacios Abiertos o Flexibilidad, que eso según los sicólogos, les da mayor libertad de aprendizaje a los estudiantes (open-plan) o Espacio Abierto. Qué interesante y vaya que los finlandeses son muy educados y cultos. Asimismo las estructuras y construcciones son únicas en el mundo, ¡hermosas!

En Finlandia vi algo impresionante, La Village, el pueblo de Santa Claus en Rovaniemi. Qué fantástico, digno de ser visitado. Vi renos, todo precioso, lleno de luces y de nieve que en conjunto hacían una espectacular escenografía. Laponia me pareció un set de película, precioso, estar allí fue como vivir un cuento de hadas.

Y allí en Finlandia, vi las carreras de renos que fueron geniales. Cabe mencionar que este sitio está en los límites con Suecia. Qué maravilloso, me divertí mucho y lo volvería a hacer.

PANCRACIA EN NORUEGA

Noruega es espectacular, es uno de los países donde me gustaría vivir. Forma parte de los países nórdicos junto con Dinamarca, Suecia, Finlandia e Islandia. Noruega es famosa por sus fiordos, creo que esta nación es de las que más tienen. Pero fiordos no sólo los hay en Europa, también están en Alaska (Estados Unidos), Columbia Británica (Canadá), la Patagonia chilena, Isla de los Estados (Argentina), en algunas islas del Ártico y en La Antártida (en la península del mismo nombre).

Los fiordos son estrechos entradas de agua que procede del mar y se introduce en medio de las montañas como ríos salados. Noruega es famosa por sus fiordos y éstos se encuentran al suroeste de esa nación, al lado del mar noruego. El fiordo más conocido es el Sognefjord, uno de los más largos y profundos del mundo, con 204 kilómetros de longitud y 1.300 metros de profundidad, inclusive es más profundo que el mar Noruego.

Qué tranquilidad, qué vida tan relajada. Noruega es hermosa y su gente, sus bosques y sus leyendas, ¡únicas!

OSLO

Oslo es la capital de Noruega, en sí es una ciudad pequeña en la cual contrastan su arquitectura ultra moderna, la belleza de sus castillos y frente al mar las series de casas cuyas construcciones en su parte frontal inician de forma rectangular desde su base y en la parte alta terminan en punta, a manera de triángulo, son edificios de cuatro pisos y lo que los diferencia son los colores de sus paredes entre los que sobresalen los tonos de gris, café, rojo, naranja y blanco.

Hablando del urbanismo escandinavo en Oslo, diría que sus arquitectos dejaron volar su imaginación para finalmente levantar edificios exageradamente modernos e incluso algunos que al verlos me parecieron como aquellos cuadros 'abstractos' con cuadrados colocados en diferentes ángulos. ¡Así de impresionantes son!

Decía antes que Oslo es una ciudad pequeña y es tanto así que a unos minutos de viajar en automóvil ya se encuentra uno en el campo, ya se está gozando de una campiña de lo más hermosa y unas preciosas montañas nevadas.

Oslo es famoso por su Parque Vigeland y sus enormes esculturas. El Museo Holmenkollen, que contiene el Museo del Esquí con un simulador de saltos para sus visitantes, pero además este edificio abstracto es una torre de saltos en esquí que lo deja a una pasmada. El Museo Munch que contiene pinturas de grandes artistas. El modernísimo edificio de la Ópera de Oslo, tiene la peculiaridad que las personas suben caminando hasta su techo pues desde allí las vistas panorámicas son estupendas.

Otros de los atractivos turísticos de Oslo son el Teatro nacional, su Catedral, el Ayuntamiento, el Museo de Barcos Vikingos, el colosal Castillo y Fortaleza de Akershus que es un enorme edificio con una exquisita arquitectura, el Museo del Pueblo Noruego que en su interior tiene infinidad de piezas de madera con pinturas hechas a mano, son impresionantes y tienen mesas, sillas, distintos muebles y cofres.

Como también dignos de ver son Drobak, un sitio de fotografía ya que sus edificios de color blanco con techos rojos, lo hacen un cromo de calendario. El Barco de Oslo no es tal, sino una serie de edificios espectaculares. El edificio del Parlamento que es una estructura circular con torreones a sus lados, es precioso, de color mantequilla y tiene esculturas de leones custodiando ambas partes de la entrada.

En este país está el edificio del Nobel Peace Center en donde se entregan los Premios Nobel en diferentes categorías; de la Paz, de Literatura, de Medicina, etcétera.

¿Dónde creen que estuve?... ¡Qué maravilla, ahí mismo, en el Salón de los Premios Nobel!... ¡Ehhh y sin ser famosa!

Qué privilegio estar allí y me parece un sueño, sí un sueño haber estado en ese sitio por donde han desfilado verdaderos personajes de la

Literatura, de la Medicina, de la Ciencia, etcétera y hasta quienes han sido galardonados con el Premio Nobel de la Paz. ¡Wow!, espectacular ver por dónde ando yo.

Por cierto que un grupo de personajes con los cuales viajé y yo, cenamos en el exclusivo y lujoso restaurant Stadhuskällaren.

De verdad que cada país, cada rincón del mundo donde uno ni se imagina lo espectaculares que son. Qué grandes maravillas ha creado Dios para sus hijos; los lagos, los mares, las montañas, las dunas, los desiertos, los bosques, los cielos, la fauna, la flora, ¡todo! Qué maravilla poder disfrutarlos.

Cuba la Bella. ¡Caballero!... ¡Oye chico!

PANCRACIA EN CUBA

En La Habana visité el Capitolio que es el edificio más importante de esa ciudad, el cual fue (antes de la Revolución de 1959) la sede de los representantes del Congreso Cubano, hoy convertido en un gran Centro de Convenciones, ubicado en el casco histórico de La Habana Vieja, muy cerca al famoso Floridita y La Bodeguita del Medio (cuna de las bebidas-tragos-cocktails: Mojito y Daiquirí), lugares favoritos del famoso escritor americano Ernest Hemingway, creador de la clásica novela de la literatura americana: 'El Viejo y el Mar', ganadora del Premio Púlitzer.

Caminé por su famoso malecón y vi el Carnaval. En la Plaza de la Revolución está la imagen de Ernesto 'El Ché' Guevara en un edificio de gobierno (El Ministerio del Interior), una Plaza más grande y amplia que la Macroplaza de Monterrey o El Zócalo de la Ciudad de México. En septiembre del 2009 un famoso cantante Colombiano de musica pop hizo 'un concierto por la paz' en este lugar y reunió a un millón ciento cincuenta mil personas, eso nos da la idea de sus dimensiones.

Asimismo visité el Barrio El Vedado, El Nuevo Vedado y Miramar.

Cuba me gustó mucho, allí la vida es sabrosa y guapachosa. Llegando a La Habana lo primero que hicimos fue comer un delicioso arroz con frijoles (llamado congrí) que prepararon una amiga nuestra y su esposo. Qué exquisitez, hasta ahora tengo en mi nariz el aroma de esa comida.

También tienen un plato muy parecido con un poco de caldo y carne llamado

'Moros y Cristianos' y ni más ni menos la acompañaron con unos ricos 'plátanos maduritos'. Es el plátano que nosotros le llamamos

'Macho' los hacen en rebanadas muy finas y los fríen, los llaman 'Chicharritas o Mariquitas' dependiendo de qué parte de Cuba sea la persona (Occidente u Oriente)

No podía faltar el suculento guisado Rabo Encendido, sí Rabo Encendido que hace que te chupes los dedos. También probé la 'Vaca Frita', eso fue al día siguiente de nuestra llegada. ¡Vete pa'llá muchacho, no creas que como tanto. Está pelao pensando! Ja ja ja… Que no me vengan a dar muela (Que no me cuenten cuentos) que yo ya tengo camino andado.

De Cuba la Bella me fascinó su gente alegre lo mismo que su gastronomía.

Visité la Habana Vieja, el Capitolio, ¡qué elegancia muchacho!, parece un museo. Estando allí en La Habana posé para un pintor que hace unos estupendos trabajos. Qué bárbaro, parece un ángel pintando y fue ahí mismo, en plena calle.

Del mismo modo algo que me gustó mucho y que en ningún país lo había visto fueron los autos, ¡qué autos por amor de Dios!, carros americanos en su mayoría de los llamados 'Clásicos' (que llegaron a la isla antes de 1959, cuando la Revolución triunfa y corta todo contacto con la fabricación e importación de autos americanos) de todos modelos y colores. Brillantes y hermosos, son autos antiguos pero parece que fueran del año, ¡espectacular! Algo que me llamó muchísimo la atención, que muchos de estos autos modelos 1950-59 caminan como si tuvieran meses de uso pero con refacciones, autopartes, motores y transmisiones de automóviles rusos, checoslovacos, húngaros, rumanos, yugoslavos, chinos o coreanos y hasta con aire acondicionado. Me sorprendió muchísimo el ingenio de los mecánicos cubanos.

Eso fue por el día y ya por la noche nos fuimos, con la familia con la cual llegamos a divertirnos en grande pues nos llevaron a un hermoso lugar que se llama 2 Gardenias La Casa de Los Boleros. ¡Qué show más bonito!, es música de antaño, boleros clásicos. Casualmente encontramos a un artista y cantante de origen cubano muy famoso en México y Latinoamérica (Eduardo Antonio) que estuvo departiendo con nosotros y cantando, estupendo cantante y compositor.

Cómo nos divertimos y nos tomamos unos exquisitos 'Mojitos', una bebida que preparan y lo mejor es que lleva yerbabuena muy fresca y deliciosa, ¡mhhh! Ya estando allí cómo nos divertimos, en grande, en

Cuba sí que saben gozar de verdad. Las veces que yo he ido, en cada ocasión encuentro algo diferente.

Fuimos a visitar El Valle de Viñales que también llaman La tierra de los Mogotes, (montes altos que están rodeados de llanura) qué belleza con el hermoso verde de la naturaleza, hasta parece selva. Allí en el Valle de Viñales se respira aire puro, delicioso. Todo el día lo pasamos allí con nuestros amigos cubanos que son tan pachangueros y alegres. Una gran colonia de españoles originarios de las Islas Canarias les llaman 'Canarios' como les dicen en la 'madre patria', esta tierra la cuna y meca del mejor tabaco del mundo, el que le ha dado fama mundial a los 'habanos' o puros, de una calidad inigualable.

Nos paseamos montados en caballos y también en bicicletas. Se nota que no me gusta la bicicleta, ¿verdad? En varios viajes y países hago lo mismo, montar en bici, donde se puede, claro.

En el Valle de Viñales qué vistas, qué panoramas. Allí pude admirar la naturaleza en todo su esplendor, fue maravilloso. También hay pintados unos hermosos murales en una pared de rocas (Petroglíficos) que hacen alusión a la prehistoria, así se llama Mural de la Prehistoria. Allí mismo hay unas famosas grutas. Del mismo modo observamos cómo se fabrican los puros, sí los puros o habanos que algunos fuman con placer y vimos las plantaciones de tabaco. Para ir a Viñales desde La Habana solamente se necesitan cuatro horas de viaje pero vale la pena, ¡qué belleza es Viñales!

Algo que llamó mucho mi atención en todas las ciudades de Cuba que visité, es que en lugar de buscarte un hotel en donde hospedarte, siempre te buscan una casa en dónde quedarte, ya sea la de ellos (amistades), quienes te conocen, en la de un familiar de ellos, o simplemente te buscan alojamiento. Qué curioso, yo que quería llegar a un hotel como en todos mis viajes pero no, desde la primera vez fue así y de esa manera seguimos cada vez que hemos ido. (Tienen un sistema de hospedaje como el nuevo servicio airbab pero a la cubana de 'boca a boca').

¡Vete pa'llá chico!

Pero lo mejor es Varadero, allí sí que gozan la vida; ¡en el mar la vida es más sabrosa! Qué les puedo decir, sus aguas son templadas, calientitas, incluso en la noche-madrugada, la arena es fina y la brisa marina en todo su esplendor. La piña con ron, el mojito, los camarones, langostas, pollo, puerco, la fiesta. No, no, así es como gozan en Varadero, desde la mañana hasta el amanecer no paran de rumbear. Como un conocido bar al aire libre en la calle 62 que su techo son las estrellas, el escenario el mar y la gente local goza, baila, rumbea, goza y pachanguea sin tener que pagar entrada (si a la mitad de la calle), al son y ritmo de los mejores grupos de música tradicional para los turistas como es El Son, La Trova, la Música del Campo o Guajira, desde Buena Fe hasta reconocidos Grupos Timbaleros de Corte Internacional pasando por 'José El Tosco y su NG La Banda', 'La Charanga Habanera', los mundialmente famosos Van-Van de Juan Formell o tal vez los ahora muy conocidos Gente de Zona. (Que por cierto me tocó verlos en un carnaval en sus inicios, cuando solo eran famosos en Cuba).

Eran las dos de la mañana cuando a alguien del grupo se le ocurrió ir por otro ron porque ya se había terminado la botella: como se tardó mucho tiempo mi amigo, la esposa se preocupó y me dijo que si acompañaba a buscar a su cónyuge. Obviamente, saliendo de la playa a esa hora todas las calles ya están solitarias y oscuras.

La pachanga era en la playa y como estaba la temperatura caliente por ser clima tropical se podía estar muy a gusto allí en Varadero. Bueno lo chistoso o lo curioso fue que mi amiga y yo caminamos como tres o cuatro calles y ella iba chiflando (silbando) 'fiu, fiu, fiu' así como yo les chiflaba a perros cuando quería llamarlos.

Me pareció muy cómico que ella buscara así a su esposo, con puros chiflidos. Y le dije: 'Oye, tú le llamas así a tu esposo, a puros chiflidos, como yo llamaba a mis perros'. Me empecé a reír y ella también. Entonces muy campante y sin pena alguna me dijo: 'Nada más falta que ahora, atrás de nosotras, venga 'una pila' (muchos, en grupo) de perros'. Y así fue efectivamente, cuando volteamos hacia atrás vimos como a veinte perros que nos seguían, de todos tamaños y colores. ¡Qué cómico! No parábamos de reír…

Pero como a su esposo no lo encontramos, nos regresamos y como no parábamos de reír por lo de 'la pila de perros', por tanta risa mi amiga 'se hizo pipí', sí, se orinó en el traje de baño que llevaba puesto. Yo creo que a todos nos suceden cosas 'chuscas' a lo largo de nuestras vidas, a algunos se les olvidan mientras otros seguimos recordando las cosas agradables y otras desagradables, pero al final es lo que se ha vivido y vivir es recordar. Pero en fin, como a la hora llegó el esposo de mi amiga y con la botella de ron que fue a comprar (Una de las características de este país es que no se consiguen las cosas tan fácilmente).

Bueno, ya estando en Cuba seguimos disfrutando de la vida, al otro día fuimos a un mercado popular a tomar un jugo de guayaba y me subí en una 'guagua', sí así llaman a los autobuses allá, (el camión o el bus). Luego fui a Cienfuegos, también muy bonito, es una bella isla con un hermoso clima muy en contacto con la naturaleza, ¡bellísimo! Cienfuegos es llamada La Perla del Sur (La Tierra del famoso Bárbaro del ritmo, Benny Moré). (Pero qué bonito y sabroso bailan el mambo las mexicanas)

Qué bonita es esta provincia Cubana, muy bella con su arquitectura colonial, su quiosco tan singular, tanto así que el Centro Histórico de esta ciudad es Patrimonio de la Humanidad declarado por la UNESCO. Por cierto que el clima de Cienfuegos es más fresco que en La Habana, es un sitio sumamente limpio en donde se respira la paz.

Allí visité la Plaza de Armas, el Teatro Thomas, el Palacio Ferrer, la calle San Fernando y la catedral de la Purísima que tiene una increíble arquitectura. Caminé por el Paseo del Prado y allí vi la estatua de Benny Moré, luego me fui por el malecón y la Punta Gorda, así se llama no sean malpensados. Así que caminé con la Gorda, ¡no les digo, no puede una escribir en serio!

También visité el Palacio y el Club Cienfuegos Azul, qué bellezas, qué arquitectura. Allí disfruté de una deliciosa comida cubana y agua de guanábana. ¡Ah, pero viene lo mejor!, bailar, mover el esqueleto, mantenerse en forma y que vamos al Tropicana, sí el famoso night club, qué bien se baila allí, uno se contagia de alegría y del ambiente. Así que todos a bailar aunque no sepas hacerlo, aprendes nada más con ver. Con qué ritmo bailan los cubanos. Cada vez que voy, ¡qué bien me la paso en Cuba!

Por otra parte, qué bellas personas son mis amigos cubanos, me enseñan tantas cosas y nos reímos por sus modismos. Por ejemplo, a una amiga cubana que estaba de visita en mi casa yo quise atenderla de lo mejor y en eso me dijo: '¿qué tú me estás diciendo muchacha? ¡Estás pe'aa!'. Entonces le pregunté por qué ella me decía eso, si estábamos desayunando y yo sólo le dije que si quería que le picara papaya, pero la vi medio enojada (disgustada, molesta).

A que no saben por qué se veía molesta mi amiga, porque en Cuba esa fruta que estaba yo comiendo se llama 'fruta bomba' y para ella 'papaya' es la forma vulgar de decirle a la parte íntima de la mujer. ¡Qué cosas, esos modismos, jo, jo, jo! De igual manera ella y yo nos la pasamos comentando la vez que yo fui a visitarla en Cuba y hablamos de los 'pinareños' (originarios de Pinar del Río, Cuba). Cabe mencionar que todo el tiempo que yo compartí con ellos y con todos sus amigos, a mí se me hizo fácil decirles a todos y a cada uno de los presentes que eran 'pinareños', y ya con ron y todos alegres nada más se reían, igual que yo.

Entonces ella me comentó que cómo me recordaban todos sus amigos y amigas claro, si yo todo el tiempo les dije 'pinareños' y allá en Cuba al parecer eso quiere decir 'tontos'. ¡Antes no me dieron allá unos 'piñazos'o galletazos (golpes, trancazos) por andarles yo diciéndoles 'pinareños' a todos. Si les digo que me meto en cada lío.

SANTIAGO DE CUBA

Continúo con mi resumen. Allá en Santiago de Cuba visité las plantaciones de café y todos los días disfruté de un delicioso 'café cubano'. En ese bello sitio visité el Museo de la Lucha Clandestina Granma en el cual hay una copia en miniatura del 'Granma', la embarcación con la que inició la Revolución Cubana, fui a Island Cay, al Parque Nacional de Baconao que está en Siboney, famoso por sus figuras de animales prehistóricos, allí mismo está La Gran Piedra (the Grand Stone) que calculan debe pesar más de 60.000 toneladas.

Caminé por la Plaza de la Revolución, conocí el Museo del Ron, en la Granma Island (Cayo Granma) disfruté de algo espectacular, allí encontré un remanso de paz muy bonito. También hice la Escalinata, visité la Granjita Siboney di Padre Pico, del mismo modo la Isla Siboney, el Museo del Carnaval, la Plaza Dolores y el Jardín de Ave del Paraíso que es hermoso.

Todas estas bellas cosas que hay en Cuba son dignas de admirarse y disfrutarse, porque cada una es única. ¡Cuba, allá voy de nuevo!...

MATANZAS

En Santa Marta visité la Ciudad Perdida, el Acuario que es precioso, el Parque Nacional Natural Tayrona que es hermoso, la Playa Cristal con sus mares azules muy bonitos que hacen contraste con el color del cielo, a la lejanía parece que se juntan, que se funden en uno solo, espectacular.

La blanca y bella Catedral de Santa Marta impresiona. Del mismo modo admiré la Playa Blanca. Qué bonitas son las Cascadas de Quemada, sencillamente deliciosas. Qué bello es el Paseo Valencia que se puede admirar como un lugar histórico, argumentan que esta vieja mansión fue convertida en hotel, por la oficina del historiador de la ciudad. Qué bonita es la Playa Buntaca y está allá en Santa Marta.

De verdad que Cuba es bella desde La Habana y todas sus Provincias y Ciudades. Allá te diviertes, gozas, admiras, conoces bellos paisajes y gente hermosa, así como disfrutas de las playas y la exquisita comida cubana, el delicioso café cubano y el ron.

PANCRACIA EN CHILE

Qué bello es Valparaíso, en esa ciudad de la nación andina visité la casa de Pablo Neruda, el escritor ganador del Premio Nobel de Literatura en 1971. Entré al que fue su hogar, es una casa chiquita pero muy bonita y la bautizaron como La Sebastiana. Se siente que ahí se vivía tranquilidad, remanso requerido para un poeta. En su interior la casa tiene muchas obras de arte, una hermosa chimenea de piedra y bellísimos vitrales; esculturas, pinturas, diseños y una magnífica decoración. Sus escaleras nos dieron acceso a los cuatro pisos con los que cuenta la casa y en la actualidad es un museo.

A mí en lo personal, Chile me parece que es uno de los mejores países de Sudamérica desde su cultura hasta por su limpieza. Bueno, desde mi punto de vista es uno diferente de todo Latinoamérica. Lo disfruté, vi personas honestas desde los taxistas y hasta quienes nos atendieron en los hoteles donde nos hospedamos. No quiero afirmar que no hay personas deshonestas, porque las hay en todo el mundo, pero a mí la gente chilena me pareció diferente, culta, preparada y con un nivel de vida superior.

Hasta los taxis que abordé en la calle y que no eran 'de sitio', sus conductores me atendieron muy bien y con educación, me cobraron lo justo y así nacen ganas de darles el doble de propinas (tips). Pero en otros países los propios taxistas te intentan extorsionar o asaltar, ¡qué barbaridad!, te dan ganas de echarte a correr y sientes inseguridad, ¿verdad que sí? Esto es más marcado en algunas naciones de Latinoamérica que en otras. No dudo, como dije anteriormente, que también haya gente honesta y educada.

Pero retomando Valparaíso les digo que es hermoso, un verdadero paraíso para visitarlo.

SANTIAGO DE CHILE

Bueno, seguimos viajando por Chile y fuimos a la majestuosa Cordillera de los Andes que es impresionante y verdaderamente bella. En todos lados de Chile encuentras arte, cultura, educación y limpieza. ¡Wow, qué bonito! Allá se perciben las condiciones óptimas de seguridad y atención para el turismo.

Cabe mencionar que Chile tiene mucha influencia alemana.

Durante mi viaje allá visité el Teatro del Lago, que es un Centro Internacional, Cultural y Artístico, ¡qué belleza! Por otro lado, visité Tierra de Fuego que es uno de los lugares más desconocidos e intactos del planeta; cuánta belleza y naturaleza hay en ese lugar. Allí también se encuentra la Ruta de las Estancias de la madera de los glaciares, de Darwin. La Ruta Selknam y la Ruta de los Humedales, en donde abundan las aves y aguas cristalinas. ¡Qué extraordinaria belleza, todas estas forman parte de una naturaleza virgen, el Parque Natural Karukinka el cual es un modelo de conservación para la biodiversidad. Obtuve desde el pueblo de Cochamó una espectacular vista panorámica donde hacen un bello contraste el estuario del río, el volcán Yates al fondo y el Estuario de Reloncaví.

Cochamó tiene muchas rutas de escalada, hermosas todas, así mismo ahí se practica la pesca en el lago Tagua-tagua o el pueblo donde te permiten atrapar salmones o truchas.

Disfruta de una fiesta como carnaval que se llama Fiesta de la Tirana, que es algo cultural y de folclor, con vestuarios únicos y coloridos, eso se celebra el mes de julio y son bailables, música y ofrendas. Del mismo modo en Chiloé, que son bellísimos campos y bosques sobre islotes, parecen estar sobre espejos. También visité los palafitos de Gamboa, que son una muestra clásica de la arquitectura de madera que sostiene construcciones con maderos enclavados en las aguas del mar. Fui a Isla Grande de Chiloé, entre otras.

Pichilemu es un balneario en Chile, donde los surfistas se dan vuelo sobre esas olas que se consideran las perfectas, largas y frías para la práctica de este deporte acuático. Así mismo visité Punta de Lobos sitio de mayor concentración de surfistas, quienes se deslizan suavemente en las olas de agua salada. Yo nada más los vi, en sí no lo he practicado nunca. También están los Nevados de Sollipulli que es un campamento de carpas ecológicas, ¡qué hermoso, en plena Cordillera de los Andes! Esas carpas son como domos que están rodeados de bosques, son como iglúes y ahí se descansa para ir al siguiente día y ascender al Volcán Sollipulli ; una verdadera aventura.

Ya estando allá arriba puedes observar y admirar todos los volcanes; Llaima, Lonquimay, Villarrica y por el lado de Argentina el Lanin, que experiencia única e inolvidable allá en Chile, es espectacular, cuando vayan se van a fascinar.

Futaleafú es una pequeña villa en la Patagonia, al norte. Esta excursión es algo único e inimaginable, yo sentí la bajada como si estuviera en la Montaña Rusa, tenía una rara sensación en mi estómago mientras que hacia abajo, la vista del río era espectacular con un color verde esmeralda, hermoso. Sus nombres son El Infierno, Danza de los Ángeles y El Purgatorio, háganme ustedes el favor, ¿qué nombrecitos, verdad?

También en Chile pueden visitar la Reserva Nacional Pingüino Humboldt que es un coto de fauna protegida que tiene tres islas; Delfines Nariz de Botella; Chorros Damas Cañaveral y la Caleta Punta de Chorros. Allí, en un barco recorrí esas bellezas y cómo me divertí con los hermosos pingüinos, delfines y ballenas.

Es además, uno de los mejores y más hermosos lugares para los enamorados que les gusta ver las estrellas, como a mí, y los románticos, como yo, es sin duda la Ruta de las Estrellas. Se llama Alto Tolano; de verdad qué magistral que allí ves el cielo en vivo, las estrellas claritas y relucientes y los astros que se pueden observar muy bien. Es único, verdaderamente único, nunca antes visto por mis hermosos ojos. Es el paraíso de los observatorios astronómicos. Allí pude observar los cielos más claros de todo el mundo, ¡qué hermosísimo!

Así mismo visité la Isla de Robinson Crusoe, ¿ehhh, cómo la ven? Es la única del Archipiélago Juan Fernández que está habitada y está declarada mundialmente como Reserva Biosfera, primordialmente por su flora y su fauna. Qué cosas tan extraordinarias conoces cuando viajas, algunas que tú crees que son 'de película' pero que sí existen.

PANCRACIA EN PERÚ

Lo primero que recuerdo de Lima es que fui a la zona centro de esta ciudad y qué bonita arquitectura encontré. Me encantó que comí en un lugar que tiene creo que como cien años de antigüedad y nos sirvieron aparte de exquisita comida peruana que me encanta y una bebida que yo no conocía la 'Pisco sour' que contiene; pisco, huevo blanco, jarabe simple y jugo de limón, todo sobre hielo en un vaso corto. Sin duda, la probé y me encantó. A mí me gusta la gastronomía internacional pero la comida peruana me gusta demasiado; el arroz chaufa, la leche de tigre, el chocho, el delicioso lomo salteado y la chicha, una deliciosa bebida elaborada con maíz morado. ¡Buen apetito!

En este viaje a Perú nos acompañaron dos personajes increíbles, de verdad increíbles; un hombre americano (sajón) que en cada restaurant o en cada evento nos avergonzaba a los demás, parecía que traía una bocina en la boca y de repente, en medio de todos nosotros, empezaba a reírse como loco, sin parar y por más de cuarenta minutos o una hora. Las primeras veces nos reíamos con él porque su risa era contagiosa y alegre, pero después ya lo queríamos callar.

Bueno, yo por lo menos sí porque ya no lo aguantaba ni lo soportaba, y los clientes que iban a esos lugares pues menos, ni siquiera lo conocían. Su risa era tan fuerte que casi nos ensordecía. Y cabe mencionar que a veces los del grupo nos escondíamos de él para irnos solos y no sé cómo pero se las averiguaba y llegaba al lugar donde estábamos. Nos quedábamos todos mirando entre sí y nos preguntábamos; ¿cómo le hizo, cómo llegó, cómo supo? Pero ahí estaba él, que también era muy buena persona y además muy generoso. A todos los del grupo nos pagaba la comida y nos daba regalos. Creo que él era rico o algo así, pero la verdad era que ya no lo aguantábamos.

En Chiclayo visité el Palacio Municipal, La Plaza de Armas, el Complejo Arqueológico El Ventarrón, que es como muros por construidos por los incas. Qué bonita arquitectura tiene Chiclayo, muy colonial y con influencia española. Cabe mencionar que el Palacio Municipal es bello y tiene un museo en donde narran desde su fundación, su historia y la actualidad. La Plaza de Armas también me gustó mucho. Visité el Museo de las Musas que es un parque con un monumento que más bien me pareció de estilo grecorromano, nada que ver con los incas, sin embargo, ese monumento está hermoso.

De igual forma visité la iglesia de Santa María, catedral de Chiclayo, también por fuera, su arquitectura es grecorromana. Al mismo tiempo fui al Museo de Sitio Huaca Rajada SIPAN. También visité Playa Pimentel, qué hermoso caminar por su muelle y ver esos preciosos atardeceres, esa 'metida de sol' es espectacular. Así mismo fui a la Reserva Chaparrí, verdaderamente qué bello es estar en contacto con la naturaleza y poder disfrutar de esos hermosos momentos. Estar en ese lugar Bosque Seco, qué belleza, cuánta flora y fauna espectaculares.

Bueno, también fui a las Pirámides de Pampa Grande, que fueron construidas por los antiguos norteños.

No podía dejar de ir a Miraflores, que es una exclusiva zona residencial que tiene además un lujoso centro comercial al estilo del Rodeo Drive californiano. Antes de entrar al lugar, desde un puente gozamos de la vista panorámica de la ciudad y del mar, ¡impresionante! Luego recorrimos ese 'mall' en donde vimos sólo tiendas que venden marcas originales.

Pero en Miraflores también se come muy bien en sus restaurantes de comida internacional y donde además sirven unos 'mojitos' de primera.

El otro personaje del cual antes les comenté, es una mujer igual de cómica, no sé si ustedes conocen personas como ella a quien ahora voy a describir; es de esas personas que no sabes cuándo te están hablando en serio o cuándo están bromeando. Pero era única, parecía o aparentaba ser rica, así como esas 'junior' hijas de papi, que hablan como si tuvieran una papa en la boca y no se la pueden sacar. Hablaba así: 'O sea, nooo'. 'A mí me gustan todas las cosas (artículos) De Marca y los mejores lugares'. 'Papi paga, vesss'.

Había momentos que a todos nos llegaba a molestar porque para todo era ella, lo mejor: 'O sea, nooo'. 'Yo soy la reina. ¿Y saben por qué? ¡Porque me lo merezco!'. 'Yo soy única vesss, ustedes no se comparan conmigo porque yo soy de mundo y me gusta lo mejor'.

¡Ay queridos lectores!, estaba bien 'que le echara mucha crema a sus tacos', pero quiero decirles que ella no tenía 'clase', ni buena presentación ni buen comportamiento, únicamente un léxico medio locuaz, más que 'naco'. Por favor chequen el dato, cuando ella hablaba decía cosas como éstas: 'Cuando mis papis construyeron my house, o sea mi casa, mi mansión, la hicieron con los mejores materiales. Ustedes saben, nooo, porque cuando uno trae tanto presupuesto o sea mucho dinero, no le importa a uno cuánto cuesten las cosas'. Pero, ¿qué creen? Cuando hablaba decía: 'que la 'pader' de su casa estaba bien 'juerte' pa'no 'cairse'.

Yo creo que ésta debería ir a la escuela y estudiar, porque todos nos reíamos de lo que ella hablaba y eso era a cada rato. Hablaba puras tonterías y no 'prenunciaba', perdón, no pronunciaba bien nada, ¡vaya, ni siquiera las marcas que tanto presumía! Decía que se compró una bolsa de Luis Guiton y que se comió un chocolate 'jersey'. ¡Imagínense ustedes!

Olvidémonos de esos personajes y prosigamos con nuestro viaje por Perú. Cuzco (o Cusco) posee una naturaleza impresionante, maravillosa, el sitio me encantó ya que esta bella tierra inca tiene unas vistas que parecen de película. A mí en lo particular Cuzco me parece que es un fuera de serie, que esas extraordinarias construcciones fueron creadas por extraterrestres o algo así porque de verdad, al estar allí se siente la naturaleza y al ver esas escalinatas reconfirmo mi suposición. Esto es lo que más me gusta de Perú.

Esas maravillas son las ruinas de Machu Picchu, recuerdo que fue allí donde tomé el té de coca, se dice que las hojas de coca son medicinales no piensen otra cosa, porque a veces la gente es tan malpensada. ¡No les digo!...

Vean algo curioso que me pasó, yo compré unas bufandas de alpaca para llevarlas como 'souvenirs' a mis amigos y familiares. Si vieran qué calientitas son esas bufandas, cuando te las pones son una delicia. Les pido que disculpen mi ignorancia porque, cuando fuimos a comer, en el restaurant nos dijeron que nos sirvieron alpaca. Yo pensé, ¿cómo será ese platillo, de bufandas, o habré escuchado mal? Y resulta que la alpaca es un animal, así como la vaca, que también es comestible y por cierto deliciosa, me gustó. ¡Qué cosas! Estaba en mis 'cinco minutos en la luna' y eso pensé…

Otro sitio que visité fue el Mercado San Pedro, allí desayunamos e hicimos algunas compras y muchas artesanías peruanas. Ahora, se recuerdan que les dije que tomé té de coca y se llama 'mate de cola', pero yo lo tomé de pie no crean que me senté para beberlo… También allí, por primera vez tomé un jugo de maracuyá, qué fruta más deliciosa, exquisita.

Allí en Cuzco fui a las ruinas de Saqsaywamán o Quengo, que están muy cerca de la ciudad, a escasos dos kilómetros. Es un tipo de fortaleza, un centro ceremonial que vale la pena ver porque es precioso.

PANCRACIA EN CAMBOYA

En Camboya visité el complejo de templos de Angkor ubicado en Siem Reap, éstos son Patrimonio de la Humanidad y una de las famosas Maravillas del Mundo, nos paseamos en bicicleta por estas bellezas y recorrimos bastante trecho. ¡Fue impresionante!

Mientras que en Phnom Penh, que es la capital de Camboya, me impactó ver una mezcla de construcciones que van desde las ancestrales y tradicionales pagodas, hasta las sobresalientes construcciones de la época colonial francesa.

El lugar es un tanto apacible y al caminar por sus calles percibí una serie de aromas gastronómicos, pues comida la venden por todas partes. Me dijeron que el platillo principal que venden a un lado del río Mekong, mismo que cruza toda la ciudad, son tarántulas fritas y guisadas, pero la verdad no quise ni siquiera verlas.

Un lugar que me gustó mucho fue el palacio real de Phnom Penh y otros monumentos históricos, ¡qué cosas más hermosas! Del mismo modo recorrimos el lago Tonte-Sap y sus pueblos flotantes. ¡Qué maravilla, una cultura diferente!

Otra visita muy interesante fue la del templo Angkor Wat, que es el principal, de la misma manera conocimos el Angkor Thom del cual nuestro guía nos comentó que éste ha tomado mayor relevancia por ser el que aparece en la cinta "Tomb Raider" y su saga en la que la heroína es la atrevida Lara Croft. A la hora del atardecer regresamos a Angkor Wat y allí gozamos del espectacular crepúsculo.

Me gustaron mucho sus construcciones orientales, son realmente bellas e impresionantes, hechas con pesadas piedras a manera de ladrillos o tabiques, con muchas columnas, techos planos e inclinados, además de cúpulas.

Estando allí fuimos a una excursión a la isla de Koh Russei, un lugar perfecto para el descanso y donde además disfrutamos de una exquisita comida a base de noodles, algunas verduras y lo que me pareció era carne de pollo. Por si las dudas no quise preguntar.

No me interesó visitar los Campos de la Muerte y una fosa en la que suponen más de un millón de camboyanos fueron sepultados durante el dominio del área de los Jemeres Rojos allá por los años 70's. Pero sí me interesé por conocer el Museo del Genocidio de Tuol Sleng en donde obviamente nos narraron la historia de esa trágica época.

Camboya es uno de los países en que el transporte es más expedito, sobre todo si uno aborda los "Tuk tuk", cuya mayoría son motocicletas eléctricas fuseladas de maneras distintas y al antojo de cada conductor, porque éstas tienen más facilidad de moverse en el tráfico de sus calles, aunque por ser sólo de tres ruedas, la estabilidad no es una garantía.

AVENTURA EN VENECIA

Todo el grupo de viaje fuimos a Venecia para pasear en las góndolas... ¡Oh sole mío!... y en cuanto llegamos allí "El Patuleco", un tipo que trabaja en la agencia de viajes, nos dijo que nos quería en un sitio específico a las cinco de la tarde y nos advirtió que quien se quedara tendría que gastar alrededor de 800 euros para poder regresar al hotel. Bueno, estábamos avisadas. Pero era puro cuento porque yo ya había ido antes y eso no era cierto. ¿Por qué será que algunos guías de turistas o representantes de agencias mienten tanto a los turistas con tal de sacarles el dinero para más tour y cuadruplican los precios.

A este tipo le decíamos "El Patuleco" porque caminaba de una manera muy cómica, muy chistosa, como si 'le faltara una pata' o 'le fallara un remo', la cuestión es que se comportaba muy serio y mostraba cierto desgano en el desempeño de su trabajo. Pero, ¡ah!, cómo nos hacía reír con su forma de caminar.

De todo el grupo nos separamos seis amigas y yo para pasearnos a nuestro gusto y hacer lo que quisiéramos, entonces comenzamos a caminar y al pasar por una iglesia católica nos dimos cuenta que anunciaban para esa misma noche un concierto con música de Vivaldi. ¡Wow!, con lo que a mis amigas y a mí nos encantan ese tipo de eventos, así que decidimos asistir.

Pero vean, donde quiera 'se cuecen habas' y hay personas que mienten. Cuando íbamos a comprar los boletos, que costaban 20 euros cada uno, a mí me extrañó que ese concierto fuera a ser en una iglesia, porque yo he asistido a muchos otros en Europa en los que llegué a pagar entre 80 y 120 euros, así que le preguntamos a una de las vendedoras;

"disculpe, ¿el concierto va a ser aquí en la iglesia"? "No, será en un salón", nos contestó señalando con su mano hacia el supuesto salón.

Yo llevaba ropa adecuada para ir a un concierto, pero mis amigas no. Así que echamos a andar con la clara idea que se fueran a comprar ropa idónea para el evento al cual asistiríamos a las 8:30 de la noche. La cuestión fue que nos pasamos horas caminando y, como yo llevaba ya varias bolsas con cosas y souvenirs que había adquirido, decidí comprar una maleta de esas que tienen una manija que a la vez es una extensión tubular con la cual poderla jalar y llevarla con mayor facilidad apoyada en sus dos ruedas. Debo aclarar que allá hay muchas imitaciones y que algunas cosas, como esa maleta, 'dan el gatazo de ser originales'.

Bueno, nos pasamos horas caminando y ni siquiera nos dimos tiempo para detenernos a comer, así que al regresar a la iglesia nos permitieron descansar; unas de mis amigas inclusive se acostaron sobre las cosas que habían comprado, luego entraron al baño del lugar para cambiarse de ropa y después comenzamos a maquillarnos y a ponernos pestañas postizas para estar a tono. Teníamos hambre pero pensábamos que, como es costumbre en un concierto, al final de éste nos darían champaña y algún tipo de bocadillos y queso.

En fin, ya estábamos listas para el concierto y nos alistamos a disfrutarlo… Pero resultó que nos mintieron, el concierto se iba a realizar en la iglesia, ¡no existía tal salón! Ni hablar, estando ya allí nos dispusimos a gozar de un concierto basado en instrumentos de cuerdas, cinco de nosotras se fueron a sentar en la primera fila y una amiga y yo nos quedamos hasta atrás, yo en especial porque traía mi maleta.

Todas estábamos cansadísimas por tanto caminar, así que a unos minutos de haber iniciado el concierto mis amigas empezaron a 'cabecear' (a dormirse en pequeños lapsos) y eso era muy notorio. Ahora, no sé si todos los demás concurrentes al concierto habrían caminado como nosotras, pero también ya estaban 'cabeceando'. Yo ya no aguantaba las ganas de reírme y opté por salirme del lugar y entonces sí reí con ganas al recordar cómo se balanceaban mis amigas mientras 'se echaban un coyotito' (dormían). ¡Ja, ja, ja! Mal principio y menos en una iglesia católica donde todo es tan callado. Nos vieron la cara, eso era una misa no un concierto.

Yo estaba segura que no habría ni champaña ni bocadillos al final del concierto, así que caminé hacia la zona de restaurantes, escogí uno y me senté a cenar. Pedí una pechuga de pollo empanizada, acompañada con ensalada de lechuga y papas a la francesa. ¡Todo estaba riquísimo! De manera que disfruté de ella y de una copa de champaña frente al mar, admirando Venecia, qué maravilloso. Luego, pensando que mis amigas saldrían del concierto alrededor de las once u once y media de la noche, fui a comprarles unos panecillos y galletas para que aplacaran su hambre y no me equivoqué.

Sabíamos que para regresar al hotel donde nos hospedábamos no íbamos a gastar 800 euros como nos dijo "El Patuleco", no, nosotras tomaríamos un tipo de 'ferry' que hacía su recorrido no como un Metro, sobre rieles, sino que éste nos llevaría por mar y a un módico precio. Estábamos conscientes que cuando llegáramos a nuestra estación bajaríamos del 'ferry' para tomar un autobús que nos llevaría hasta un área cercana al hotel, en donde tendríamos que alquilar un taxi.

Y fue precisamente antes de abordar el 'ferry' que mi maleta se quedó 'patuleca' pues se rompió, saqué todo lo había en ella y lo repartí en las bolsas de plástico que llevaba, la cosa era actuar rápido y seguir nuestro camino, de manera que 'la maleta de marca' la dejé botada por ahí. Luego fuimos y abordamos el 'ferry'.

El viaje por mar fue placentero, pero en verdad no se me ocurrió contar cuántas estaciones recorrimos desde nuestro arribo y hasta el final del mismo. Veíamos bajar a muchas personas en cada estación y subir a otras tantas. Es increíble cuánto movimiento había a pesar que ya pasaba de la media noche. Cuando llegamos a nuestro destino y bajamos del 'ferry', de acuerdo a nuestro plan nos dirigimos a tomar el autobús.

Unas de nosotras nos quedamos al frente y las demás se fueron para la parte trasera del transporte. Caminamos durante buen rato en el autobús haciendo varias paradas y no sé cómo surgió la confusión porque en una parada mis amigas que iban atrás se bajaron, mientras que a mi otra amiga el conductor le decía que esa no era nuestra parada, que faltaban algunas. Sin embargo, todas terminamos fuera del autobús y éste prosiguió su camino.

Una de mis amigas sacó su teléfono celular y usó su PGS para buscar un sitio de taxis, pero por desgracia no encontró ninguno, así que pensando que podríamos llegar caminando echamos a andar. Si de por sí estábamos cansadas de tanto caminar, imagínense cómo terminamos después de dos horas en las que cruzamos Italia de noche. Contrastaba que en la ciudad no había tanto movimiento como el que vimos en el 'ferry', no, aquí las calles se veían vacías, si acaso una persona caminado por allí y otra por allá. Cruzamos una parte de Italia caminando por la noche y por fin llegamos al hotel.

¡Ja, ja, ja! Y a mi amiga, la que compró la otra maleta, igual que a la mía también se quedó 'patuleca' ya que se le zafó la llantita y ella sí que la llevaba bien pesada. Y ni cómo ayudarle, todas estábamos bien 'cargadas' y ya nos andaba a todas de hacer una necesidad, por lo menos a mí me andaba de hacer 'pipí' y luego con tanta risa. Qué odisea, caminando por toda Italia a la 1 o2 de la madrugada, por supuesto para nosotras en América sería el mediodía pero de todos modos estábamos bien cansadas. No les digo, qué aventuras me pasan. ¡Ay!, pero la maleta de mi amiga se veía tan chistosa, jalándola estando tan pesada.

Otra odisea que no me gustó nada fue en el Castillo de Windsor, adentro ya estaba todo cerrado y nos encontramos a una persona que según él trabajaba allí, hasta nos enseñó su gafete pero para mí que nos 'majeó' (nos engañó), porque cabe mencionar que nos parecía muy guapo y nada tonto pues se fijó en la más joven del grupo, una hermosa chica de 25 años. ¡Ajá! Creen que el sinvergüenza nos invitó a todas, sí, hasta nosotras las viejitas, y nosotras 'muy, muy' que un londinense guapo nos invitara a comer a todas, claramente porque estaba interesado en la joven. Pero bueno, nosotras disfrutamos, comimos, tomamos y le agradecimos muchas veces lo 'nice' (lo buena onda) que había sido con todas nosotras. ¿Y qué creen?, que nada más y nada menos el muy listo hizo pagar todo a la hermosa chica con su tarjeta de crédito (de ella) y nosotras ni por enteradas. Mira nomás, qué listo salió éste y nosotras 'bien, gracias' y hasta le preguntamos su edad. Nos parecía más joven y casi me ahogo con mi bebida cuando dijo '50 años', le doblaba la edad a la chica y además el muy vividor nos dijo su nacionalidad que era como del Medio Oriente y nosotras pensando que era de Inglaterra. Tengan cuidado porque creo que éste está acostumbrado a hacerlo así con los turistas porque se muestra muy solícito el 'muy, muy'.

PANCRACIA EN PUERTO RICO

BAHÍAS BIOLUMINISCENTES

En Puerto Rico, La Isla del Encanto, existen tres principales de estas maravillas naturales que bien vale la pena visitar; la Laguna Grande de Fajardo, la Bahía Mosquito de la isla de Vieques y en la Parguera, en Lajas. Aunque este fenómeno también acontece en todos los mares del orbe, es espectacular en Puerto Rico. Pero antes les explico que la bioluminiscencia nace por la luz que producen algunos organismos vivos y unicelulares en concentraciones de agua los cuales, al ser agitados, responden liberando energía. Para que esto suceda, influyen la temperatura cálida, la salinidad y otros factores para que se produzca esa maravilla de la naturaleza.

SAN JUAN, PUERTO RICO

Al pasear por una de las características calles de esta bella ciudad, vi que son sus coloridas casas en las que predominan balcones, puertas y enrejados de madera, todas preciosas. Algunas calles aún son empedradas.

LA CATEDRAL DE SAN JUAN

Es una construcción blanca de tres niveles, donde en la parte más alta se encuentra el campanario. Una belleza.

EL CAPITOLIO DE SAN JUAN

Éste es un sobrio edificio de estilo románico que tiene siete columnas en la parte frontal y en parte central una gran cúpula. Me recordó a otros edificios parecidos que he visto acá, en Estados Unidos.

LA PLAZA DE LAS AMÉRICAS

Entré a un enorme y moderno edificio cubierto, un ejemplo de 'mall', que en su interior tiene a las mejores tiendas y marcas, amplios pasillos con palmeras y fuentes. Además tiene restaurantes que sirven diferentes gastronomías. Bares con bebidas internacionales. Esta Plaza nos invita a regresar una y otra vez.

BALNEARIOS

Entre los más populares de éstos están 'El Escombrón', Isla Verde Beach, Ocean Park Beach y el Condado Lagoon. Créanme, todos son preciosos, dignos de verse ya que los boricuas se encargan de tenerlos limpios y presentables.

LAS TRES FORTIFICACIONES

Una de mis principales visitas fue a El Fuerte de San Felipe del Morro, el que fue construido por los españoles entre 1539 y 1587 como fortaleza militar para defenderse de los ataques de ingleses y holandeses, en la actualidad son Patrimonio de la Humanidad y gran atractivo para quienes visitamos San Juan y el Viejo San Juan. Lo complementan el Castillo San Cristóbal y el Fortín San Juan de la Cruz o 'El Cañuelo'.

PONCE

La Cruceta del Vigía es un edificio que sobre su base soporta un monumento en forma de cruz, es de estilo modernista. Las playas de

Ponce son famosas y entre ellas sobresalen El Tuque, La Guancha y Punta Carenero, además la Isla Caja de Muertos e Isla de Gatas.

MAYAGÜEZ

Una de las joyas de esta ciudad es la Plaza Colón que está pavimentada con mármol y una iluminación de bellas farolas, allí está la Catedral de Nuestra Señora de la Candelaria, cuya construcción es de forma románica rematada en cada extremo por una torre que terminan en elevadas cúpulas. Al centro de la Plaza hay una fuente y en medio de ésta la escultura del navegante genovés Cristóbal Colón. Otra joya es el Teatro Yagüez de impactante construcción de estilo romano que, si en su exterior es suntuoso, en su interior predomina el lujo.

CAGUAS

Visitar Caguas fue una delicia, ella tiene la hermosa Catedral Dulce Nombre de Jesús, es de color mantequilla, con escalinatas, tres arcos al centro como acceso y en cada lado otro como ventanas. En la parte media tiene un balcón y un torreón en cada extremo. El Arts Center (Centro de las Artes) es un edificio muy moderno que en todas sus ventanas tiene bellos vitrales; es amplio y también cuenta con fuentes. El Museo del Tabaco Herminio Torres Grillo, en él se muestra al público como manos artesanales fabrican los famosos 'habanos'. Allí también pudimos encontrar muestras vinícolas y catamos la que más llamó nuestra atención.

FAJARDO

Este hermoso sitio es famoso por sus balnearios, como el Coqui Water Park, el Seven Seas (Siete Mares) y la Bio Island Fajardo; el bellísimo Cayo Icacos; las playas Las Croabas, la Colorá y La Escondida; e islas como Lobo y Palominito.

ARECIBO

Allí se encuentra el Arecibo Lighthouse & Historial Park, éste está ubicado en los terrenos del Faro 'Los Morrillos', en él los visitantes pueden conocer, a manera de parque temático, lo referente a la Conquista Española, además de hechos culturales e históricos. En ese hermoso sitio 'el tiempo se va volando'. Algo extraordinario es, porque se tiene que realizar en bote, la visita a la Reserva Natural del Caño Tiburones, un área protegida, en la que predominan sus corrientes de agua colmadas de diferentes peces, exóticas aves acuáticas; dentro de su flora están el famoso Jacinto de agua y la flor de loto, ambas con amplia reproducción en la vegetación de humedales.

Pancracia sobrevivió al rechazo.

Pero nunca vivió el
pasado, se enfocó en el
hoy que es importante.

Porque la persona que entierra
el pasado, florece en el presente
y permanece si hay futuro.

En Vancouver, Canadá, Pancracia vivió la experiencia de subirse a un avión desde donde se ve toda la bahía y se observa la belleza que es esa ciudad, ¡fue espectacular!

Visitó el Jardín Botánico, el cual le pareció que verdaderamente es el paraíso en la tierra. ¡Qué hermoso, en verdad es magistral!

Algo que me sucedió en Canadá fue espectacular, en ese fantástico viaje fue que tenía tanta hambre cuando desperté y ahí en el hotel todavía no abrían el restaurante. Así que caminé varias calles hasta que encontré un local en una esquina y decidí tomar un café, lo pedí y vi había un pan que se veía exquisito, parecía como una piza, así con tomate encima, pedí uno y ¡ay, amado lector!, casi me vomito; le di la primera mordida y ese pan sabía terrible, ese aderezo que le pusieron sabía feo.

Me provocó malestar, tenía como 20 especias y además, para pasármelo rápido, tomé una gran trago de café y éste estaba hirviendo así que me quemé la lengua. ¡Qué experiencia!

Vancouver, Canadá, es precioso.

PANCRACIA Y SUS PROVERBIOS

Practica el ejercicio a diario, la danza, el baile, camina, monta en bicicleta; es por eso que la Pancracia desde chica tiene un cuerpazo y lo sigue teniendo. Porque se mantiene en buen estado físico y es comprobado que el ejercicio nos quita el estrés y nos mantiene sanos.

Desayuna saludablemente, pues ella sabe que el desayuno es muy importante para la actividad física del día y que es el alimento más importante porque es el primero.

Decretar siempre cosas positivas en la vida es muy cierto, mantiene siempre en alto su autoestima y ama a todos los demás. Así ella recibe lo mismo, amor. Y si le dan lo contrario no lo recibe. Es una buena forma de mantenerse en equilibrio del cuerpo, el alma y la mente, para estar muy sanos.

Gasta su dinero en cosas tales como el estudio, cursos, viajes y aprendizaje, así como en los demás. ¡Híjole!, tiene como 100 o más diplomas y títulos de todo lo que ha estudiado a lo largo de su vida. ¡Wow!, sabe desde cocina hasta hermenéutica, filosofía, nutrición, belleza, superación, política, música, literatura, ciencias, religión, teología, escatología, biología, anatomía, filosofía, ciencias de la comunicación, estilismo, maquillaje, medicina, herbolaria, química, gastronomía, y actualmente es Ministro Ordenado. Y por eso es feliz. Está comprobado por los científicos que el 75% de las personas que invierten así, son felices y positivos en la vida.

A toda la gente le ve lo mejor de ellos y siempre es cordial y amable. Abraza, saluda y hasta besa con pasión a los seres humanos que se cruzan en su camino. Tiene siempre una sonrisa en sus labios y una mano amiga para dar y dar.

Se siente muy atractiva, a pesar de su edad nunca se ha dejado de mantener desde su dentadura hasta su cabello, alimentación y presentación. Para ella es muy importante la apariencia, lucir bien por dentro y por fuera y conservarse en óptima condición de salud. Y no es porque esté viejita, no, nada de eso; se ve muy bien y luce también. ¡Y vaya que ya no se cuece al primer hervor!... ¡Je, je, je! Pero de verdad que se ve muy bien.

Ha enfrentado todos los retos y metas en su vida, ¡y vaya, qué vida le tocó vivir! Normalmente todo lo que emprende lo finaliza. Lo que inventa o se le viene a la cabeza lo realiza, no lo posterga. Siempre lleva a cabo su objetivo y el 90% lo consigue.

Recuerda siempre lo mejor de las personas y de ella misma repasa su vida y ve lo mejor de todo. Asimismo de sus seres queridos y de sus amigos siempre ve lo más bueno, lo más bonito y los hace brillar. Al mismo tiempo activa los dones de ellos; los que no manejan los impulsa a manejar, los que no tienen carácter los alienta para triunfar. A los que lloran los hace reír. A los enfermos los anima a sentirse mejor. En fin, la Pancracia es un personaje único.

¡Ah!, pero sobre todo como lo dije al principio, ella ama a Dios sobre todas las cosas. Dios es #1 en su vida. Yo honestamente creo que esa es la clave de toda la felicidad de Pancracia y de cualquier ser humano; amar a Dios sobre todas las cosas y al prójimo como a sí mismo.

La felicidad no la busques, está en ti, aprende a ser libre y sin ataduras. Vive el hoy, porque el mejor día ¡es hoy! El mañana no existe, no sabes si despiertes, no vivas del pasado que es historia y la historia nunca se repite, se imita pero no se repite. Sé feliz hoy y mira que Pancracia practicaba desde niña esta teoría de ser feliz sin conocer, sin saber ni qué es una clase que la dan nada más y nada menos que una de las mejores Universidades, la de Harvard. ¿Cómo la ven? Digo, así como lo leen, es cierto, cuando se quiere se puede ser feliz.

Se aprende a vivir, a ser positivo, audaz y valiente. Se aprende a no tener temor de salir adelante y enfrentar los retos con valor y honestidad. Y puedes llegar a los lugares inimaginables que tú te propongas. Así será, no habrá obstáculos que no pueda vencer y que te pueda detener. 'Sigue, tú eres, tú vales, tú puedes', esa es y ha sido siempre la frase preferida de Pancracia.

Aclaración:

En algunas páginas volverán a leer algo que parece ser lo mismo, pero no, está de diferente manera. Esto es porque he ido a algunos países más de una vez y son vivencias y experiencias diferentes. Asimismo, sé que se me pueden pasar algunas cosas o casos porque son tantas mis experiencias importantes que a veces es imposible recordarlas todas de golpe. Pero intento hacer con exactitud todo lo que escribo y proceso para ustedes.

Posiblemente se me pasen algunas cosas, casos o ciudades. Por favor, sean comprensivos.

Atentamente:

Mary Escamilla

Epílogo

El personaje de este libro es Pancracia, nombre que en la lengua española significa: *de naturaleza emotiva, que todo lo aprovecha* y, en griego: *quien tiene todo el poder*, este nombre tiene mucha relación con el significado de 'lucha', no de la deportiva, sino aquella a la que muchos en nuestras vidas enfrentamos y de la que gloriosamente algunos salimos vencedores y otros no.

Yo, Pancracia, me considero una guerrera, y si lo soy se debe a la obra de Dios quien me dio la fortaleza necesaria para lograr mis metas, el entendimiento para hacerlo todo correctamente, la sabiduría para mantener mi mente trabajando y la humildad en mi corazón.

Entre mis planes siempre estuvo viajar, conocer otros países, sus culturas y su gente. Le doy gracias a Dios porque ya he podido visitar varias naciones de Europa, África, Asia, Oceanía, del Caribe, Centro y Sudamérica, en síntesis, de los cinco Continentes.

Me he enamorado de tantas cosas en cada nación que he visitado; de sus costumbres, tradiciones, modismos, anécdotas, comidas, folclor, etcétera. Me he enamorado también muchas veces pero son 'amores platónicos'. He conocido infinidad de casos, de ahí el por qué menciono las palabras 'Gracia' y 'Amores' en el título de este libro.

Pancracia es un ser hiperactivo, inteligente, amable, habilidoso, alegre, un gran comunicador y progresista, que le gusta vivir la buena vida. Tiene objetivos a corto plazo. Habitualmente cumple todo lo que emprende y está en constante movimiento pues la monotonía le aburre. Le gustan los negocios, la política y las comunicaciones.

Pancracia visitando los Estados Unidos de América

En California; Universal Studios Hollywood, Disneyland, 'Los Callejones', Etc.

En New York; la 5ª. Avenida, Times Square, la Estatua de la Libertad, Etc.

En Arizona; el Gran Cañón del Colorado, Catedral de la Roca (Sedona), Hackberry en la famosa Ruta 66, Etc.

En Las Vegas, (La Ciudad del Pecado); las Fuentes del Hotel Bellagio, la Esfinge del Hotel Luxor, la Pantalla más Grande del Mundo en la Avenida Fremont, Etc.

En Texas; en Houston, la NASA's Space Center & Major Museums. En Dallas, la Dealey Plaza. En San Antonio, la Misión de El Álamo y los paseos por el Río San Antonio. El majestuoso Capitolio de Texas en Austin. La Isla del Padre en la costa Sur de Texas, considerada el banco de arena más largo del mundo, con 210 kilómetros de longitud. El famoso Fort Worth y sus jardines acuáticos, enclavado en el área metropolitana de Dallas.

En Boston; su bello Puerto con sus grandes edificios; la enigmática Salem; el impresionante y completo New England Aquarium.

En North Carolina; el majestuoso Airborne & Special Operations Museum de Falletteville; su famoso y completo Aloha Safari; las Cataratas Dry de Highlands.

En Denver, Colorado, cuna del Red Rocks Amphitheatre y sus grandes espectáculos. El Museo de Arte de Denver, fabuloso desde su arquitectura. El Zoológico de Denver, muy amplio, cuidado y con una riqueza de especies animales.

Chicago; el Instituto de Arte de Chicago flanqueado por sus impresionantes Leones Verdes. El extenso, bello y futurista Millennium Park. La tradicional Torre Willis, donde desde el punto más elevado se aprecian bellas panorámicas de la ciudad.

Biografía de la Doctora Mary Escamilla

La escritora nació en un bello Estado de la República Mexicana. Desde niña sintió inclinación por las letras, especialmente por los versos que escribía para diferentes eventos de la escuela primaria. En el transcurso de sus estudios de secundaria, preparatoria y universidad, se reveló en ella una fuente de inspiración que nunca la ha abandonado. En aquella época empezó a escribir historias para libros, guiones cinematográficos y letras de canciones (hasta la fecha más de 3.000), en su mayoría de contenido positivo, que dejan un buen mensaje; así como alabanzas y libros cristianos.

Mary Escamilla afirma: "Cuando acepté a Cristo vino a mi vida una fuente de inspiración divina y así empezó esa grande bendición de escribir más y más. Entre mis nuevas obras están Bendito Regalo de Salud Natural (con plantas, frutas y verduras); Limpia tu Cuerpo, tu Mente, tu Alma y Corazón; Balance de Vida; Dios Está en Todo Lugar y en Todo Momento; Las Mujeres que Dios Amó; Los Hombres que Dios Llamó y Frases Bíblicas.

He escrito más de 200 alabanzas y cantos cristianos. En la actualidad soy Ministro Ordenado de la Economía de Dios. El Señor me ha usado grandemente para predicar el Evangelio a través de los libros como escritora y agradar a Dios en las alabanzas".

Otra faceta de Mary Escamilla es la de Doctora en Naturopatía, Terapeuta y Consejera de Salud Natural. Por más de 25 años ella ha estado al aire en programas de radio y televisión, dando consejos a su comunidad sobre nutrición y salud en los distintos medios de comunicación, radio y televisión cristianas.

Mary Escamilla aparece en el libro de National Register's Who's Who in Executive and Professionals, de Washington D.C., y en medios impresos como Selecciones Hispanas, Presencia y Enlace USA, entre otros. De igual manera ha participado en programas cristianos de radio y televisión por su faceta profesional y por los libros que ha escrito y publicado, que en la actualidad son más de 21 y 16 audiolibros.

Actualmente es conferencista en diferentes países, donde ministra e invita a que se haga un cambio de vida en Cuerpo, Alma y Espíritu, y que renueven su mente.

Agradecimientos muy
Especiales a Dios Todopoderoso,
por el Conocimiento,
Sabiduría, Entendimiento
y Amor.

A Vianney Urquiza, por
su apoyo incondicional.
A la Reverenda
Rebeca Magaña.
Al Adorador Edmundo
Anchietta.
Al Editor Víctor Romero.
Al Corrector Jorge E. Pérez.

A todos y cada uno de
ellos muchas gracias por

su valiosa colaboración, apoyo y comprensión. Bendiciones para todos.

Doctora: Mary Escamilla.

Hasta la próxima,
amados lectores.

Espero que les hayan gustado todas las aventuras de Pancracia.

Esta historia es una novela, porque soy millonaria, nada más tengo 12 millones en el banco… Uno de arroz y otro de frijol.

¡Sí, 2 'semillones'!

Printed in the United States
By Bookmasters